Stefanie Ammon

Commitment, Leistungsmotivation,
Kontrollüberzeugung und erlebter Tätigkeitsspielraum
von Beschäftigten in Unternehmen und Behörden
im Vergleich

D1700159

Hagener Arbeiten zur Organisationspsychologie

herausgegeben von

Prof. Dr. Gerd Wiendieck
(FernUniversität Hagen)

Band 8

Stefanie Ammon

Commitment, Leistungsmotivation, Kontrollüberzeugung und erlebter Tätigkeitsspielraum von Beschäftigten in Unternehmen und Behörden im Vergleich

LIT

Dissertation am Fachbereich Kultur- und Sozialwissenschaften der
FernUniversität Hagen unter Betreuung von Prof. Dr. Gerd Wiendieck

Bibliografische Information der Deutschen Nationalbibliothek
Die Deutsche Nationalbibliothek verzeichnet diese Publikation in der
Deutschen Nationalbibliografie; detaillierte bibliografische Daten sind
im Internet über http://dnb.d-nb.de abrufbar.

ISBN 3-8258-8996-3
Zugl.: Hagen, Univ., Diss., 2005

©LIT VERLAG Dr. W. Hopf Berlin 2006
Verlagskontakt:
Fresnostr. 2   D-48159 Münster
Tel. +49 (0) 2 51-620 32 22   Fax +49 (0) 2 51-922 60 99
e-Mail: lit@lit-verlag.de   http://www.lit-verlag.de

Auslieferung:
Deutschland: LIT Verlag Fresnostr. 2, D-48159 Münster
Tel. +49 (0) 2 51-620 32 22, Fax +49 (0) 2 51-922 60 99, e-Mail: vertrieb@lit-verlag.de

Österreich: Medienlogistik Pichler-ÖBZ GmbH & Co KG
IZ-NÖ, Süd, Straße 1, Objekt 34, A-2355 Wiener Neudorf
Tel. +43 (0) 22 36-63 53 52 90, Fax +43 (0) 22 36-63 53 52 43, e-Mail: mlo@medien-logistik.at

Schweiz: B + M Buch- und Medienvertriebs AG
Hochstr. 357, CH-8200 Schaffhausen
Tel. +41 (0) 52-643 54 85, Fax +41 (0) 52-643 54 35, e-Mail: order@buch-medien.ch

Vorwort

Die stetigen und teils dramatischen Veränderungen der Arbeitsbedingungen stellen nicht nur die Beschäftigten, sondern auch die Arbeitspsychologie vor neue und wachsende Herausforderungen. Das Ursachenbündel dieser Entwicklungen ist mit dem Stichwort Globalisierung nur unzureichend erfasst, zumal verschiedene Entwicklungslinien beobachtet werden können, die bereits vor der international wirksamen Arbeitsteilung und -verlagerung existierten: Die technischen und organisatorischen Rationalisierungstendenzen ebenso wie die Bemühungen um schlanke Strukturen, kontrollierte Prozesse oder kontinuierliche Verbesserungen. Klar erkennbar ist jedoch die Tendenz einer zunehmenden Kontrolle der Arbeitsabläufe, die nicht mehr im tayloristischen Sinne engmaschig-direktiv verläuft, sondern Handlungsspielräume eröffnet, diese aber durch Zielvorgaben und ergebnisorientierte Konsequenzen gleich wieder einschränkt. Die Handlungskontrolle verlagert sich von außen nach innen mit der paradoxen Konsequenz, dass sich Mitarbeiter zunehmend selbst verantwortlich fühlen für einen Prozess, der extern verursacht wurde und von ihnen kaum beeinflussbar ist.

Die Arbeits- und Organisationspsychologie stellt sich diesen Entwicklungen mit einer Reihe von Forschungsbemühungen zur Differenzierung und Analyse der arbeitsrelevanten Persönlichkeitsdimensionen und ihrer Bedeutung für die Funktionsfähigkeit der Organisation und die Gesundheit der Person. So sind in den letzten Jahren zahlreiche neue Themen bearbeitet und Messverfahren entwickelt worden, die das personaldiagnostische Instrumentarium der traditional kontextorientierten AO-Psychologie deutlich erweiterten.

Stefanie Ammon folgt diesem Trend und legt eine Arbeit vor, die sowohl differentialdiagnostisch als auch organisationspsychologisch relevant ist. Es geht um die Frage, wie die Konstrukte organisationales Commitment, Leistungsmotivation, Kontrollüberzeugung und erlebter Tätigkeitsspielraum zusammenhängen und wie weit sich Mitarbeiter öffentlicher und privatwirtschaftlicher Organisationen anhand dieser Dimensionen unterscheiden lassen.

Die Ergebnisse ihrer umfangreichen Studie bei Mitarbeitern öffentlicher Verwaltungen und privatwirtschaftlicher Unternehmen zeigen eine enge Verknüpfung dieser vier Kernvariablen. Hochmotivierte Mitarbeiter suchen und finden eigene Gestaltungsinitiativen, spüren in sich die Kraft, Dinge bewegen zu können und fühlen sich an die Organisation gebunden. Die hohen Korrelationen zwischen den Variablen stützen ihre Vermutung, dass die vier Faktoren auf einen gemeinsamen Faktor zurückgeführt werden können, den sie "eigene Bedeutsamkeit" nennt. Damit wird eine Grundorientierung oder Haltung umschrieben, die organisatorisch zugewiesenen Aufgaben auch mit hoher Verantwortlichkeit und innerem Engagement zu übernehmen, um sie erfolgreich zu Ende zu führen. Die Daten zeigen auch, dass diese Haltung in höheren Positionen stärker ausgeprägt ist. Allerdings muss die Organisation den Menschen auch die Möglichkeit bieten, sich im Sinne dieser Haltung zu verhalten.

Die Auswertung der organisationspsychologisch interessanten Fragestellung, welche Unterschiede zwischen Mitarbeitern des öffentlichen Dienstes und der Privatwirtschaft bestehen zeigt, dass sich die beiden Populationen kaum unterscheiden. Jedenfalls muss die oft gehörte pauschale These von der geringeren Leistungsbereitschaft des öffentlichen Dienstes klar zurückgewiesen werden.

Leistungsbereitschaft findet sich in allen Organisationen, wenn motivierten Mitarbeitern die Chance gegeben wird, zu zeigen, was sie können.

Prof. Dr. Gerd Wiendieck

Inhaltsverzeichnis

Abbildungsverzeichnis

Tabellenverzeichnis

Abkürzungsverzeichnis

A	Alter
AC	Affektives Commitment
AV	Abhängige Variable
B	Berufsgruppe (Arbeiter, Angestellte, Beamte)
BE	Beharrlichkeit
C	Zukunfts*c*hancen des Betriebes
D	Dauer der Organisationszugehörigkeit
DO	Dominanz
EN	Engagement
EZ	Erfolgszuversicht
F	Funktion und hierarchische Position (Sachbearbeiter, Führungskraft)
FC	Fortsetzungsbezogenes Commitment
FK	Führungskraft
FL	Flow-Erleben
FU	Furchtlosigkeit
FV	Führungsverhalten
FX	Flexibilität
G	Geschlecht
IM	Image der Organisation
IN	Internalität = Kontrollüberzeugung: wird synonym verwendet
IT	Arbeitsintensität
KA	Kompensatorische Anstrengung
LB	Lernbereitschaft
LM	(Gesamt-)Leistungsmotivation
LMoIN	Leistungsmotivation ohne Internalität
LMI	Leistungsmotivationsinventar (Schuler & Prochaska, 2001a)
LMT	Leistungs Motivations Test (Hermans, Petermann & Zielinski, 1978)
LOC	Locus of Control
LS	Leistungsstolz
M	Menge der Beschäftigten in der Organisation
NC	Normatives Commitment
OC	Organisationales Commitment
OCQ	Organizational Commitment Questionnaire
ÖD	Öffentlicher Dienst
PW	Privatwirtschaft
R	Rechtsform der Organisation
S	Schul-/ Bildungsabschlüsse
SB	Sachbearbeiter
SD	Standardabweichung
SE	Selbständigkeit
SK	Selbstkontrolle

SöD	Sonstiger öffentlicher Dienst
SP	Schwierigkeitspräferenz
ST	Statusorientierung
TAT	Thematischer Apperzeptions-Test
TAQ	Test Anxiety Questionnaire
TS	Tätigkeitsspielraum
Vpn	Versuchspersonen
VZ	Vollzeit
WE	Wettbewerbsorientierung
WLCS	Work locus of control-scale von Spector (1988)
$\bar{x}$	Arithmetisches Mittel
Z	Teil- oder Vollzeit
ZS	Zielsetzung

1. Forschungsgegenstand der Arbeit[1]

Es gibt keine ausschließlich objektive Beschreibung einer Organisation. Die Organisation ist immer nur die Organisation in den Köpfen einzelner Menschen. "So wie sie sind - MitarbeiterInnen und Führungskräfte - so ist die Organisation." (Terjung, 1998, S. 16). Das Arbeitsverhalten von Mitarbeiterinnen und Mitarbeitern in Organisationen ist abhängig von ihren Persönlichkeitsmerkmalen und von situativen Gegebenheiten und deren Interaktion miteinander. Situative Kriterien können u.a. Rahmenbedingungen struktureller Art, die unmittelbare Büroumwelt oder auch gerade stattfindende Ereignisse sein. Nach dem Stand der Organisationskulturforschung ist „nicht die objektiv erfaßbare Realität für das Verhalten von Menschen in Organisationen verantwortlich, sondern die subjektiv erlebte und interpretierte Realität" (Haase, 1997, S. 146). Die objektiven situativen Merkmale einer Situation werden von den Beschäftigten unterschiedlich wahrgenommen in Abhängigkeit von ihren Einstellungen und Motiven.

Organisationales Commitment, also die Organisationsbindung, ist abhängig von der subjektiven Interpretation der Organisationsrealität durch die Organisationsmitglieder (Bergler, 1993). Die objektiven Organisationsmerkmale nehmen Beschäftigte nur ausschnittsweise wahr, weil sie die objektive Organisationsrealität zu einem individuell nachvollziehbaren vereinfachten subjektiven Unternehmensbild reduzieren (Haase, 1997, S. 147). Dies dient der individuellen Orientierung in einer Organisation, die aus komplexen Zusammenhängen und Beziehungsgeflechten besteht. Damit gewinnt das Individuum Sicherheit. Die Organisationsmitglieder verkürzen dabei die Realität, indem sie im Wahrnehmungsprozess Informationen entsprechend ihrer Erfahrung und Bedürfnisse selektieren und verarbeiten. Objektive Faktoren sind in der Organisation für Beschäftigte weniger wichtig als ihr Glaube, effektive Maßnahmen zu kennen und umsetzen zu können, also einen Spielraum zu besitzen (Bandura, 1997, S. 2).

Es gilt daher, für die Organisation und die Organisationsangehörigen wichtige Motive, Wertorientierungen und Einstellungen herauszuarbeiten und Erlebensvariablen mit einzubeziehen. Zur optimalen Gestaltung von Organisationen reicht es also nicht aus, die Aufbau- und Ablauforganisation zu thematisieren und strukturelle Veränderungen anhand von neuen Geschäftsverteilungsplänen und Prozessoptimierungen durchzuführen. Zu beachten sind vielmehr auch - nicht direkt beobachtbare - Persönlichkeitsmerkmale und subjektive Einschätzungen der Beschäftigten. Diese Arbeit legt folglich dar, wie relevant die Konstrukte „organisationales Commitment", „Leistungsmotivation" und „Kontroll-

---

[1] Überwiegend werden geschlechtsneutrale Formulierungen verwendet. Wo aus Gründen der Lesbarkeit und Übersichtlichkeit der männliche Begriff (z.B. Mitarbeiter) benützt wird, sind immer auch Frauen gemeint. Die Begriffe „Kontrollüberzeugung" und „locus of control of reinforcement", kurz „Locus of Control" (LOC) oder „internal-external-control" genannt, werden synonym in dieser Arbeit verwendet (so auch Müller, 1997, S. 40, mit dem Hinweis, dass Locus of Control auch noch übersetzt wird mit „Ort der Steuerung", „Verstärkungskontrolle" oder „Selbst- versus Fremdkontrolle der Verstärkung").

überzeugung" sowie der „erlebte Tätigkeitsspielraum" für die Organisationen und für die Beschäftigten selbst sind. In diesem Zusammenhang werden folgende Fragen untersucht.

Ist organisationales Commitment (s. Kapitel 2) als mehrdimensionales Konstrukt aufzufassen, dessen Dimension affektives Commitment die Bindung der Mitarbeiterinnen und Mitarbeiter zur Organisation in besonderem Maße stärkt? Affektives Commitment hat nicht nur für die Organisation als Arbeitgeberin Vorteile, sondern auch für die Beschäftigten selbst. Die Organisationsangehörigen entwickeln Zugehörigkeits-, Sicherheits- und Stolzgefühle. In der gegenwärtigen Gesellschaft bestehen gegenüber den Berufstätigen hohe Mobilitäts- und Flexibilitätsansprüche. Daraus resultierende fehlende familiäre Bindungen könnten durch eine Bindung zur Organisation, wenn auch nur zu einem geringen Teil, kompensiert werden. In der wissenschaftlichen Literatur ist der Zusammenhang zwischen organisationalem Commitment und Fluktuation sowie Absentismus belegt. Es werden umso mehr Kosten gespart, je weniger Fluktuation und Absentismus in einer Organisation herrschen. Weitere Korrelationen bestehen zwischen dem OC der Beschäftigten und der Gesamtproduktivität des Unternehmens. Angestellte mit hohem OC erhalten eher extrinsische und intrinsische Belohnungen als Organisationsangehörige mit niedrigerem OC. Sie zeigen eher Extra-Rollenverhalten, d.h. engagieren sich über ihre Rolle in der Organisation hinaus und stoßen z.B. Innovationen an. Ein extremes affektives Commitment birgt jedoch sowohl für Arbeitgeber als auch für das Individuum Gefahren.

Ist die Leistungsmotivation (s. Kapitel 3) ein die gesamte Persönlichkeit umfassendes Konstrukt oder sollte dessen Operationalisierung auf die Messung des Erfolgs- und Misserfolgsmotivs beschränkt werden? Für die Organisation wirkt sich die Leistungsmotivation der Mitarbeiter positiv aus, aber auch für die Beschäftigten selbst. In der heutigen Arbeitswelt, die von Unbestimmtheit und Komplexität gekennzeichnet ist, hat Leistungsmotivation handlungsleitende Funktion und stellt sich als Surrogat für die Kontrolle durch Vorgesetzte, insbesondere in Verbindung mit affektivem Commitment, dar. Wer sein Leistungsmotiv in einer Organisation befriedigen kann, wird dort gerne arbeiten und die Leistung zu steigern trachten.

Ist die internale Kontrollüberzeugung (s. Kapitel 4) ein in Arbeitsorganisationen wichtiger Persönlichkeitszug der Beschäftigten? Wenn Mitarbeiter eine internale Kontrollüberzeugung haben, fühlen sie sich weniger fremdbestimmt und weniger abhängig von Vorgesetzten, Kollegen oder Zufällen. Sie glauben, dass sie Kontrolle über ihre Aktionen und vor allem über die Wirkungen ihrer Handlungen besitzen. Beschäftigte mit einer externalen Kontrollüberzeugung sind dagegen der Überzeugung, dass die Ereignisse und deren Folgen in ihrem Umfeld außerhalb ihrer eigenen Kontrolle liegen und das Resultat von Schicksal oder dem Einfluss von anderen Personen sind. Im Hinblick auf den ständigen Wandel in der Arbeitswelt fällt internal Kontrollüberzeugten der Umgang mit den ständigen Veränderungen und Neuerungen leichter.

Ist der subjektive Tätigkeitsspielraum (s. Kapitel 5) von entscheidender Bedeutung für die Persönlichkeitsentwicklung von Mitarbeiterinnen und Mitarbeitern? Das förderungswürdigste Ziel aller Persönlichkeitsentwicklung ist nach heutigen Erkenntnissen die Herstellung *persönlicher Autonomie* (Schenk, 1992, S. 20), die im Arbeitsleben insbesondere durch einen erweiterten Tätigkeitsspielraum der Mitarbeiter erlebt werden kann. Das Vergrößern des objektiven Tätigkeitsspielraums macht aber nur Sinn, wenn er erstens wahrgenommen und zweitens ausgenutzt wird. Den Arbeitskräften Möglichkeiten für Handlungsalternativen zu gewähren, ist aber auch für viele Organisationen existenziell. Führungskräfte müssen daher für den notwendigen Tätigkeitsspielraum sorgen und ihre Mitarbeiter so entwickeln, dass diese den Spielraum auch ausnutzen können.

Ein weiterer wichtiger Forschungsbereich in der Dissertation ist die Prüfung, ob sich die genannten Variablen in ihrer absoluten Höhe und in ihren Zusammenhängen bei Beschäftigten im öffentlichen Dienst von denen in der Privatwirtschaft unterscheiden, da Beschäftigte im öffentlichen Dienst in der öffentlichen Diskussion immer wieder angegriffen werden. „Die Staatsdiener ruinieren ihren Herrn" titelte zuletzt die Zeitschrift Stern (stern.de, 2004). Hierbei spielt zum einen die Vermutung eine Rolle, Personen mit bestimmten Merkmalen würden sich nicht für den öffentlichen Dienst entscheiden. Zum anderen wird behauptet, bürokratische Hemmnisse engten den Tätigkeitsspielraum von Beschäftigten der öffentlichen Hand ein. Dagegen wären Angestellte privater Unternehmen viel flexibler und effektiver, weil sie einen größeren Tätigkeitsspielraum hätten und aufgrund ihrer Persönlichkeit auch wahrnehmen könnten und ausnutzen würden. Besitzen Beschäftigte im öffentlichen Dienst also eine andere oder geringere Kontrollüberzeugung? Beruht ihr Commitment weniger auf affektiver Bindung als vielmehr auf einem Sicherheitsgedanken? Sind Arbeitskräfte im öffentlichen Dienst tatsächlich weniger veränderungsbereit oder geringer motiviert? Bestehen Unterschiede im Erleben von Tätigkeitsspielräumen? Wenn sich tatsächlich Differenzen zwischen Beschäftigten der öffentlichen Verwaltung und der Privatwirtschaft zeigen, könnte sich daraus die Notwendigkeit zu organisatorischem Wandel sowie neuen Personalauswahlkriterien und dem Angebot besonderer Weiterbildungen folgern lassen.

In den Kapiteln zwei bis fünf wird die Bedeutung der Variablen theoriebasiert herausgearbeitet und mit empirischen Studien belegt. Im sechsten Abschnitt geht es um die Zusammenhänge der vier Variablen und die Erläuterung des Untersuchungsverfahrens. In Kapitel sieben werden die Fragebogen ausgewertet. Es wird auch untersucht, ob die Merkmale eine gemeinsame Hintergrundvariable besitzen, die das Verhalten der Beschäftigten in Organisationen zu einem gewichtigen Teil erklären kann. Dann werden die Schlussfolgerungen diskutiert, bevor im achten Kapitel das Fazit gezogen wird.

2. Commitment in Organisationen

2.1 Das Commitment-Konzept

Commitment heißt wörtlich aus dem Englischen übersetzt "**1.** Verpflichtung (*gegenüber der Familie usw.*) **2.** Engagement, Einsatz (*für eine Sache*)" (Langenscheidt, 1997). Der etymologische Ursprung des Wortes leitet sich aus dem Lateinischen her (Gauger, 2000, S. 6) und bedeutet "zustande bringen" und "anvertrauen" (Utz & Westphalen, 1997, S. 257). Wiendieck (1994, S. 125) versteht unter Commitment "das Gefühl einer Verpflichtung". Von anderen Forschern wird Commitment definiert als "Selbstverpflichtung" oder "freiwillige Bindung" (Karst, Segler & Gruber, 2000, S. 1). Für Moser (1998, S. 264) handelt es sich beim Commitment um „das Eingehen einer Bindung". Ähnlich versteht Brunstein (1995, S. 10) unter Self-Commitment, dass aus bis dahin nur in Form von Wünschen oder Motivationstendenzen bestehenden Zielen, verbindliche Intentionen werden. Commitment bringt also auch eine Verpflichtung zum Handeln zum Ausdruck.

Commitment in Organisationen bedeutet somit eine „Bindung an eine Organisation", „Verbundenheit mit einer Organisation" oder "Verpflichtung gegenüber seiner Organisation". "Commitment in Organisationen" (OC) zeigt folglich, ob ein Individuum zu seiner Organisation passt oder nicht (Marsden, Kalleberg & Cook, 1996, S. 302).

Am einflussreichsten hat sich die auf Mowday, Porter und Steers (1982) zurückgehende Definition erwiesen. OC bedeutet demnach
- **Identifikation** mit der Organisation,
- **Anstrengungsbereitschaft** für die Organisation und
- **geringe Fluktuationsneigung**.

Identifikation meint die Internalisation der Ziele und Werte der Organisation. Van Dick (2004, S. 45) formuliert weitergehend, dass Identifikation die Internalisierung der Organisations*identität* bedeutet. Identität der Organisation umfasst das nach innen und außen wahrgenommene Image der Organisation und ihrer Leistungen sowie die dokumentierten Normen, Regeln und Verhaltensweisen, welche die Organisationskultur ausmachen. Die **Anstrengungsbereitschaft** bezieht sich darauf, dass Beschäftigte bereit sind, sich über das normale Maß hinaus anzustrengen, unabhängig von der Erreichung persönlicher Ziele (DeCotiis & Summers, 1987, S. 447). Geringe **Fluktuationsneigung** beschreibt nach dem Verständnis von Mowday et al. (1982) den Wunsch der Beschäftigten, Mitglied der Organisation zu bleiben, um im Interesse der Organisationsziele weiter zu arbeiten.

Die drei Aspekte müssen jedoch nicht notwendigerweise miteinander positiv korrelieren und können auch unterschiedlich mit anderen Variablen zusammenhängen (Benkhoff, 1997, S. 126). Die Identifikation mit einer Organisation kann beispielsweise für manche Mitarbeiter eine Identifikation mit einer Untergruppe in der Organisation bedeuten, die nur dann eine hohe Anstrengungsbereitschaft nach sich zieht, wenn das zur Gruppennorm gehört. Auch der Wunsch, Mitglied in der Organisation zu bleiben, korreliert nicht zwangsläufig mit Anstrengungsbereitschaft. Kein Zusammenhang zur Anstrengungsbereitschaft liegt z.b. vor, wenn man gerne in der Organisation bleiben will, weil man viel Freizeit hat oder meint, für die geringe Anstrengung gut bezahlt zu werden (Benkhoff, 1997, S. 119). Interessant ist auch das Ergebnis, dass als kompetent und vertrauenswürdig wahrgenommene Führungskräfte zwar die Identifikation ihrer Mitarbeiter mit der Organisation fördern, aber nicht deren Anstrengungsbereitschaft. Auf letztere haben nach Benkhoff (1997, S. 126) nur hart arbeitende Kollegen mit hohen Leistungsstandards Einfluss. Ein anderer Aspekt, der in den bisherigen Definitionen und Konzepten nur zum Teil zum Ausdruck kommt, ist die **Freiwilligkeit**. Im Gegensatz beispielsweise zur Delegation, wo der Tätigkeitsspielraum des einzelnen zwar erhöht wird, dies aber von oben nach unten angeordnet ist, übernimmt der Mitarbeiter mit hohem affektivem Commitment von sich aus und von innen heraus angetrieben erweiterte Aufgaben (Karst et al., 2000, S. 1). Ob das immer im Sinne der Organisation ist, wird in Kapitel 2.5 thematisiert. Büssing und Glaser (1991, S. 128) sehen im affektiven Commitment ein persönlichkeitsförderliches affektives Urteil über die Organisation. In einem hohen AC käme somit ein persönliches Verhältnis zur Organisation zum Ausdruck, das eine Entwicklung der eigenen Persönlichkeit erlaube.

Die vorangegangenen Feststellungen zeigen, dass mit einem eindimensionalen Konstrukt OC nicht optimal erfasst werden kann. Eine Darstellung und Diskussion der in der Literatur hauptsächlich erörterten Commitment-Ansätze finden sich bei Ammon (2002). Herausgegriffen wird für die vorliegende Studie nur der mehrdimensionale Ansatz von Allen und Meyer (1990), da er für am geeignetsten zur Operationalisierung von Commitment befunden wird. Allen und Meyer (1990) erkannten aufgrund einer Literatur- und Forschungsanalyse, dass OC mehrdimensional zu erfassen ist und aus den drei Komponenten *affektives*, *normatives* und *fortsetzungsbezogenes* Commitment besteht. Der dreidimensionale Ansatz von Allen und Meyer (1990) wird am besten der individuellen Persönlichkeit gerecht, weil er keine sich wechselseitig ausschließenden Commitment-Typen beschreibt, "sondern vielmehr verschiedene Commitment-Komponenten, die Personen in variierenden Ausprägungen erleben können", berücksichtigt (Schmidt, Hollmann & Sodenkamp, 1998, S. 95).

1) Die Komponente *affektives* (affective) Commitment (AC) bezieht sich auf die emotionale Bindung zur Organisation.
Das AC in Organisationen ist gekennzeichnet durch drei Aspekte (Schmidt et al., 1998, S. 93f.):
   - die Akzeptanz von Werten und Zielen einer Organisation und zusätzlich einen starken Glauben an diese Werte

- die Bereitschaft, sich über das übliche Maß hinaus für die Organisation zu engagieren
- das Bedürfnis, Mitglied der Organisation zu bleiben (Mowday et al., 1982, S. 27).

Beschäftigte mit hohem AC *wollen* also gerne in ihrer Organisation bleiben.

Die Höhe des AC hängt vor allem von Merkmalen der Arbeit und arbeitsbezogenen Erfahrungen ab, die das Bedürfnis von Individuen nach Kompetenzerleben befriedigen (Schmidt et al., 1998, S. 95). Van Dick (2004, S. 46ff.) ist dagegen der Ansicht, dass nur das Selbstwertgefühl AC *direkt* beeinflusst. Die wahrgenommene Einheit zwischen Selbst und Organisation hätte dagegen nur unmittelbare Auswirkungen auf die Identifikation, die er vom AC unterscheidet. Erst die dann entstandene Identifikation würde wiederum das Selbstwertgefühl erhöhen und somit nur *indirekt* das AC steigern. Ob diese Unterscheidung gerechtfertigt ist, wird noch diskutiert (s. Kapitel 2.2).

2) Die Komponente *fortsetzungsbezogenes* (continuance) Commitment (FC) bedeutet, dass sich der Beschäftigte die Kosten bewusst macht, die mit dem Verlassen der Organisation auf ihn zukämen und er deswegen in der Organisation bleibt (Lee, Carswell & Allen, 2000, S. 801). Six (2002) spricht von *kontinuierlichem* Commitment und Schmidt et al. (1998, S. 95) nennen FC *abwägendes* Commitment. Die Begriffe können synonym verwendet werden. Dabei geht es sowohl um bereits getätigte Investitionen auf dem bisherigen Arbeitsplatz, z.B. Einzahlungen in einen Rentenfonds, als auch um Investitionen für eine neue Arbeitstelle, wie Einarbeitungsaufwand in einer neuen Organisation (Meyer & Allen, 1997, S. 56ff.). Gauger (2000, S. 71f.) nennt als Beispiel für *bisher getätigte Investitionen* den Aufwand
- für Bewerbungsgespräche,
- für die Einarbeitung in einen neuen Arbeitsplatz oder
- für *individuelle Anpassungsprozesse* an soziale Positionen, die einem die Leistungserbringung erleichtern (aber gleichzeitig die Anpassungsfähigkeit an Alternativen verringern).

Zusätzlich nennt Moser (1996, S. 2ff.) auch den Aufwand für die *Bewahrung des Eindrucks*, den man bisher bei anderen Personen erzielte. Ein weiterer Faktor dieser Komponente ist ein wahrgenommener Mangel an Beschäftigungsalternativen (Allen & Meyer, 1990, S. 4). Arbeitskräfte mit hohem FC meinen also, in ihrer Organisation bleiben zu *müssen*, weil das Verlassen zu viel kostet.

Gauger (2000, S. 96ff.) bezieht in die Kalkulation aber nicht nur *bereits getätigte Investitionen* ein, sondern auch Commitment auf der Basis *künftig erwarteter Anreize*, z.B. erwartete höhere Gehälter beim Erklimmen bestimmter Karriereleitern oder die erwartete Möglichkeit zur Verwirklichung persönlicher Zielvorstellungen. Wenn jemand aus Mangel an Beschäftigungsalternativen mit seiner Organisation resignativ zufrieden ist, entsteht eine Abhängigkeit von der Organisation. Dies macht Beschäftigte eher hilflos und lethargisch (van Dick,

2004, S. 19). Personen mit niedrigem FC sind daher noch engagierter als Beschäftigte mit hohem FC, denn sie hätten Alternativen und bleiben trotzdem in der Organisation, sofern ihr AC nicht zusätzlich zum FC auch sehr niedrig ist.

3) Die Komponente *normatives* (normative) Commitment (NC) beschreibt den Eindruck von Beschäftigten, sie *sollten* ihrer Organisation treu bleiben. Aufgrund ihres Wertesystems (z.B. die Norm, dass man seine Arbeitgeber nicht im Stich lassen darf) fühlen sie eine Verpflichtung, die Organisation nicht zu verlassen (Gauger, 2000, S. 94). Beschäftigte mit hohem normativen Commitment sehen eine moralische Verpflichtung, "sich in einer Weise zu verhalten, die den Zielen und Interessen der Organisation entspricht" (Schmidt et al., 1998, S. 95). Sie bleiben der Organisation also nicht aufgrund persönlicher Vorteile treu, sondern weil sie sich erwartungskonform verhalten wollen (Scherm & Ritter, 2003, S. 30). Dagegen wollen Personen mit hohem affektiven Commitment in der Organisation bleiben, weil sie deren Ziele für positiv befunden und verinnerlicht haben. Das normative Commitment wird *vor* dem Eintritt in die Organisation beeinflusst durch die Sozialisation in der Familie und im Kulturkreis und *nach* dem Eintritt durch organisationale Sozialisation (Allen & Meyer, 1990, S. 4).

Obwohl alle drei Formen von Commitment die Wahrscheinlichkeit verringern, dass ein Organisationsmitglied seine Organisation verlässt, ist die Fluktuationsneigung und tatsächliche Fluktuation bei starkem AC am geringsten (Meyer & Allen, 1997, S. 26). Folglich sollten sich Führungskräfte bewusst sein, welche Art des Commitments ihre Mitarbeiterinnen und Mitarbeiter pflegen und insbesondere das AC verstärken (Coleman, Irving & Cooper, 1999, S. 996). FC und AC sind empirisch klar unterscheidbar, sie korrelieren nach Moser (1996, S. 45) *negativ* miteinander. Schmidt et al. (1998, S. 100) fanden dagegen, dass AC und FC auch signifikant positiv miteinander korrelieren. In dieser Studie wird daher dem Gesamt-OC geringere Bedeutung zugemessen als den einzelnen Dimensionen, so dass auch die empirischen Zusammenhänge getrennt zu AC und FC ermittelt werden und weniger zum OC.

2.2 Abgrenzung zu verwandten Konstrukten

Im Zusammenhang mit Commitment werden viele Begriffe verwendet und zum Teil auch verwechselt. Daher erfolgt eine Abgrenzung von Commitment zu verwandten Konstrukten.

Commitment und Identifikation
In der Literatur werden die Konzepte *organisationales Commitment* und *organisationale Identifikation* zum Teil eigenständig nebeneinander gestellt. Dafür sprechen nach van Dick (2004) mehrere Gründe.
- Commitment zeigt nach dieser Auffassung eine eher gefühlsmäßige Bindung an die Organisation. Identifikation bedeutet dagegen, wie sich jemand als Person „dadurch *definiert*, dass er Mitglied einer bestimmten Organisation

ist" (van Dick, 2004, S. 5). Eine Person nimmt sich also kognitiv als Mitglied einer Gruppe/Organisation wahr und stellt dies für sich fest. Dieser kognitive Aspekt fehle im OC-Konstrukt. Allerdings habe auch das Konzept *organisationale Identifikation* affektive Komponenten. So muss man zu dem Schluss kommen, dass sich *affektives* Commitment und *affektive* Identifikation weitgehend überschneiden.

- Identifikation entwickelt sich aufgrund von wahrgenommenen ähnlichen Überzeugungen und Einstellungen zwischen Organisationsangehörigen. Commitment dagegen basiert zum einen auf der Summe aller Merkmale, die einen Job als interessant und wertvoll charakterisieren. Zum anderen entsteht Commitment aufgrund austauschtheoretischer Überlegungen, d.h. ein gegenseitiges Geben und Nehmen.
- Sobald sich Commitment entwickelt hat, bleibt es relativ stabil. Identifikation ist dagegen - je nach Arbeitskontext - veränderlich. Identifikation wird erst aktiviert, wenn das gemeinsame Zugehörigkeitsempfinden gefragt ist, z.B. wenn man in eine Wettbewerbssituation mit anderen Abteilungen der Organisation tritt.
- Van Dick (2004, S. 6) behauptet weiter, dass auch empirisch Unterschiede belegt wurden, jedoch führt er als Beispiel eine Studie an, bei der eine relativ hohe Korrelation in Höhe von r = .67 zwischen Identifikation und Commitment ermittelt wurde.
- Mitarbeiter, die ein starkes Commitment besitzen, arbeiten mehr für die Organisation, genauso wie Beschäftigte mit hoher organisationaler Identifikation. Letztere sei jedoch intrinsisch motiviert, während das Commitment stärker auf Gefühlen der Reziprozität beruhe und daher störanfälliger sei (van Dick, 2004, S. 13).

Diese Differenzierung von affektivem Commitment und Identifikation ist jedoch nicht hinreichend begründet. OC bedeutet nach Six (2001, S. 1) „das Ausmaß, in dem sich eine Person mit einer bestimmten Organisation identifiziert." Die Definition von AC beinhaltet gerade die „Internalisation der Ziele und Werte der Organisation" und wird zum Beispiel operationalisiert über Items wie "Probleme des Betriebes beschäftigen mich häufig so, als seien sie meine eigenen." (Schmidt et al., 1998). So erklärt auch van Dick (2004, S. 14f.), dass die kognitive Komponente, sich **als** Mitglied einer Gruppe/Organisation zu bezeichnen eine notwendige Voraussetzung für die affektive Identifikation **mit** der Gruppe sei. Die affektive Komponente sowohl des Commitments als auch der Identifikation sei jeweils ein besserer Prädiktor für Verhalten als die kognitive oder evaluative Komponente. Van Dick (2004) gelingt es auch nicht, im Verlaufe seiner weiteren Ausführungen die Trennung von Identifikation und Commitment durchzuhalten. Vielmehr verwendet er überwiegend das Wort Identifikation - auch bei Schilderung der Studien und Laborexperimente - und trifft keine saubere Unterscheidung mehr zu Commitment. In dieser Arbeit wird daher keine Differenzierung zwischen (kognitiver) Identifikation und (affektivem) Commitment vorgenommen, da diese kaum trennbar sind.

Work Commitment

Work Commitment gilt als Oberbegriff für Commitment zur Arbeitsgruppe, Führungsspitze, Karriere, Gewerkschaft, Organisation, Beschäftigung und zum Beruf (Morrow & McElroy, 1993, S. 1). Blau, Paul und St. John (1993, S. 298ff.) unterscheiden fünf Facetten von Work Commitment: Werte (value of work; protestant work ethic), Karriere (career salience; occupational commitment), Job (job involvement = central life interest), Organisation (OC) und Union (union commitment). Sie fanden heraus, dass "individuals do make consistent distinctions between their job, organization, occupation, and work in general" (Blau et al., 1993, S. 310). Bei der Interpretation von Forschungsarbeiten muss also genau auf die Operationalisierung von Commitment geachtet werden, weil die Work Commitment-Aspekte oft in vergleichbarer Funktion angewendet werden, nämlich "Indikatoren für die (veränderte) Qualität des Arbeitslebens zu sein oder Fluktuation und Fehlzeiten zu erklären" (Moser, 1997, S. 167).

Abgrenzung zu Involvement

"Das Involvement erfaßt eine situationsspezifische und änderungssensitive Einstellung gegenüber Arbeit und Beruf." (Büssing & Broome, 1999, S. 127). Commitment ist also auf das Attachment von Beschäftigten zu ihrer *Organisation* bezogen und Involvement auf die Bindung zu ihrer *Arbeit* (Mathieu & Zajac, 1990, S. 182), wobei Involvement aber weiter in "Work Involvement" und "Job Involvement" unterschieden werden müsse (Moser, 1996, S. 50). Beim **Work Involvement** bezieht sich das Involvement auf den Stellenwert der Arbeit im Leben, d.h. ob Arbeit das zentrale Lebensinteresse des Beschäftigten ausmacht. Dagegen bezieht sich **Job Involvement** auf die Anstrengungsbereitschaft bei der konkreten Tätigkeit auf einem spezifischen Arbeitsplatz. Job Involvement bedeutet, dass man seine Arbeit ernst nimmt, seine Wertvorstellungen in ihr verwirklicht und seine Stimmungen und Gefühle stark von den Erlebnissen bei der Arbeit beeinflussen lässt. Die Bedeutung von Involvement ist folglich abhängig von der Definition und v.a. von der Operationalisierung. Involvement wird z.B. erfasst, indem man je nach Definitionsansatz danach fragt,
(1) wie wichtig einem die eigene Arbeit ist,
(2) wie wichtig Arbeit für die Beurteilung des Wertes einer Person ist,
(3) wie wichtig es für einen ist, gute Arbeit zu leisten, oder
(4) wie wichtig für den eigenen Selbstwert die Güte des erzielten Arbeitsergebnisses ist (Moser, 1996, S. 51).

Blau und Boal (1989, S. 116) definieren Job Involvement als "extent to which an employee identifies psychologically with his/her job". Sowohl das Work- als auch das Job-Involvement sagen jedoch eher tätigkeitsbezogene Werte vorher und Commitment eher die Bindung an das Unternehmen. Folglich korreliert Fluktuationsneigung höher negativ mit Commitment als mit Involvement (Blau & Boal, 1989). Die größte Fluktuationswahrscheinlichkeit ergibt sich allerdings, wenn das OC und das Job Involvement niedrig sind (Blau & Boal, 1989). Anstrengungsbereitschaft korreliert dagegen höher mit Involvement als mit OC. Die Bedeutsamkeit des Einkommens korreliert mit Commitment, nicht aber mit

Involvement. Dagegen hängt die "Bedeutung von Familie und Freizeit" negativ mit Involvement zusammen, korreliert aber gar nicht mit OC (Moser, 1996, S. 61f.). OC korreliert signifikant mit Involvement, aber nur wenn es mit dem OCQ (Organizational Commitment Questionnaire) von Mowday et al. (1982) operationalisiert wird (Moser, 1996, S. 49).

Dies verdeutlicht, wie sehr man bei Studien die jeweils dahinterstehenden Operationalisierungen berücksichtigen muss. Zugleich zeigen diese Definitionen aber auch, dass sich alle Involvement-Definitionsansätze von "Commitment" unterscheiden.

Abgrenzung zum Occupational Commitment
Während OC die Bindung an die Organisation fokussiert, erfasst das Occupational Commitment die Bindung an den Beruf. Es besteht ein positiver Zusammenhang zwischen organizational und occupational Commitment, der jedoch durch die Variable "angestellt in einer korrespondierenden Organisation" moderiert wird, d.h. wenn Mitarbeiter in einer Organisation ihrem erlernten Beruf nachgehen, beträgt die Korrelation $r = .48$, sonst $r = .22$ (Lee et al., 2000, S. 806).

Abgrenzung zur Arbeitszufriedenheit
Arbeitszufriedenheit ist "eine affektive Reaktion auf die Erfahrung bestimmter Komponenten des *Arbeitsplatzes*, während sich Commitment auf die *Organisation* bezieht." (Moser, 1997, S. 168). Merkmale des Arbeitsplatzes prognostizieren also eher Arbeitszufriedenheit, während Merkmale der Organisation (z.B. Größe der Organisation, Leitbild, Führungsleitlinien, soziales Klima) eher Commitment voraussagen. Nach Haase (1997, S. 114f.) liegt der Unterschied auf den Dimensionen Stabilität und Spezifität. Commitment ist ein stabiles und globales, d.h. situations- und tätigkeitsübergreifendes, Konstrukt. Arbeitszufriedenheit variiert dagegen situations- und tätigkeitsspezifisch. Die Variablen "Fluktuation" und "Fluktuationsabsicht" korrelieren stärker negativ mit OC als mit Arbeitszufriedenheit, allerdings tragen beide Konstrukte additiv zur Fluktuation und Fluktuationsneigung bei. Die mittlere Korrelation zwischen OC und Arbeitszufriedenheit liegt bei etwa $r = .58$ (Moser, 1997, S. 168).

Commitment zu verschiedenen Bereichen einer Organisation
Becker und Billings (1993, S. 177) unterscheiden bei den Beschäftigten einer Organisation zwischen
a) the Locally Committed (Angestellte, die sich mit ihren Vorgesetzten und/oder mit ihrer Arbeitsgruppe verbunden fühlen)
b) the Globaly Committed (Angestellte, die sich zum Top-Management und zu der Organisation als Ganzes verbunden fühlen)
c) the Committed (Angestellte, die sich lokal und global verbunden fühlen)
d) the Uncommitted (Angestellte, die sich weder lokal noch global verbunden fühlen).

Commitment kann es aber zu weiteren Bereichen in einer Organisation geben, so z.b. auch zur Abteilung, aber nicht zur Arbeitsgruppe oder zur Abteilungsleitung, jedoch weder zur Gruppenleitung noch zum Topmanagement (wie Moser, 1996, S. 48 unterscheidet), die sich also nicht einfach dem Kriterium *global* oder *lokal* zuordnen lassen. Somit erscheint die Einteilung von Becker und Billings (1993) als zu grob. Meyer und Allen (1997, S. 19ff.) nennen die Bereiche "Organization", "Top Management", "Unit", "Unit Manager", "Work Team" sowie "Team Leader" und kommen aufgrund des Studiums empirischer Untersuchungen zu der Auffassung, dass bei der Messung des Commitments zur Organisation im Ganzen, eher das Commitment zum Topmanagement als zu den anderen genannten Bereichen operationalisiert wird. Man muss sich darüber im Klaren sein, dass sich unterschiedliche Korrelationen zu bestimmten abhängigen Variablen ergeben, je nachdem, ob man organisationales Commitment oder Commitment zu einzelnen Bereichen einer Organisation im Blickpunkt hat. Bei der Messung des Zusammenhangs von "Commitment zum Chef" mit der "Arbeitsleistung" ergab sich z.B. eine höhere Korrelation als bei der Messung "organisationales Commitment - Arbeitsleistung" (Meyer & Allen, 1997, S. 19). Reichers (1986) untersuchte bereits 1985 in einem Betrieb im Gesundheitswesen verschiedene Facetten von OC. Sie führte die Studie mit 124 Versuchspersonen durch, von denen 74 % in direktem Kontakt mit den Klienten "mental health therapies" (S. 509) ausübten, während 26 % in der Administration tätig waren. Es stellte sich heraus, dass das globale OC (gemessen mit dem Organizational Commitment Questionnaire von Mowday, Steers & Porter, 1979) am ehesten mit dem Commitment zu der Gruppe der Topmanager übereinstimmte, sich aber deutlich vom Commitment zu den "co-workers, customers, and unions" unterschied. Wenn die Ziele der Kollegen, Kunden, Gewerkschaft und des Topmanagements als konfligierend wahrgenommen werden, dann reduziert dies das OC. Die Korrelation zwischen diesem "psycho-social conflict" und OC in einer Studie war negativ und betrug $r = -.39$ (Reichers, 1986, S. 512).

Aus all diesen Abgrenzungen ergibt sich, dass für die vorliegende Studie nur das AC und FC zur Gesamtorganisation berücksichtigt wird und keine Vermischungen zu verwandten Konstrukten zugelassen werden sollen.

2.3 Der Entwicklungsprozess und Maßnahmen zur OC-Steigerung

Nach Stangier (1998, S. 36ff.) gibt es einen Entwicklungsprozess von OC, der idealtypisch in drei Phasen verläuft.

In der **Antizipationsphase**, also schon vor dem Eintritt in eine Organisation, besteht ein bestimmtes Niveau an Commitment dieser Organisation gegenüber. Dieser anfängliche Level wird beeinflusst durch **Persönlichkeitsmerkmale**, wie Werte der Person, Eigenschaften der Person, generalisierte Loyalität und Pflichtbewusstsein. Stangier (1998, S. 46) berichtet auch, dass die *generalisierte*

Loyalität sowie das *Pflichtbewusstsein* signifikant mit OC korrelieren, erläutert aber nicht näher, wie OC operationalisiert wurde.

Ein starker Einfluss auf das anfängliche OC ist insbesondere gegeben, wenn die eingestellte Person glaubt, deren Werte und die der Organisation würden übereinstimmen. Bewerber müssen daher ein realistisches Bild von den Organisationswerten bekommen. Bei der Bewerberauswahl muss auf die Passung Organisationsziele und Ziele des Einzustellenden geachtet werden (van Dick, 2004, S. 56f.). Die Identifikation mit der Organisation ist nach Ansicht von Moser und Zempel (2001, S. 71) höher, wenn ein Mitarbeiter über einen bereits in der Organisation Beschäftigten angeworben wird. Zum einen findet über andere Mitarbeiter eine wirksame Vorauswahl statt (wer passt zu uns?) und zum anderen haben die über informelle Wege Rekrutierten realistischere Vorstellungen von der Arbeitstätigkeit in der Organisation.

Auf den anfänglichen Level wirken außerdem die *Willenskraft* (ein bewusstes Entscheiden für diesen Job), die *Opferbereitschaft* (z.B. wurde nicht der am besten bezahlte Job genommen, da andere Dinge wichtiger erschienen) und die *Widerrufbarkeit der Entscheidung*. Je unwiderrufbarer eine Handlung ist, d.h. je mehr die Rückgängigmachung kostet, umso stärker ist das OC.

Eine bedeutende reduzierende Wirkung auf OC haben in der zweiten Phase, die sogenannte **frühe Beschäftigungsphase,** Enttäuschungen der Beschäftigten zu Beginn ihrer Arbeitsaufnahme in einer Organisation, wenn also ihre Erwartungen nicht erfüllt wurden, weil sie keine realistischen Vorstellungen vom Arbeitsplatz oder Arbeitsablauf hatten oder ihnen diese Informationen seitens der Organisation nicht gegeben wurden (Moser & Schmook, 2001, S. 226). Vor Enttäuschungen bewahren insbesondere „ehrliche Stellenanzeigen" und eine transparente und faire Bewerberauswahl. Wenn der Bewerber den Eindruck unfairer Auswahlkriterien vermittelt bekommt, meint er, in diesem Unternehmen sei es Usus, mit unfairen Mitteln zu arbeiten.

Wichtig ist außerdem ein strukturiertes Welcoming, d.h. ein Bekanntmachen mit Schnittstellen und eine gute Einarbeitung (Scherm & Ritter, 2003, S. 32). Dies erleichtert den Einstieg und ermöglicht eine schnellere Produktivität. Jedem Neueingestellten sollte ein Coach verantwortlich an die Seite gestellt werden. Dies kann die Führungskraft sein, im Regelfall ist es aber ein Kollege. Damit werden nicht nur Ängste abgebaut, sondern auch die Kommunikation verstärkt und eher eine persönliche Beziehung ermöglicht. Das strukturierte Welcoming wirkt sich sowohl auf das AC als auch auf das NC aus.

Einfluss auf diese zweite Phase haben ebenso die wahrgenommene Eigenverantwortung, der Erfolg, das angemessene Feedback der Vorgesetzten und die Arbeitszufriedenheit (vgl. Mowday et al., 1982, S. 56). Je höher die genannten Variablen ausgeprägt sind, desto eher entwickelt sich ein hohes OC. Wenn eine

Handlung *eindeutig* geäußert und *öffentlich* mitgeteilt wird, d.h. subjektiv bedeutsamen Personen gegenüber geäußert wird (**Explizitheit**), verstärkt sich das OC weiter. Bezogen auf die Arbeitswelt bedeutet das, dass Seminare für neue Beschäftigte Öffentlichkeit herstellen. Neue Mitarbeiter binden sich eher an die Organisation, wenn z.b. andere neue Mitarbeiter sowie Führungskräfte verschiedener Hierarchieebenen vom Eintritt in die Organisation wissen (Moser & Schmook, 2001, S. 230).

In dieser Phase wirken sich auch noch Job-Alternativangebote stärker auf das Commitment aus. Die Annahme eines Alternativangebots ist in dieser Phase am wahrscheinlichsten, da in der späteren Phase wegen der bis dahin getätigten Investitionen Alternativangebote vermutlich nicht angenommen werden. Bei inhaltlich vergleichbaren Optionen wird man mit der Entscheidung jedoch zunächst zögern in der Annahme, dass noch bessere Alternativen auf dem Stellenmarkt vorhanden sind (Moser, 1997, S. 162). Ein **Wartekonflikt** entsteht, weil das Verzögern der Annahme eines Alternativ-Angebots entweder den Verlust des Angebots oder ein besseres Angebot mit sich bringt, also eine sehr unsichere Situation besteht (Moser, 1998, S. 269). Damit nimmt abhängig von der Zeitdauer "der Entscheidungsdruck zu, *entweder* die Organisation zu verlassen *oder* Commitment zu entwickeln." (Moser, 1996, S. 21).

Beschäftigte zeigen oft konsistentes Verhalten, "obwohl es sich sogar um einen Handlungsstrang handeln kann, der einen Mißerfolg absehbar macht, und zwar nur deshalb, um eine zuvor eingegangene Bindung (Commitment) zu rechtfertigen" (Moser, 1998, S. 269). Man ist beispielsweise unzufrieden auf seinem Arbeitsplatz, hofft aber, dass es bald wieder erträglicher wird, damit der bisherige Aufwand nicht umsonst war. Jede Entscheidung hat jeweils Selbstrechtfertigungsmechanismen zur Folge, indem entlastende Erklärungen gesucht oder zusätzliche Investitionen getätigt werden, um die Ablehnung der nicht gewählten Alternative sinnvoller erscheinen zu lassen. Empirische Studien belegen, dass Bewerber vor einer Entscheidung über Stellenangebote die dahinterstehenden Organisationen noch für gleichmäßig attraktiv hielten. Unmittelbar jedoch nach der Entscheidung für eine bestimmte Stelle, aber noch vor Eintritt in die Organisation, fanden sie diesen Betrieb attraktiver als die anderen Firmen, deren Stellenangebote sie abgelehnt hatten (vgl. Moser, 1996, S. 11f.). Je *weniger Alternativen* vorhanden sind oder je größer die Zahl *nicht in Anspruch genommener Alternativen* ist, desto mehr nimmt also in der frühen Beschäftigungsphase die Bindung an die Organisation zu.

OC in den **späteren Beschäftigungsphasen** ist *grundsätzlich* abhängig von den Investitionen. Das OC erhöht sich aufgrund bisheriger Aufwendungen, die man in seinen Arbeitsplatz investiert hat, z.B. die Dauer der Stellenbesetzung, arbeitsplatzspezifische Fortbildungen, Vertrautheit mit Vorgesetzten, Kollegen, Freunde bei der Arbeit, bequeme Anfahrt zur Organisation und Pensionsansprüche. Dazu gehören Zeit und Energie sowie erbrachte Opfer in Form aufgegebener Ziele, z.B. Familiengründung statt Karriere. Beschäftigte fühlen sich außerdem aufgrund einer erhaltenen Leistung zur Gegenleistung verpflichtet (Reziprozität). Verhaltensweisen, die subjektiv positiv bedeutsam für Beschäftigte sind, erhöhen deren OC weiter. Je öfter ein Verhalten gezeigt wird, umso mehr führt dies zu OC. Subjektiv wird wahrgenommen, dass das Verhalten Resultat einer freien willentlichen Entscheidung ist. OC wird deshalb höher, weil die Klugheit eigenen Verhaltens bekräftigt werden muss. Mit zunehmender Organisationszugehörigkeit werden ein größerer Verantwortungsbereich, eine höhere Autonomie und höhere Entlohnungen von der Organisation zugestanden. Dies führt zu einer weiteren OC-Erhöhung. Eine Organisation kann also Maßnahmen zur Verstärkung von OC ergreifen (Tabelle 1). Alle Variablen zur Verstärkung müssen danach differenziert werden, ob sie AC, NC oder FC steigern (Scherm & Ritter, 2003, S. 30, 32; Gauger, 2000, Abb. II-18, S. 139).

Tabelle 1: Verstärkervariablen der OC-Komponenten

OC-Komponenten werden verstärkt durch	AC	FC	NC
Leitlinien der Zusammenarbeit: Legitimität, Gerechtigkeit, Fairness, Partizipation, Transparenz, Kontinuität	xx	x	x
Herausforderung	xx	x	
Interessante Aufgabe	xx		
Autonomie	xx	x	x
Interaktionsmöglichkeiten	xx		
Gut eingerichteter Arbeitsplatz		x	
Wohlfühlmöglichkeit am Arbeitsplatz	xx		
Zielvereinbarungen und Feedback-Gespräche	x	xx	xx
Fachliche Spezialisierung		xx	
Rollenklarheit	x		xx
Status	x	xx	xx
Kommunikation mit Vorgesetzten	xx	x	x
Personalentwicklung, Förderung durch Vorgesetzte, Fortbildung	xx	xx	x
Integration und Identifikation	xx	x	x
Höhe der Vergütung: gerecht	xx	xx	xx
Künftige Höhe der Vergütung		xx	
Flexible Arbeitszeit	x	x	x

Mittlere Verstärkung: x   Hohe Verstärkung: xx
Quellen: Scherm & Ritter (2003, S. 30, 32); Gauger (2000, Abb. II-18, S. 139)

Integration und Identifikation

Die *Integration* sollte in die große Gruppe der Organisationsangehörigen und in die engere Gruppe der unmittelbaren Kolleginnen und Kollegen erfolgen. *Integration* fördert Gemeinschafts- und Stolzgefühle. Die Organisation kann helfen, die eigene soziale Identität zu definieren. Organisationale *Identifikation* ist gegeben, wenn sich Beschäftigte zur Organisation zugehörig fühlen wie zu einer großen Familie. Außerdem sind sie stolz, Teil der Organisation zu sein (Moser, 1996, S. 38f.). Identifikation steht auch dafür, dass "durch die Übernahme bzw. Einnahme von bestimmten Einstellungen oder Verhaltensweisen eine befriedigende, selbst definierende Beziehung mit anderen Personen" stattfinden kann (Moser, 1997, S. 165). Wichtig für eine hohe Identifikation und ein starkes Wir-Gefühl ist es, die Mitarbeiter möglichst oft miteinander in Kontakt treten zu lassen durch regelmäßige Besprechungen sowie klare Kommunikationswege (van Dick, 2004, S. 56f.). Van Dick (2004, S. 56f.) führt weiter als Maßnahme zur Förderung der *Identifikation* aus, dass die Organisation ihre Werte und Ziele klar dokumentieren muss. Führungskräfte müssen sich diesem Leitbild verpflichtet fühlen und als Vorbilder danach handeln. Die Organisation muss zunächst Vertrauen schaffen und dann Identifikationsobjekte in Form von Personen, Abteilungen, Aufgaben, Gesamtorganisation oder Symbole, z.B. ein Leitbild, zur Verfügung stellen. Danach müssen die Identifikationsobjekte internalisiert werden (Stangier, 1998, S. 60).

Identifikation mit der Organisation ist ein wichtiger Bestandteil des AC. Eine Identifikation mit dem gesamten Unternehmen bzw. der gesamten Behörde kann am ehesten erreicht werden, wenn alle Mitarbeiter sowohl alle Abteilungen als auch die verschiedenen Produkte kennen gelernt haben. Auch im öffentlichen Dienst und in den Verwaltungsabteilungen der Betriebe gibt es Produkte, z.B. das "Ausstellen eines Personalausweises" oder das "Erstellen eines monatlichen Kennzahlenberichtes". Hierzu muss dann auch die Ablauforganisation transparent gemacht werden, die zur Erstellung des Produktes führt. Nur so haben die Beschäftigten das Bild einer ganzheitlichen Organisation und können sich vorstellen, wie sich ihre eigene Arbeit in das Ganze einfügt (Pfister & Schoppig, 1994, S. 32). Die Mitarbeiter versuchen weiter, ihr persönliches Wertesystem in Einklang mit der Organisationsphilosophie zu bringen. Aus diesem Grund muss die Unternehmens-/Behördenidentität auch weit gefasst sein. Als Beispiele nennen Pfister und Schoppig (1994, S. 32): „'Umweltschutz - das ist unser Anliegen', 'Mutter sein und berufstätig - bei uns kein Problem', 'Vorwärtskommen und Karriere - Sie sind genau unser Mann'"/unsere Frau. Der einzelne Mitarbeiter muss erkennen können, dass gerade in seiner Organisation Optionen bestehen, sich gemäß den eigenen Identitätswünschen entwickeln zu können.

Personalentwicklung
Mitarbeiter, die sich innerhalb der Organisation weiterentwickeln können, fühlen sich mit ihr mehr verbunden. Am Beispiel einer Qualifizierungsmaßnahme - als Teil der Personalentwicklung - wird erläutert, dass sich ein- und dieselbe Maßnahme in Abhängigkeit von der Wahrnehmung und Bewertung des Mitarbeiters unterschiedlich auf die OC-Dimensionen auswirkt (van Dick, 2004, S. 47). Wenn der Mitarbeiter an einer Fortbildungsmaßnahme teilnimmt, kann er dies als Investition der Organisation in den Mitarbeiter auffassen, die in ihm die Norm weckt, dass man aufgrund einer solchen Investition seinem Arbeitgeber treu bleibt, also sich ein *normatives* Commitment entwickelt. Das Qualifizie-

rungstraining kann aber von den Beschäftigten auch so aufgefasst werden, dass sie damit eine Investition getätigt haben, die sie in dieser Organisation, aber nicht in einem anderen Betrieb, weiterbringt. Dann werden sie bleiben, damit der Aufwand nicht umsonst war, *fortsetzungsbezogenes* Commitment wird aktiviert. Dagegen wirkt sich die Trainingsmaßnahme auf das *affektive* Commitment aus, wenn der Mitarbeiter die Qualifizierung als Unterstützung und Wertschätzung wahrnimmt. Es liegt an der Organisation, die Maßnahme so darzustellen, dass sie eine bestimmte Interpretation auslöst.

Legitimität, Gerechtigkeit, Fairness, Partizipation, Transparenz, Kontinuität

Gauger (2000, S. 104) führt aus, dass von zentraler Bedeutung im Aufbau von Commitment Unternehmensgrundsätze sind, "die eine generelle *Einhaltung von Versprechungen der Organisation und Gerechtigkeit im Umgang mit den Mitarbeitern* festlegen." Das *affektive* Commitment wird dadurch erhöht, weil Glaubwürdigkeit die Identifikation mit der Organisation fördert, da Wertekongruenz hinsichtlich der Gerechtigkeit besteht. Meyer und Allen (1997, S. 48) führen hierzu aus, AC werde weniger dadurch verstärkt, dass Beschäftigte das bekommen, was sie wollen, sondern eher aufgrund als fair empfundener Entscheidungen. Sie argumentieren weiter, für die Verstärkung von Commitment sei besonders das Gefühl der Beschäftigten relevant, sie seien ein wichtiges Glied mit wertvollen Beiträgen für die Organisation. Das AC der Mitarbeiter werde auch dadurch gestärkt, dass die Organisation den tatsächlichen Erwartungen entspricht. Deshalb sollten die Arbeitgeber die Erwartungen von "organizational newcomers" weniger hoch halten, weil niedrige Erwartungen viel leichter erfüllt werden könnten (Meyer & Allen, 1997, S. 52). *Normatives* Commitment wird bekräftigt, weil in "gerechten" Unternehmen auch die Mitarbeiter sich verpflichtet fühlen, gewissenhaft und zuverlässig zu arbeiten. Ebenso erhöht sich das *fortsetzungsbezogene* Commitment, weil Unsicherheiten reduziert werden.

Nach Wiendieck (1994, S. 125) kann Commitment sich "aus der Attraktivität der Zielsetzung, aus sozialen Normen oder auch daraus ergeben, dass die Ziele nicht einfach von 'außen oder oben' gesetzt", sondern partizipativ erarbeitet wurden. So glaubten Befragte, die eine Organisation verließen und geringe Partizipationsmöglichkeiten empfunden hatten, dass sie auch wenig zum Erfolg des Unternehmens beigetragen hatten (Moser, 1997, S. 164). Partizipation ermöglicht ein Gefühl der Kontrolle und Partnerschaft. Für Haase (1997, S. 156f.) ist das Kommunikations- und Informationssystem sowie das System der Weisungsbefugnisse ein entscheidender Verstärker. Eine hohe Transparenz der für die Mitarbeiter relevanten Entscheidungen und die Wahrnehmung von ausreichender Information durch die direkten Vorgesetzten und Führungsspitze korrelieren positiv mit OC. Tätigkeitsspielraum und Partizipation an relevanten Entscheidungen in der Organisation erhöhen das Commitment.

Legitimität aller Maßnahmen ist entscheidend dafür, dass AC nicht zurückgeht und somit die Identifikation mit den Organisationszielen aufrechterhalten oder sogar gesteigert werden kann. Daher muss die Legitimität von Veränderungen offensiv gegenüber den Mitarbeitern dokumentiert und aufgeklärt werden. *Legitimität* fördert das Vertrauen in eine rechtmäßige und gerechte Behandlung der Beschäftigten. Fairness bei schmerzhaften Einschnitten und Organisationsstrukturänderungen ist eine weitere Voraussetzung für Commitment. Bei Veränderungen muss immer eine gewisse Kontinuität gewahrt bleiben, weil Wandel sonst als zu große Bedrohung wahrgenommen wird, d.h. die Mitarbeiter müssen das Gefühl haben, noch für die gleiche Organisation zu arbeiten. Kontinuität sollte noch ergänzt werden um die Verlässlichkeit. AC kann nur dann erzeugt werden, wenn "den Mitarbeitern neben aktiven Gestaltungsmöglichkeiten auch eine verläßliche Vision von der Zukunft" vermittelt wird (Karst et al., 2000, S. 2). Diese Vision muss für die Mitarbeiter die Rückversicherung enthalten, dass bei entsprechendem Organisationserfolg ihre Arbeit auch noch in ein paar Jahren gebraucht wird. Organisationen begehen eine Fehleinschätzung, wenn sie glauben, dass es ohne diese Rückversicherung gelänge, die Beschäftigten zu Höchstleistungen anzuregen.

Weitere OC-Steigerungen ergeben sich durch Zielvereinbarungen und Feedback-Gespräche. Die regelmäßige Analyse der Zielerreichung und die Diskussion darüber steigern die Identifikation mit diesen und das Engagement (Scherm & Ritter, 2003). Durch fachliche Spezialisierung wird die Mobilität begrenzt, weil weniger Jobalternativen vorhanden sind. Eine persönlichkeitsförderliche Arbeitsplatz- und Aufgabengestaltung, die auch Anforderungswechsel umfasst, Identität mit der Aufgabe ermöglicht und als wichtige Arbeit wahrgenommen wird, ist ebenso relevant. Die Tätigkeit sollte autonom erfüllt werden können und Rückmeldung über die Arbeitsergebnisse geben (vgl. hierzu das Kapitel Tätigkeitsspielraum). Die Mitarbeiter brauchen das Gefühl, dass es bei der Bewältigung der Organisationsaufgaben auf jeden einzelnen von ihnen ankommt (van Dick, 2004, S. 56f.).

2.4 Nutzen von organisationalem Commitment

Die „Entwicklung von Bindung oder Commitment, von Zugehörigkeitsgefühl und Loyalität" wird heute als unverzichtbarer Bestandteil der Personalentwicklung angesehen (Schuler, 2001, S. 213).

Aus der *Sicht der Beschäftigten* hat organisationales Commitment folgende positive Wirkungen. Insbesondere affektives Commitment bewirkt, dass Mitarbeiter weniger Stress erleben, sich gesünder fühlen und zufriedener sind. Individuen wollen sich zu etwas verbunden fühlen, sonst würde sich ein Gefühl der Entfremdung ausbreiten, das beim Individuum immer zu Gesundheitsstörungen führt (Meyer & Allen, 1997, S. 5). Identifikation mit der Organisation befriedigt auch folgende Bedürfnisse von Individuen (van Dick, 2004, S. 11f.):

- Bedürfnis nach **Sicherheit**: Identifikation oder die Internalisierung von Zielen und Werten reduzieren Unsicherheiten. Die Organisation, Abteilung oder Gruppe, mit der man sich identifiziert, schützt vor externer Bedrohung.
- Bedürfnis nach **Zugehörigkeit**: Identifikation schützt vor Isolationsgefühlen.
- Bedürfnis nach **Selbstaufwertung**: Wenn das Image der Organisation mit Status und Prestige verbunden ist, erhöht dies das Selbstwertgefühl. Das Gleiche gilt, wenn man einer Organisation angehört, die in bestimmten Bereichen besser ist als andere. Hinzu kommt Lob aus sozialen Interaktionen oder gegenseitige Bestätigung.
- Bedürfnis nach **Ganzheitlichkeit**: Die Individuen leben heute in einem ständigen Wandel. Wissen hat eine immer kürzer werdende Halbwertszeit, die Globalisierung der Märkte und die Individualisierung aller Lebensbereiche bewirken starke Unsicherheiten. Lebensläufe sind nicht mehr vorgegeben, sondern bedürfen wiederholt neuer Entscheidungen, Familien werden immer kleiner und unbeständiger. Die Organisation kann Bindungen ersetzen, die in der modernen Gesellschaft nicht mehr so wie früher bestehen. Aufgrund der Verstädterung, Mobilitätsansprüche und Arbeitsteilung sind Großfamilien und Nachbarschaftsnetzwerke geschwächt worden. Organisationen können auch zu einer ersatzweisen Stabilisierung der sozialen Verhältnisse, also zwischenmenschlicher Beziehungen, beitragen (Moser, 1998, S. 270). Angesichts der immer komplexer werdenden Entscheidungsprozesse wird das eigene Leben unbedeutender. So suchen Mitarbeiter nach Bedeutung und Struktur. Ganzheitliche Unternehmensstrategien zielen auf ein konsistentes Image nach innen und nach außen oder fördern mit einer entsprechenden Organisationskultur beim Individuum die Sinngebung.

Angestellte mit AC "believe to be valued by and valuable to the organization" (Meyer & Allen, 1997, S. 30). Organisationsangehörige mit hohem Commitment glauben also, dass die Organisation sie wertschätzt und dass sie wertvoll für die Organisation sind. Dieses Gefühl ist für Individuen wichtig, da es ihnen auf ihre eigene Bedeutsamkeit ankommt. Aus individueller Sicht kann ein hohes OC auch deswegen wünschenswert sein, weil "committed workers are better compensated or have better career prospects" (Marsden et al., 1996, S. 303).

Auch aus *__Sicht der Organisation__* bewirkt organisationales Commitment viele Vorteile. Aufgrund der sich verändernden Arbeitswelt, in der individueller und globaler Wettbewerb zugenommen haben und von den Beschäftigten Flexibilität und Mobilität verlangt wird, hat gerade in den verschlankten Firmen OC eine große Bedeutung. Bei verflachten Hierarchien sind die Beschäftigten für das Ausfüllen ihrer Tätigkeitsspielräume selbst verantwortlich. Diese Freiräume nutzen sie dann weniger für ihre persönlichen Wünsche, sofern diese nicht ohnehin mit den organisationalen Interessen übereinstimmen, sondern eher im Sinne der Organisation aus, wenn sie ein hohes Commitment besitzen. Ein starkes affektives Commitment der Beschäftigten mit der Organisation ist auch eine wesentliche Voraussetzung für die Kundenbindung und könnte, falls sie fehlt, den

Erfolg der Organisation auf Dauer gefährden (Haase, 1997, S. 318). In Zeiten von Outsourcing und Auftragsvergabe an Subunternehmen, Beschäftigung freier Mitarbeiter und befristet eingestellten Angestellten ist Commitment von überragender Bedeutung. Ohne Commitment handeln die genannten Gruppen mit wenig Orientierung an den Organisationszielen. Zwar kann von diesen Auftragnehmern keine Identifikation mit der Organisation erwartet werden, aber ein Bindungsgefühl an die Organisation und den erhaltenen Auftrag.

Identifikation und Commitment befriedigen grundlegende menschliche Bedürfnisse, z.b. das Bedürfnis nach Zugehörigkeit, wie bereits dargelegt wurde. Wenn sich die Organisation nicht aktiv um die Identifikation bemüht, richtet sich das Bindungsbedürfnis der Mitarbeiter möglicherweise auf andere Ziele, die nichts mit der Organisation zu tun haben oder sich sogar gegen diese wenden (van Dick, 2004, S. 9). Falls Beschäftigte kein Commitment gegenüber ihrer Arbeitsorganisation empfinden, könnten sie ihr Engagement ganz anderen Bereichen widmen, z.b. ausschließlich der Karriere, Hobbys, Familie, Freunden oder Vereinen. Ein hohes OC der Beschäftigten bietet angesichts geringerer Kontrollmöglichkeiten durch übergeordnete Ebenen aufgrund von Enthierarchisierungen die Sicherheit, dass die Mitarbeiter im Sinne der Organisation handeln (Meyer & Allen, 1997, S. 5 und S. 114).

Abgesehen davon korreliert OC stark negativ mit Fluktuation und Fluktuationsneigung. Die Kosten von Fluktuation und Absentismus verringern das Bruttosozialprodukt in den USA um 12 % und in Großbritannien um 10 % (Siu & Cooper, 1998, S. 55). Angestellte mit hohem AC halten zur Organisation, kommen regelmäßig zur Arbeit, schützen Firmeninteressen und stehen hinter den Betriebszielen (Meyer & Allen, 1997, S. 3). Aufgrund der Komplexität der heutigen Aufgabenstellungen in Organisationen muss in Personalentwicklung und Fortbildung viel investiert werden. Die dabei erworbenen Fähigkeiten und Kompetenzen sollen die Mitarbeiter auch im Unternehmen einsetzen, da sonst die Investitionen unrentabel sind. Commitment verhindert, dass Beschäftigte für die Organisation ungünstige Optionen wahrnehmen, z.b. Absentismus, Verlassen der Firma und nicht-produktives Verhalten (Moser, 1996). Wenn die Beschäftigten diese Optionen wahrnehmen, entstehen *unmittelbare* monetäre Kosten in Form des Verlusts der Investitionen in Aus- und Weiterbildung, Aufwand für Abfindung und Neurekrutierung etc. Außerdem können auch *mittelbare* Kosten entstehen, z.b. indem die Kohäsion in der Abteilung gestört wird, wenn ein respektierter Kollege die Organisation verlässt. Zudem könnten den anderen in der Gruppe dadurch erst alternative Beschäftigungsmöglichkeiten bewusst werden und so "ein Schneeballeffekt entstehen" (Moser, 1998, S. 266). OC senkt auch Kosten für Klagen aus dem Arbeitsverhältnis oder für die innere Kündigung von Beschäftigten. Nach Murphy (1993, S. 209) korreliert hohes OC positiv mit integerem Verhalten. OC fördert Arbeitsmotivation, Arbeitszufriedenheit und corporate identity (Büssing & Broome, 1999, S. 125). Wenn man erwartet, lange in der Organisation zu bleiben, ist man auch bereit, mehr zu investieren.

2.5 Die negative Seite von Commitment in Organisationen

Nachdem nun der Nutzen erläutert wurde, stellt sich die Frage nach möglicherweise negativen Auswirkungen von OC.

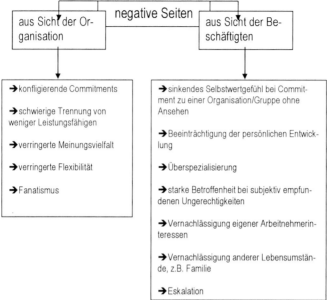

Abbildung 1: Negative Auswirkungen von Commitment (in Anlehnung an Moser, 1998, S. 271)

Aus *Sicht der Beschäftigten* ergeben sich folgende negative Seiten. Van Dick (2004, S. 41) weist darauf hin, dass das Commitment zu gesellschaftlich wenig geachteten Organisationen oder Berufsgruppen zu einer Verschlechterung des Selbstwertgefühls führen kann. Hierunter fällt beispielsweise die Mitarbeit in Atomkraftwerken, bei Tierversuchen in der Pharmaindustrie oder in den letzten Jahren auch das Negativimage des Lehrerberufs.

Ein übertriebener Einsatz für die Organisation könnte negative Folgen, wie die Vernachlässigung konkurrierender Bindungen (z.B. gegenüber der Familie), haben. Wenn Beschäftigte so viel Energie und Zeit ihrer Organisation widmen, sind sie möglicherweise nicht mehr in der Lage, in andere Lebensbereiche Zeit und Energie zu investieren. Moser (1996) hält es jedoch für möglich, dass eine fanatische Bindung gegenüber einer Organisation zwar negative Folgen haben kann, indem andere Lebensbereiche zu kurz kommen. Gleichermaßen sieht Moser (1996) aber auch positive Effekte, weil hohes OC auch Bindungsfähigkeit gegenüber anderen Lebensbereichen nach sich ziehen könnte. Es könnte sich allerdings dann die Tendenz ergeben, andere Aktivitäten (außerhalb der Organisation des Arbeitgebers) zu vernachlässigen, wenn man die Aktivitäten im Betrieb *subjektiv höher* bewertet (Moser, 1998, S. 272, Anm. 5). Cheng (1990) konnte allerdings empirisch einen positiven Zusammenhang von Commitment nicht nur mit der Arbeitszufriedenheit, sondern auch mit individueller Zufriedenheit feststellen.

Es besteht außerdem die Gefahr, dass sich Beschäftigte mit hohem OC keine Fähigkeiten und Kenntnisse aneignen, die außerhalb der Organisation benötigt werden (Meyer & Allen, 1997, S. 3). Mitarbeiter bleiben jedoch nur marktfähig und können ihre Arbeitskraft besser verkaufen bzw. in einer neuen Organisation einen adäquateren Arbeitsplatz finden, wenn sie sich über ihren speziellen Arbeitsplatz hinaus weiter bilden. Hohes OC kann dazu führen, dass man neue Perspektiven für die Karriereentwicklung oder auch andere mögliche Anstellungsorganisationen erst gar nicht *wahrnimmt*, obwohl die Anstellung in einer anderen Organisation Stressreduktion oder bessere Übereinstimmung mit den eigenen Zielen verspricht (Moser, 1998, S. 267).

Beschäftigte mit hohem AC haben besondere Schwierigkeiten, wenn sich etwas am Identifikationsobjekt/-subjekt ändert, mit dem sie sich besonders verbunden fühlen (van Dick, 2004, S. 41f.). Wenn also z.B. ein Mitarbeiter sich mit seiner Abteilung sehr identifiziert, lösen Veränderungen bei ihm eher Widerstände aus. Moser (1996, S. 87) führt aus, dass bei Entlassungen Mitarbeiter mit hohem OC besonders negativ reagieren. Hier hätte Moser allerdings die Art des OC differenzieren müssen. Normatives Commitment und fortsetzungsbezogenes Commitment haben vermutlich weniger derartige Auswirkungen als affektives Commitment, weil eine hohe emotionale Bindung hohes Vertrauen und den Glauben an die Gerechtigkeit in der Organisation voraussetzt. Das stellt bei einer als ungerecht empfundenen Entlassungswelle nachhaltig das bisherige Organisationsbild in Frage. Als weiteren Nachteil macht Moser (1996, S. 86) geltend, dass Angestellte mit hohem OC überangepasst werden könnten und damit eher unter Akzeptanzschwierigkeiten litten, wenn sie sich - weit mehr als die Gruppennorm es erlaubt – sehr stark engagieren.

Insbesondere der Begriff des "eskalierenden" Commitments wird seit einigen Jahren als negative Auswirkung in der Forschungsliteratur beschrieben. Ein Beschäftigter erwartet, ein bestimmtes Ziel in einer Organisation zu erreichen. In dem Ausmaß, in dem jemand seine Investitionen für den Verbleib in dieser Organisation nur fortsetzt, um seine bisherigen Investitionen zu rechtfertigen, *eskaliert* "das Commitment gegenüber einer einmal eingeschlagenen Handlungsrichtung" (Moser, 1996, S. 17). Meist handelt es sich um passive Situationen, d.h. es scheint für das Individuum bequemer, passiv zu bleiben als bestimmte Alternativen aktiv zu ergreifen. Commitment eskaliert nach Moser, Hahn und Galais (2000, S. 440), wenn
- das entscheidende Individuum offensichtlich für negative Folgen verantwortlich ist

- durch vorangegangene Misserfolge die eigene Kompetenz unsicher geworden ist
- die Entscheidung öffentlich geäußert wurde
- bisherige Investitionen hoch waren
- vermutlich wenig Zufälle in die Entscheidung hineinregieren
- weitergehende Interessen im Spiel sind (vgl. Moser, 1996, S. 20f.).

Negative Seiten *aus Sicht der Organisation* lassen sich auch aufzeigen. Konfligierende Commitments sind möglicherweise aus Sicht der Arbeitsergebnisse für die Gesamtorganisation von negativer Bedeutung. Dies kann sich in vielfacher Weise äußern. Ein sehr starkes Commitment zur eigenen Organisation könnte dazu führen, dass die Kompromissbereitschaft oder das Streben nach einer „win-win-Situation" bei einem Disput mit einer anderen Organisation reduziert sind und damit eine Zusammenarbeit mit der externen Einheit schwieriger wird. Das Gleiche gilt für zwei Abteilungen im gleichen Unternehmen, wenn Gespräche von zwei Mitarbeitern aus unterschiedlichen Abteilungen, die zu ihrer jeweiligen Abteilung oder zu ihrem jeweiligen Vorgesetzten ein hohes OC haben, dadurch schwieriger werden. Ähnliches lässt sich auch für das Commitment zur Berufsgruppe vorhersagen, wenn z.B. Juristen und Psychologen, die sich ihrer jeweiligen Berufsgruppe sehr stark verbunden fühlen, in einer Organisation zum Wohl der Gesamteinheit zusammenarbeiten sollen. Der Wille zur Kooperation und zum gegenseitigen Verständnis sinkt (van Dick, 2004, S. 42). Auch zwischen Vertriebs- und Produktionsmitarbeitern oder zwischen Fach- und Querschnittseinheiten kann es dann zu Kooperationsresistenzen kommen. Entscheidend ist allerdings die spezifische Situation, in der die Zusammenarbeit gefordert wird. Ist im konkreten Kontext die Zugehörigkeit zur Gesamtorganisation betont, dann aktiviert man das OC und rückt somit das Commitment zur Berufsgruppe oder Abteilung in den Hintergrund, so dass hier die Führungskraft oder auch die Unternehmenskultur entscheidend zur Überwindung konfligierender Commitments beitragen können. Als Gegensteuerungsmaßnahme kann die Führungskraft eine gemeinsame Identität der beiden Gruppen aufbauen. Ein nächster Schritt könnte sein, eine andere Organisation als gemeinsame Konkurrentin der beiden Gruppen zu betonen. Des Weiteren muss der Kontakt zwischen den Abteilungen/Parteien verstärkt werden, z.B. an einem Projekt zusammen arbeiten lassen.

Weiterhin könnte sich für die Organisation insbesondere hohes FC von Arbeitskräften negativ auswirken, wenn die Mitarbeiter nicht zur Unternehmenskultur passen oder keine angemessene Leistung bringen, also mehr kosten als nützen (Stangier, 1998, S. 67). Eine positive Folge von Fluktuation kann nämlich "in der Verbesserung von Innovationsbereitschaft, Flexibilität und Anpassungsfähigkeit" (Moser, 1998, S. 266) bestehen, so dass ein Fluktuation verhinderndes hohes OC nicht nur positiv ist. Mone (1994, S. 283) untersuchte die Relation der Variablen "OC", gemessen über die AC-Skala von Allen und Meyer (1990) und "employees' intention to leave a downsizing organization", da sich die Betriebe von einem Arbeitskräfteabbau oft erhoffen, dass die weniger leistungsfähigen Mitarbeiter die Firma verlassen. Mone (1994) konnte zeigen, dass in stellenabbauenden Organisationen die Leistungsfähigsten am ehesten den Betrieb verlassen, wenn dem nicht durch eine entsprechende Firmenpolitik entgegengewirkt wird.

Angestellte mit hohem Commitment können dazu neigen, inflexibel oder starr in ihren Ansichten zu sein. Die Fluktuationsresistenz von Organisationsangehörigen mit hohem OC kann auch bei Mitarbeitern, die Leistungsträger sind, von Nachteil für die Organisation sein (van Dick, 2004, S. 44). Wenn z.b. in einem Unternehmen aufgrund hoher Bindung ein geringer Personalwechsel stattfindet, kann sich dies negativ auf die Produktivität, auf neue Forschungsansätze und Changemanagement auswirken. Höheres OC kann auch dazu führen, dass Beschäftigte einen Status quo akzeptieren, selbst wenn dadurch jede Innovation im Unternehmen entfällt (Meyer & Allen, 1997, S. 3). Commitment könnte die Meinungsvielfalt verringern, da sich Beschäftigte mit hohem OC stark an den Normen der Organisation orientieren und dies zu homogeneren Einstellungen und damit konservativen Effekten führt (Moser, 1998, S. 266). Organisationsmitglieder mit hohem OC sind eher geneigt, illegales oder unethisches Verhalten zugunsten der Organisation zu zeigen (Randall, 1987, S. 466).

Dieses negative Verhalten versuchten Dietz und Petersen (2000) in einem Experiment nachzuweisen. Sie fanden heraus, dass sich Personen mit hohem OC von der Aufforderung ihres Vorgesetzten beeinflussen lassen, bei der Personalauswahl Mitglieder bestimmter Gruppen nicht zu berücksichtigen. Bei 107 ostdeutschen Realschullehrern wurde zunächst deren affektives, fortsetzungsbezogenes und normatives Commitment mit der deutschen Version der Skala von Allen und Meyer (1990) fünfstufig likert-skaliert von −2 bis +2 erfasst. Es ergaben sich folgende Commitment-Ausprägungen (vgl. Dietz & Petersen, 2000, S. 6):
- Das affektive Commitment lag zwischen −1.75 und 1.63.
- Fortsetzungsbezogenes Commitment rangierte von −1.00 bis 1.75.
- Das normative Commitment hatte die größte Spannweite, es betrug zwischen −2.00 und 2.00.

Anschließend mussten die Lehrkräfte eine freie Stelle besetzen, um die sich Bewerber aus Ost- und Westdeutschland beworben hatten. Ein Teil der Versuchspersonen erhielt die Aufforderung, Bewerber aus Westdeutschland nicht zu berücksichtigen, mit dem Hinweis, dass ein homogener Lehrkörper besser für die Organisation sei, während in der Kontrollbedingung die Teilnehmer gebeten wurden, bei den Bewerbungen nur die beruflichen Qualifikationen bei ihren Einstellungsempfehlungen zu berücksichtigen (Dietz & Petersen, 2000, S. 7). Personen mit hohen Ausprägungen in affektivem und normativem Commitment ließen sich signifikant stärker von der Aufforderung zur Diskriminierung beeinflussen und wählten weniger westdeutsche Bewerber aus als Personen mit niedrigen Ausprägungen in diesen Commitmentformen. Vergleichbare Ergebnisse für fortsetzungsbezogenes Commitment zeigten sich nicht. Dietz und Petersen (2000, S. 7) fassen zusammen: „Good soldiers may do bad things.".

Fraglich ist allerdings, ob die von Dietz und Peterson (2000) beabsichtigte Operationalisierung negativen Verhaltens gelungen ist, da die Versuchspersonen durchaus davon überzeugt sein konnten, der Hinweis der Vorgesetzten auf die Homogenität des Lehrkörpers sei sinnvoll. Die Studie zeigt aber gut, dass hohes affektives und normatives OC zu einer Vereinheitlichung des Denkens und Handelns in der Organisation führt, die für Innovationen und Diversifikation weniger Raum lässt, obwohl diese Variablen für den Erfolg von Organisationen wichtig sind. Außerdem belegt dieses Forschungsprojekt, dass Forschungsergebnisse stark von der *Art* des Commitments abhängen.

Zusammenfassend lässt sich konstatieren, dass ein hohes OC grundsätzlich positiv ist, aber auch zu änderungsresistenten Mitarbeitern führen kann. Extreme Ausprägungen sind sowohl für die Beschäftigten selbst als auch für die Organisation von Nachteil.

2.6 Operationalisierung und Messung von Commitment

Das am häufigsten genutzte Messinstrument ist der Organizational Commitment Questionnaire (OCQ – Mowday et al., 1979). Die 15 Items messen überwiegend AC. Der OCQ basiert auf der bereits erläuterten Definition von Commitment, wonach Personen mit hohem AC *anstrengungsbereit, wenig fluktuationsgeneigt* und mit der Organisation *identifiziert* sind. Beispielitems dafür sind (zitiert nach Moser, 1996, S. 41):

A) "Ich bin bereit, mich viel mehr anzustrengen als es üblicherweise erwartet wird." (erfasst also die Komponente *Anstrengungsbereitschaft*)
B) "Ich denke, dass meine eigenen Wertvorstellungen und die Wertvorstellungen der Organisation sehr ähnlich sind." (erfasst *Identifikation*)
C) "Ich könnte genauso gut für eine andere Organisation arbeiten, solange die Art der Arbeit ähnlich wäre." (erfasst *Fluktuationsneigung*)
D) "Die Entscheidung für diese Organisation zu arbeiten, war meinerseits ein definitiver Fehler." (keiner Komponente zuzuordnen)

Es lassen sich nicht alle OCQ-Items (z.B. das zuletzt - unter D - genannte Item) der zugrundeliegenden Definition zuordnen. Hinzu kommt, dass die Autoren in der Konstruktionsphase sowohl Mitarbeiter von Non-Profitorganisationen als auch von marktwirtschaftlich arbeitenden Unternehmen befragt haben. Haase (1997, S. 112) bemängelt daher, dass die Stichproben zusammengefasst und die resultierenden Standardnormen nicht nach Organisationen oder Organisationsklassen differenziert wurden. Allen und Meyer (1990, S. 15) kritisieren am OCQ, dass er nicht nur eine Einstellung abfragt, sondern auch (intendierte) Verhaltensweisen, womit bei einer Messung der Korrelation zwischen OC und Verhaltensvariablen eine inhaltliche Überlappung zwischen dem OCQ und den Verhaltensmessinstrumenten entstünde - "overlap in the content of the commitment and behaviour measures" (Allen & Meyer, 1990, S. 15). Auch Moser (1996, S. 42) sieht das Problem, dass Anstrengungsbereitschaft und Fluktuationsneigung eher als Korrelate oder Konsequenzen denn als Bestandteile von Commitment betrachtet werden könnten. Prochaska (1998, S. 77) erklärt, dass mit dem OCQ in der Übersetzung von Moser (1996) nicht nur Commitment, sondern auch Involvement-Items abgefragt werden, verwendet aber dennoch diesen Fragebogen in seinen Untersuchungen. Benkhoff (1997, S. 121) kritisiert u.a. die Items, die "satisfaction with the work situation" abfragen, obwohl Zufriedenheit nicht Teil der OC-Definition von Porter (Mowday et al., 1979) ist. Benkhoff (1997) macht für die enttäuschenden Ergebnisse zum Zusammenhang zwischen OC und Arbeitsleistung die dem OCQ zugrundeliegende Definition verantwortlich. So fand Benkhoff (1997, S. 127) in ihrer Studie heraus, dass die ganze Skala nicht mit "Anstrengungsbereitschaft" korrelierte. Aufgrund der genannten Kritikpunkte wird der OCQ in dieser Studie nicht verwendet, obwohl bis 1990 rund 75 % aller Commitment-Untersuchungen und auch danach noch die überwiegende Anzahl der Studien dieses Messinstrument verwendeten.

Allen und Meyer (1990) entwickelten - auch wegen der angeführten Argumente gegen den OCQ - eine dreidimensionale Skala zur Messung von OC, jeweils acht Items für die drei Aspekte *affektives*, *normatives* und *fortsetzungsbezogenes* Commitment. In einer ersten Studie teilten sie Fragebogen an 500 Beschäftigte einer Universität und zweier Produktionsfirmen aus. 51 Items umfasste der Fragebogen, eingeschlossen die 15 OCQ-Items. Anhand der komplettierten Fragebogen wurden die 24 Items selektiert, die am zuverlässigsten die drei unterschiedlichen Aspekte maßen (Allen & Meyer, 1990, S. 5).
Beispielitems von Allen und Meyer (1990, S. 6f.) sind:
a) für den *affektiven* Aspekt: "I enjoy discussing my organization with people outside it."
b) für den *fortsetzungsbezogenen* Aspekt: "Too much in my life would be disrupted if I decided I wanted to leave my organization now." und
c) für den *normativen* Aspekt: "This organization deserves my loyalty."
Die acht FC-Items korrelierten bei Allen und Meyer (1990, S. 8) weder signifikant mit der affektiven Skala (r = .06) noch mit der normativen Skala (r = .14). Die Korrelation zwischen der normativen und der affektiven Skala lag hingegen bei r = .51. Aus diesem Grund verwendeten einige Forscher die normative Skala nicht, weil nur hinsichtlich FC und AC eine klare empirische Unterscheidbarkeit bestehe (Moser, 1996, S. 45). Für Blau et al. (1993) enthält OC lediglich eine affektive Komponente, so dass sie OC nur mit den AC-Items von Allen und Meyer (1990) maßen, da diese besser als der OCQ seien. Die Items "Discuss my organization with outsiders" und "Could attach self to another organization" wurden dann als problematisch eliminiert und nur noch eine sechs Items umfassende AC-Skala verwendet (Blau et al., 1993, S. 301ff.).
Die Skala von Allen und Meyer (1990) wird, wie bereits erläutert, in dieser Studie auch wegen der deutlichen Persönlichkeitsdifferenzierung und der klaren dreidimensionalen Unterscheidung in AC, FC und NC verwendet. Ein weiterer

Grund für diese Operationalisierung von OC ist deren ziemlich wortgetreue deutsche Übersetzung von Schmidt et al. (1998), die auf Reliabilität und Validität gründlich untersucht wurde. Schmidt et al. (1998) stellten auch für die normativen Items (in der deutschen Übersetzung im Anhang A von Schmidt et al., 1998) eine hohe Gültigkeit fest. Zwar kritisiert Moser (1996, S. 6f.) das Verständnis der Wissenschaftler Allen und Meyer (1990) von Commitment, weil deren Operationalisierung keine positive Korrelation zwischen FC und Alter oder Dauer der Organisationszugehörigkeit zeige. Die Items zum fortsetzungsbezogenen Commitment würden außerdem "*Alternativen* zum gegenwärtigen Arbeitsplatz und die *Kosten eines Arbeitsplatzwechsels*" umfassen (Moser, 1996, S. 7). Man könne jedoch nicht aus dem Mangel an Alternativen auf FC schließen. Schmidt et al. (1998) konnten jedoch bei ihren deutschen Versuchspersonen eine gute Validität und Reliabilität dieser Skala nachweisen, so dass die entsprechenden Items auch in dieser Studie verwendet werden.

2.7 Die Beziehung von Commitment zu anderen Variablen

Zunächst werden die Untersuchungsteilnehmer und die verwendeten Messinstrumente der Studien, die die Beziehung von Commitment zu anderen Variablen thematisieren, dargestellt und im nächsten Kapitel die Ergebnisse erläutert.

2.7.1 Darstellung der analysierten Studien

Bei den folgenden dargestellten empirischen Ergebnissen zur Beziehung von OC zu anderen Variablen ist immer zu berücksichtigen, dass diese von der Konzeption, vom Untersuchungsdesign, von der Untersuchungsgruppe sowie von der Operationalisierung abhängen. Eine Vergleichbarkeit der Ergebnisse ist daher nur bedingt gegeben (Randall, 1990, S. 361). Aus diesem Grund werden die hier am häufigsten zitierten Studien mit ihren Versuchspersonen und Messinstrumenten - zuerst in Tabelle 2 und dann näher erläutert - vorgestellt.

Ammon (2002) befragte 171 Personen aus verschiedenen Organisationen nach ihrer Kontrollüberzeugung. Außerdem gaben die Teilnehmenden Auskunft zu ihrem OC. Es wurde erfasst mit dem Fragebogen von Allen und Meyer (1990) in der deutschen Übersetzung von Schmidt et al. (1998). Der Frauenanteil lag bei 55,56 %. 29 der Befragten besaßen Hauptschulabschluss, 43 mittlere Reife, 44 Abitur oder Fachabitur und 48 hatten ein Hochschulstudium absolviert.

Blau, Paul und St. John (1993) entwickelten einen generellen "Index of Work Commitment" anhand von 407 Teilzeit-MBA-Studenten mit einem Durchschnittsalter von 32 Jahren, 55 % waren männlich, das Durchschnittseinkommen lag bei 35.000 $; sie waren seit 5,5 Jahren im gleichen Betrieb. OC wurde gemessen über 6 Items der affektiven Commitment-Skala von Allen und Meyer (1990).

Tabelle 2: Studien zum organisationalen Commitment

Studien	untersuchte Organisation(en)	Vpn-Anzahl	Alter in Jahren, Anzahl in %	Betriebs-Zugehörigkeit in Jahren	Frauenanteil in %	Bildung in %	OC-/LOC-Messinstrument
Ammon (2002)	verschiedene Organisationen, wie Behörden, Industriebetriebe	171	k.A.	k.A.	55	17 Hauptschule/ 25 mittl. Reife/ 25 nur Abitur/ 28 mit Hochschule	Allen & Meyer (1990)-Skala/ work locus of control scale (WLCS)(arbeitsbezogene Kontrollüberzeugung)
Blau, Paul & St. John (1993)	Teilzeit-MBA-Studenten	407	32	∅ 5,5	45	k.A.	6 AC-Items der Allen & Meyer-Skala
Cheng (1990)	Lehrer an Sekundärschulen in Hongkong	588	k.A.	∅ 7,5	k.A.	k.A.	OCQ/ Kontrollüberzeugung nach Rotter (1966)
Coleman, Irving & Cooper (1999)	Regierungsbehörde in Kanada	232	31-35 J.	∅ 12	28,4	70 „postsecondary education"	Allen & Meyer (1990)-Skala (ohne NC)/ WLCS
DeCotiis & Summers (1987)	Restaurant-Manager	367	∅ 28,55	∅ 2,67	2,5	k.A.	Eigene Items auf der Basis des OCQ
Haase (1997)	3 Kreditinstitute	415/ 718/ 980	50/50/43 bis 30 J.; 31/36/38 bis 45 J. 18/13/18 bis 65 J.	35/28/26 bis 5 J.; 35/33/35 bis 15 J. 29/38/37 über 15 J.	51-56	8/10/6 ohne Ausbildung; 45/52/38 Banklehre; 45/38/55 mit Zusatzausb., FH, Uni	Eigene Items auf Basis der Allen & Meyer-Skala
Kinicki & Vecchio (1994)	Bank mit 235 Zweigstellen	162	34	8	74	k.A.	OCQ
Luthans, Baack & Taylor (1987)	verschiedene Organisationen, wie Fabrik, Einzelhandel, Behörde, Finanzen	406	70 % unter 36 Jahren	10 % ½ J.; 58 % 1-10 J.; 5 % > 20	74	je 41 % College-/ Hochschulabschluss	OCQ/ I-/E-Skala von Rotter
Martin & Hafer (1995)	Telemarketingfirma	480	∅ 27	k.A.	58,4	40 Highschool/ 35 College/ 6 Graduiert	OCQ
Schmidt et al. (1998)	12 Dienststellen einer Landesverwaltung	811	∅ 36,06	∅ 14,02	57,2	4 % Hauptschule/ 52 % mittl. Reife/ 44 % Abitur	Allen & Meyer-Skala
Siu & Cooper (1998)	Firmen in Hongkong	124	34,4 % 21-25 J.; 36,1 % 26-30 J.	∅ 2,81	44,3	44,3 % „O-level"; 39,3 % „tertiary education"	9 OCQ-Items (ohne negative Items)/ WLOC

k.A. = keine Angabe

Cheng (1990) untersuchte an 588 Lehrkräften von Hongkonger Sekundärschulen den Zusammenhang von Locus of Control, OC und einigen weiteren Variablen. Von allen Sekundärschulen wurden 65 Schulen zufällig ausgewählt, von denen aber nur 54 der Teilnahme an der Studie zustimmten. Aus jeder Schule wiederum wurden 12 Lehrkräfte zufällig selektiert. Es nahmen durchschnittlich 10,89 Lehrer pro Schule teil. Cheng (1990, S. 31) versuchte anhand mehrerer Rahmenkonzepte „leadership, structural, cultural, and social norms" OC zu erklären. OC wurde mit dem 15 Items umfassenden OCQ von Mowday et al. (1979) gemessen. Die Standardabweichung beim OC der 588 Lehrkräfte betrug 15,07, das Minimum lag bei 21 und das Maximum bei 103. „Locus of Control Plays a Critical role" (Cheng, 1990, S. 33), da die Kontrollüberzeugung als einzige externe (d.h. von außerhalb der Organisation kommende) Variable einen stark signifikanten Zusammenhang mit allen Commitment- und Einstellungsvariablen aufweist. Lehrkräfte mit internalem Locus of Control besaßen ein höheres OC. Gerade die Untersuchung von Cheng (1990) zeigt also, dass das Studium von Commitment in Organisationen nicht ohne Berücksichtigung der Kontrollüberzeugung erfolgen sollte. Es muss allerdings vorsichtig mit der externen Validität der Ergebnisse umgegangen werden, da nicht auszuschließen ist, dass die Resultate kulturbedingt, akademikerspezifisch oder gar lehrerspezifisch sind.

Coleman, Irving und Cooper (1999) erfassten bei Angestellten einer kanadischen Regierungsstelle das OC und die internale Kontrollüberzeugung. Nur 20 % (166 Männer, 66 Frauen) gaben den Fragebogen ausgefüllt zurück. Die arbeitsbezogene Kontrollüberzeugung wurde gemessen mit der WLCS. OC wurde nur über zwei Komponenten der OC-Skala von Allen und Meyer (1990) operationalisiert, nämlich dem affektiven und dem fortsetzungsbezogenen OC. Die Wissenschaftler begründeten dies damit, dass AC und NC gleichartige Korrelationen mit verschiedenen abhängigen und unabhängigen Variablen zeige. Nur affektives und fortsetzungsbezogenes OC wirke sich unterschiedlich auf das Funktionieren der Organisation aus (Coleman et al., 1999, S. 996). OC wurde gemessen mit jeweils 6 Items der affective- und continuance- Commitment-Skala nach Meyer, Allen und Smith (1993) mit einer 7-Punkt-Skala von 1 (=strongly disagree) bis 7 (= strongly agree). Die arbeitsbezogene Kontrollüberzeugung wurde gemessen mit den 16 Items der WLOC von Spector (1988) mit einer 5-Punkte-Skala von 1 (=strongly disagree) bis 5 (=strongly agree). Allerdings muss bedacht werden, dass der Rücklauf von nur 20 % zu einem verzerrten Ergebnis geführt haben könnte, z.B. weil eher die Beschäftigten mit höherem OC geantwortet haben. Bei Beschränkung auf nur eine Organisation, nämlich eine kanadische Regierungsorganisation, kann das Ergebnis auch organisationsspezifisch sein. Coleman et al. (1999, S. 999) erklären, die Studie sei in der Annahme erfolgt, dass die Variable "Locus of Control" eine Prädisposition von OC ist, d.h. Beschäftigte mit hoher externaler Kontrollüberzeugung neigen eher zu fortsetzungsbezogenem Commitment, während ein hoher internaler Locus of Control eher affektives Commitment voraussage. Die Autoren geben jedoch zu, dass in ihrer Studie keine Kausalität festgestellt werden konnte, da ein hoher externaler LOC auch durch bestimmte Arbeitsbedingungen entstanden sein könnte. Diese Bedingungen könnten den Beschäftigten das Gefühl vermitteln, sie selber hätten keine Kontrolle. Job-Charakteristika hätten also als intervenierende Variable kontrolliert werden müssen.

Die Versuchspersonen in der Studie von **DeCotiis und Summers** (1987) waren 367 Restaurant-Manager einer großen amerikanischen Kette, 97,5 % waren männlich, 99% weiß; das Durchschnittsalter betrug 28,55 Jahre und die durchschnittliche Dauer der Organisationszugehörigkeit lag bei 2,67 Jahren. OC wurde mit sechs selbst konstruierten Items, die z.T. aber einigen OCQ-Items ähnlich sind, gemessen, z.B. "I am proud of the products and service (name of company) provides to our customers." (DeCotiis & Summers, 1987, S. 458). Die Arbeitsleistung erfassten sie anhand der objektiven Daten "food cost", "liquor cost" und "labor cost". Die Vorgesetzten der Restaurant-Manager beurteilten zusätzlich ihre Mitarbeiter in Bezug auf "Aufgeschlossenheit", "Prioritätensetzung", "Entscheidungsverhalten", "Kommunikation" und "Gesamtleistung".

Haase (1997) führte zwischen 1988 und 1990 eine Studie in drei Universalkreditinstituten einer großen - in ganz Deutschland vertretenen - Unternehmensgruppe durch. Unternehmen A hatte damals 2342 Mitarbeiter, wovon 18 % befragt wurden. Kreditinstitut B beschäftigte zu diesem Zeitpunkt 1040 Mitarbeiter, wovon 69 % an der Erhebung teilnahmen. Bei Unternehmen C waren 2750 Mitarbeiter angestellt, von denen 36 % die Stichprobe bildeten. Der dabei verwendete standardisierte Fragebogen wurde unternehmensspezifisch aufgrund von Interviews mit Mitarbeitern aus sechs Kreditinstituten der gleichen Unternehmensgruppe erstellt. Hierbei wurden AC und FC auf der Basis der Allen und Meyer-Skala (1990), aber mit unternehmensspezifischen Items erfasst (Haase, 1997, S. 194). Haase (1997) gebraucht in seiner Studie den Begriff „kalkulatives" Commitment statt fortsetzungsbezogenes Commitment. Die beiden Begriffe sind aber inhaltlich identisch. Die Items für AC lauteten z.B.:

- "Es gibt nur wenige Dinge, die mir wichtiger sind als meine Arbeit bei Unternehmen X."
- "Ehrlich gesagt ist Unternehmen X für mich nicht alles - andere Dinge, zum Beispiel meine Freizeit, sind mir wichtiger."

Beispielitems für FC waren:
- "Unternehmen X bietet mir einen sicheren Arbeitsplatz."
- "Unternehmen X ermöglicht es mir, meine privaten Pläne ohne Probleme zu verwirklichen (zum Beispiel Hausbau in kurzer Zeit)."

Zusätzlich wurden 1992 und 1993 mit Leitern und Mitarbeitern Interviews zur Erfassung der Organisationsstruktur geführt. Aufgrund der OC-Messungen wurden die Mitarbeiter jedes Kreditinstituts in einer Gruppierungsanalyse in je vier Typen eingeteilt (Haase, 1997, S. 327):

- Typ 1 ("die Verwurzelten") hatte ein starkes AC, wobei die Freizeit hinter dem Verbundenheitsgefühl dem Arbeitgeber gegenüber zurücktrat. Typ 1 hatte zusätzlich ein hohes FC.
- Typ 2 ("die Kosten-Nutzen-Orientierten") zeichnete sich durch ein hohes FC, aber niedriges AC aus.
- Typ 3 ("die Kritischen") besaß ein hohes AC, das aber niedriger als bei Typ 1 ausgeprägt war, da die Freizeit für diese Personen mehr Bedeutung hatte (Haase, 1997, S. 207). Gleichzeitig war ihr FC niedrig.
- Typ 4 ("die Gleichgültigen") hatte zugleich ein niedriges AC und FC.

Die Typen verteilten sich auf die Unternehmen wie folgt (Haase, 1997, S. 210):

Tabelle 3: Häufigkeitsverteilung verschiedener Commitment-Typen

Häufigkeitsvertei-lung der 4 Typen in %	Unternehmen A N=404	Unternehmen B N=709	Unternehmen C N=971
Typ 1	16,6	25,0	35,7
Typ 2	40,1	15,8	40,7
Typ 3	35,4	39,0	16,5
Typ 4	7,9	20,2	7,1
$\sum$	100	100	100

Anhand dieser vier Typen untersuchte Haase (1997) ihr Bild vom Unternehmen, ihre Leistungsmotivation, Fluktuationsneigung, demographischen Merkmale, Arbeitszufriedenheit und deren Beurteilung des Führungsverhaltens im Unternehmen. Fluktuationsneigung wurde erfasst mit dem Item: "Ich möchte auch in Zukunft in diesem Unternehmen bleiben." (1= trifft nicht zu; 5 = trifft völlig zu). Bank A hatte einen Item-Durchschnitt von 4,0; Bank B 4,3 und Bank C 3,9. Diese unterschiedlichen Item-Mittelwerte wurden von Haase (1997) als ein Indiz für ein schwächeres OC in einer größeren Organisation gewertet. Haase (1997, S. 211) stellte jedoch weiter fest, dass gerade im kleinsten Unternehmen (Bank B) 20 % der Angestellten sowohl ein niedriges AC als auch ein niedriges FC hatten (bei den anderen Banken waren es hingegen nur 7,9 % bzw. 7,1 %). Dagegen hatte die Bank B mit 39,1 % die meisten Beschäftigten mit hohem AC, aber niedrigem FC (Bank C: nur 16,5 %, Bank A: 35,4%). Diese Zahlen zeigen also, dass Mittelwerte nicht immer aussagekräftig sind und man die Merkmale der Befragten differenzieren muss.

Die Studie war insbesondere darauf ausgerichtet, die strukturellen Parameter der objektiven Unternehmensrealität in der Wahrnehmung und individuellen Bewertung durch die Organisationsmitglieder zu berücksichtigen (Haase, 1997, S. 321). Hierfür wurden zwei Schlüsselkonzepte verwendet:

a) Das **Führungsverhalten im Unternehmen** wurde untersucht, weil es eine wesentliche Rolle bei der Umsetzung der Organisationspläne (Sollwerte) in konkretes Mitarbeiter-Verhalten spielt. Folgende Eigenschaften und Verhaltensweisen von Führungskräften verstärken stark das OC ihrer Beschäftigten. Es sind dazu jeweils Beispielitems von Haase (1997, S. 261ff.) zitiert, wie er diese Führungskraft-Eigenschaften gemessen hat.

- *kommunikative* und *soziale* Kompetenz
  „Ich kann offen und ehrlich mit meinem Vorgesetzten über wirklich alles reden."
  „Zwischen uns und unserem Vorgesetzten besteht ein gleichberechtigtes, partnerschaftliches Verhältnis."

- *Vorbildfunktion* (Glaubwürdigkeit und Vertrauenswürdigkeit):
  „Mein Vorgesetzter ist immer absolutes Vorbild für die Mitarbeiter."

- *Informationsverhalten* (klare, schnelle und direkte Kommunikation relevanter Informationen):

  „Ich bekomme die notwendigen Informationen von meinem Vorgesetzten immer schnell und direkt."
  „Mein Vorgesetzter hält öfter Informationen zurück und informiert mich nicht über alles."

- Möglichkeit zur *Partizipation* an der Aufstellung eigener Aufgaben und Ziele

  "Ich habe auch gewisse Freiräume, innerhalb der ich eigenverantwortlich bestimmte Probleme lösen kann und in die mein Vorgesetzter überhaupt nicht reinredet."
  "Ich kann meine Arbeitsweisen in den verabredeten Grenzen selbst bestimmen."
  "Ich kann die an mich gestellten Aufgaben und Ziele auch korrigieren."
  "Ich hatte die Möglichkeit, an der Aufstellung meiner Aufgaben und Ziele mitzuwirken."

- Klare *Abgrenzung der Kompetenzen*
  "Meine Aufgaben und Kompetenzen sind gegenüber den anderen klar definiert und abgegrenzt."

b) Das **Unternehmensimage** wurde ermittelt, weil es die Summe aller individuellen Bewertungen und Interpretationen seiner Mitarbeiter umfasst. Für Haase (1997, S. 238) sind Images vereinfachende, verhaltenswirksame Abbilder der komplexen Unternehmensrealität. Ein Beispiel-Item ist: „Das Unternehmen ist in unserer Region von großer Bedeutung."

Diese beiden interessanten Schlüsselkonzepte werden auch in dieser Studie verwendet, um die Bewertung der Organisation durch die Beschäftigten in Relation zu ihrem affektiven Commitment setzen zu können.

Kinicki und Vecchio (1994) untersuchten die Beschäftigten in einer großen Bank mit 235 Zweigstellen. Die Fragebogen wurden an 138 Angestellte ausgegeben sowie an 24 zufällig ausgewählte Filialleiter. Verwertbare Daten kamen von allen 138 Angestellten sowie von 15 Filialleitern. Das Durchschnittsalter betrug 34 Jahre, 74 % waren Frauen, die Durchschnittsverweildauer in der Bank betrug acht Jahre. In ihrer Studie fanden Kinicki und Vecchio (1994) einen positiven Zusammenhang zwischen internaler Kontrollüberzeugung und OC, allerdings beeinflusst von der intervenierenden Variable "Verhältnis zwischen Vorgesetztem und Untergebenem". Auch hier wurden die 15 Items des OCQ von Mowday et al. (1982) verwendet sowie 20 Items von Rotters (1966) Internal-External Scale. Die Qualität der Beziehung zwischen dem Vorgesetzten und seinem Mitarbeiter wurde operationalisiert mit der sieben Items umfassenden "Leader-Member Exchange Scale" (Scandura & Graen, 1984). Die Untersuchung von Kinicki und Vecchio (1994) zeigt, wie komplex die Variable OC ist und dass bei der Untersuchung des Zusammenhangs von OC und Kontrollüberzeugung immer auch intervenierende Variablen kontrolliert werden sollten. Problematisch ist aber möglicherweise, dass sich die Studie auf eine Bank beschränkt, so dass die gefundenen Ergebnisse organisationsspezifisch sein könnten. Daher soll das Führungsverhalten in dieser Studie auch erfasst und mit AC und FC korreliert werden.

In der Studie von **Luthans, Baack und Taylor** (1987) wurden 406 Beschäftigte einer Vielzahl von kleinen und großen Organisationen (Fabrik, Dienstleistung, Finanzen, Regierungsbehörden, Gesundheitswesen, Erziehung, Einzelhandel) befragt. 70 % waren jünger als 36 Jahre. 41 % hatten den Collegeabschluss und weitere 41 % hatten ein Hochschulstudium. OC wurde mit dem OCQ und die Kontrollüberzeugung mit Rotters (1966) Internal-External-Scale gemessen. Zu kritisieren ist, dass bei einem 74%igen Frauenanteil der Versuchspersonen die Variable "Geschlecht" nicht kontrolliert wurde. Luthans et al. (1987, S. 232) selbst sehen eine Schwäche ihrer Studie in der Operationalisierung von OC. Sie schlagen vor, OC sollte durch direkte Beobachtung (direct observational) erfasst werden. Es sind seitdem jedoch keine direkt beobachtbaren Operationalisierungen entwickelt worden.

Martin und Hafer (1995) führten eine interessante Studie mit 372 Teilzeit- und 108 Vollzeitangestellten einer Telemarketingfirma durch. Der Frauenanteil lag bei 58,4%, das Durchschnittsalter betrug 27 Jahre, 40 % hatten einen Abschluss der High School, 35 % hatten College-Kurse besucht, aber nur 6 % waren graduiert. OC wurde hier mit 13 Items aus dem OCQ gemessen. Ihr Hauptaugenmerk galt der Unterscheidung des OC von *Vollzeit- und Teilzeit*beschäftigten. Definition von Teilzeitbeschäftigung war eine Arbeitszeit von weniger als 35 Stunden pro Woche. Fluktuationsneigung (intention to leave the organization) wurde mit 3 Items gemessen. Ein Item lautete z.B. "If you were completely free to choose, would you' [1 = prefer to continue working in this company, 2 = prefer not to continue working in this company]" (Martin & Hafer, 1995, S. 317).

Bei **Schmidt et al.** (1998) wurden 811 Beschäftigte aus 12 Dienststellen einer großen Landesverwaltung befragt. Sie waren im Mittel 36,1 Jahre alt, durchschnittlich seit 16,83 Jahren berufstätig und seit 14,02 Jahren in ihren jeweiligen Dienststellen beschäftigt. 4 % besaßen einen Hauptschulabschluss, 52 % die mittlere Reife und 44 % das Abitur. 57,2 % der befragten Personen waren Frauen. 293 Studienteilnehmer wurden nach einem Jahr wieder befragt, um die Reliabilität zu belegen. OC wurde erfasst mit dem Fragebogen von Allen und Meyer (1990) in der deutschen Übersetzung von Schmidt et al. (1998).

Siu und Cooper (1998) befragten Beschäftigte von Industrie-Firmen in Hongkong, deren Besitzer unterschiedlicher Nationalität waren. Jeweils ein Manager verteilte die Fragebogen in seinem Betrieb. Von 170 ausgegebenen Bogen kamen 124 ausgefüllt zurück. OC wurde mit nur neun Items aus dem OCQ gemessen, weil die negativ formulierten Items eliminiert wurden. Erfasst wurde u.a. auch die arbeitsbezogene Kontrollüberzeugung mit der WLCS.

In die Metaanalyse von **Mathieu und Zajac** (1990) wurden 174 Untersuchungen einbezogen, von denen rund 130 den OCQ als Messinstrument benutzten. Zehn Studien verwendeten Mischinstrumente und die restlichen erfassten kalkulatives Commitment.

Die skizzierten Studien zeigen mit einer Ausnahme, dass die Befragten immer Mitglieder nur einer Organisation waren, womit organisationsspezifische Ergebnisse entstanden sein könnten. Daher soll die empirische Untersuchung dieser Arbeit sich auf Beschäftigte vieler verschiedener Organisationen beziehen.

2.7.2 Ergebnisse der analysierten Studien

Die meisten der genannten Studien unterscheiden *antezedente* Variablen für OC, *Konsequenzen* von OC und zum Teil auch noch *Korrelate* von organisationalem Commitment. Hier besteht jedoch keine Einigkeit, z.B. ist für DeCotiis und Summers (1987, S. 459) die Arbeitszufriedenheit eine Konsequenz, für Mathieu und Zajac (1990, S. 174) aber ein Korrelat. Keine der vorgestellten Studien konnte die Ursache-Wirkung-Beziehung plausibel belegen. Mit Ausnahme der Variable "Alter", die tatsächlich nur eine Antezedentie sein kann, weil z.B. ein hohes OC nicht das Alter erhöhen kann, lässt sich das für andere Variablen nicht mehr ohne weiteres sagen. Als Beispiel sei die Variable "Teilzeitbeschäftigung" angeführt, die häufig als *Antezedentie* für niedrigeres OC genannt wird. Genauso plausibel erschiene es aber, dass "Teilzeitbeschäftigung" eine *Konsequenz* von niedrigem OC ist. Vermutlich interagieren die meisten Variablen und erhöhen das OC somit wechselseitig. Mathieu und Zajac (1990, S. 178) erklären zum Zusammenhang von OC und "position and organizational tenure", dass die kausale Richtung der Relationen unklar ist. Sie weisen auch darauf hin, dass Stress bisher als Antezedentie von OC gesehen wurde, genauso gut aber als eine Konsequenz von OC betrachtet werden kann (Mathieu und Zajac, 1990, S. 184). Es erfolgt daher im folgenden Überblick keine Unterscheidung in Prädiktoren, Korrelate und Folgen.

Bei den situativen Variablen lassen sich Faktoren der externen Umwelt (= außerhalb der Organisation liegend) und der organisationsinternen Umwelt differenzieren. Je stärker sich die Bedrohung durch die externe Umwelt darstellt (z.B.

verschärfter Wettbewerb, schärfere Gesetze), desto höher wird das OC (Lincoln & Kalleberg, 1992). Zu den organisationsinternen situativen Faktoren, die positiv mit OC korrelieren, gehören z.b. Sicherheit des Arbeitsplatzes, ein ehrliches Feedback, Autonomie, soziale Unterstützung, Arbeitsklima, Arbeitsbedingungen, herausfordernde Aufgaben und Fortkommensmöglichkeiten (Lincoln & Kalleberg, 1992, S. 123). Dies scheint aber von der Art des OC abzuhängen, denn Schmidt et al. (1998, S. 101) berichten, dass *Job-Charakteristika*, wie Anforderungsvielfalt, Bedeutsamkeit, Autonomie und Rückmeldung signifikant nur mit AC korrelieren, jedoch nicht mit NC oder FC.

Tabelle 4 gibt einen Überblick über die Variablen, die im Zusammenhang mit Commitment untersucht wurden. Im Folgenden werden Einzelergebnisse der Studien dargestellt.

Tabelle 4: Zusammenhangsvariablen zum organisationalen Commitment

Persönlichkeits-variablen	Organisations-kultur	Arbeitsleistung	Arbeits-zufriedenheit/	Rückzugs-verhalten
z.B. Alter, Geschlecht, Kontrollüber-zeugung, Leistungsmotiv, Involvement, andere Commit-ments	**-klima** **-struktur** *Stellenzuschnitte* z.B. Größe, Formalisierung, Zentralisation, Job-Charak-teristika, Tätig-keitsspielraum, Voll-/Teilzeit		**Arbeits-motivation/** **Stressempfinden**	z.B. Fluktuation, Absentismus, Verspätungen

2.7.2.1   Persönlichkeitsvariablen

Bei den Personeneigenschaften wird weiter untergliedert in demographische Merkmale, wie Alter, Besitz, Ausbildung, Position, Geschlecht, Einkommen, Familienstand, Status, Erziehung, und Persönlichkeitszüge, wie Kontrollüberzeugung, Werte, Erwartungshaltungen.

Alter korreliert signifikant positiv mit OC in Höhe von r = .20 (Mathieu & Zajac, 1990, S. 177 sowie Cheng, 1990, S. 10). Luthans et al. (1987, S. 229) ermittelten eine Korrelation von r = .30. Als Gründe werden genannt, dass man mit höherem Alter schon bessere Positionen in den Firmen erreicht hat und sich den Bereich individuell zuschneiden konnte. Schmidt et al. (1998, S. 101) fanden dagegen nur eine mäßige Korrelation zwischen Lebensalter und AC/NC von r = .13 (bzw. r = .15 zu FC). Auch bei DeCotiis und Summers (1987, S. 459) gab es nur einen minimal positiven, nicht signifikanten, Zusammenhang von r = .09. Aufgrund der gefundenen Ergebnisse soll das Alter in der vorliegenden Studie mit erfasst werden, auch um zu prüfen, ob die unterschiedlichen Korrelationen auf die verschiedenen OC-Dimensionen zurückführbar sind.

Cheng (1990, S. 35) untersuchte die **Arbeitserfahrung** als **intervenierende** Variable, indem er die Versuchspersonen (Lehrkräfte) in zwei Gruppen einteilte, nämlich in die „long teaching experience group" (wenn sie länger oder gleich lang wie der Sample-Durchschnitt von 7,5 Jahren unterrichteten, N = 237) und in die „short teaching experience group" (sie hatten weniger als 7,5 Jahre Lehrerfahrung, N = 351). Lehrkräfte mit nur kurzer Lehrerfahrung wurden durch einen mitarbeiterorientierten Führungsstil ihres Vorgesetzten in ihrem OC stark beeinflusst, nicht aber durch einen aufgabenorientierten Führungsstil. Das OC von Lehrkräften mit längerer Unterrichtserfahrung hingegen wurde am ehesten durch den aufgabenorientierten Führungsstil modifiziert.

Dauer der Organisationsangehörigkeit korrelierte in der Studie von Luthans et al. (1987, S. 228) mit OC nur leicht signifikant (r = .17) und die *Dauer der ggw. Position* bzw. *Dauer der Zusammenarbeit mit dem ggw. Vorgesetzten* zeigten einen noch schwächeren Zusammenhang von r = .10 bzw. r = .09. Das Durchschnittsalter der Versuchspersonen lag in dieser Studie unter 30 Jahren. Je 5 % gehörten der Organisation unter einem Jahr bzw. über zehn Jahre an, 24 % zwischen 1 bis unter 3 Jahre, 28 % 3 - 5 Jahre, der Rest zwischen 6 und 10 Jahren. Diese Gruppeneinteilung unterscheidet sich stark von der in der nächsten Studie vorgenommenen Einteilung.

Bei Martin und Hafer (1995, S. 318) wurde "Dauer der Organisationszugehörigkeit" auch in Monatsschritten kodiert: (1) weniger als ein Monat (2) 1 - 3 Monate (3) 3 - 6 Monate (4) 6 - 12 Monate bis (7) mehr als 3 Jahre. Sie fanden zwischen der "Dauer der Organisationszugehörigkeit" und "OC" ein r von -.07 (Martin & Hafer, 1995, S. 318). Eine genaue Durchsicht der Studie ergab, dass das Durchschnittsalter bei 27 Jahren lag. Möglicherweise hat bei so geringer Organisationszugehörigkeit und so geringem Alter die Variable "Dauer der Organisationszugehörigkeit" keinen nennenswerten Einfluss auf OC.

Meyer und Allen (1997, S. 44) sind der Meinung, dass eine positive Korrelation zwischen "Dauer der Organisationszugehörigkeit" und *affektivem* Commitment hauptsächlich deshalb zustande kommt, weil Beschäftigte mit niedrigem AC die Firma eher verlassen. In dieser Studie wird daher untersucht, ob die Dauer der Zugehörigkeit zur gleichen Organisation die anderen Variablen beeinflusst.

Frauen hatten zwar in der Meta-Analyse von Mathieu und Zajac (1990, S. 177) ein geringfügig höheres OC als Männer, jedoch beeinflusste das **Geschlecht** die Korrelation von OC mit anderen Variablen nicht. Haase (1997) konnte dagegen feststellen, dass Frauen ein niedrigeres Commitment zeigten. Eine Erklärung könnte möglicherweise die in der gleichen Studie ermittelte Variable "Barrieren für den persönlichen Aufstieg" sein. Frauen nahmen nämlich in den untersuchten Unternehmen mehr Barrieren für ihren persönlichen Aufstieg als Männer wahr.

Der höhere **soziale Status** korreliert negativ mit OC, vermutlich weil es sich besser Gestellte eher leisten können, die Kosten für das Verlassen der Organisation zu bezahlen. Je höher dagegen der *Rang* in der Firma desto höher war das OC (Siu & Cooper, 1998, S. 64). Nur ein schwacher Zusammenhang ergab sich zwischen der Höhe des Gehaltes und OC von r = .18 (Mathieu & Zajac, 1990, S. 179).

Externale **Kontrollüberzeugung** und OC korrelieren negativ miteinander (r = -.26), unabhängig von der Ausprägung demographischer Variablen (Luthans et al., 1987, S. 228 und 230), d.h. je höher die internale Kontrollüberzeugung war, desto stärker war auch das OC (so auch Cheng, 1990). Außerdem beeinflusse OC den Zusammenhang von Arbeitseinstellungen zur Organisationsumgebung (Cheng, 1990, S. 1). Im Gegensatz dazu ergab die Messung von Siu und Cooper (1998, S. 60) nur eine Korrelation von r = -.17. Luthans et al. (1987) erfassten allerdings die *generelle* Kontrollüberzeugung, Siu und Cooper (1998) hingegen die *arbeitsbezogene* Kontrollüberzeugung. Coleman et al. (1999) belegen, dass
- die internale arbeitsbezogene Kontrollüberzeugung positiv mit affektivem OC, die externale arbeitsbezogene Kontrollüberzeugung dagegen negativ mit affektivem OC korreliert.
- die externale arbeitsbezogene Kontrollüberzeugung positiv mit fortsetzungsbezogenem OC, internale arbeitsbezogene Kontrollüberzeugung dagegen negativ mit fortsetzungsbezogenem OC korreliert.

Ebenso zeigt die Studie von Ammon (2002, S. 75), dass Kontrollüberzeugung signifikant positiv mit AC (r = .30) und NC (r = .20), dagegen mit FC (r = -.26) signifikant negativ zusammenhängt. Das Gesamt-OC korreliert hingegen nicht signifikant mit der Kontrollüberzeugung (r = .09).

Die **schulische Bildung** korreliert nach den Berichten einiger Wissenschaftler nicht signifikant mit OC (Siu & Cooper, 1998, S. 64; r = -.09 nach Mathieu & Zajac, 1990, S. 177; r = .03 nach DeCotiis & Summers, 1987, S. 459). Schmidt et al. (1998, S. 100) ermittelten aber eine signifikant negative Korrelation zwischen Schulbildung und FC in Höhe von r = -.24. Einen schwächeren negativen Zusammenhang von Schulbildung und NC fanden sie in Höhe von r = -.17, jedoch auch keinen Zusammenhang zwischen schulischer Bildung und AC.

Ammon (2002) ermittelte auf der Basis der Allen & Meyer-Skala (1990), dass das **AC** fast bei allen Schulbildungen gleich hoch ist ($\bar{x}$ = 30,1 bzw. $\bar{x}$ = 30,0 bei Haupt-/Realschülern und $\bar{x}$ = 29,0 bei Hochschulabsolventen). Nur die Befragten mit Abitur, aber ohne Studium, bildeten mit einem Mittel von nur 27,4 eine Ausnahme. Es wurde vermutet, dass Abiturienten, die trotz der ihnen rechtlich zustehenden Möglichkeit kein Hochschulstudium absolvierten bzw. schafften, weniger emotionale Bindung zum Betrieb entwickeln, weil sie sich immer noch mit dem Gedanken tragen, doch noch ein (neues) Studium zu beginnen. Ein ganz anderes Bild zeigte sich beim Gesamt-OC. Bei Hauptschülern betrug das

OC im Schnitt x̄ = 89,3 und sank bei Realschülern auf x̄ = 84,0, bei Abiturienten auf 76,6 und bei Hochschulabsolventen auf 75,3, d.h. "Studierte" hatten durchschnittlich 14 Punkte weniger Gesamt-OC als Hauptschüler. Das **FC** war bei Hauptschülern am höchsten (31,7) und bei Hochschulabsolventen am niedrigsten (27,2). Besonders groß jedoch war der Gegensatz beim **NC**: das Mittel der Hauptschüler (27,6) lag um durchschnittlich 8,4 Punkte höher als bei den "Studierten" (19,2). Somit scheinen gesellschaftliche Normen eine umso höhere Rolle zu spielen je "niedriger" die Schulbildung ist. Gründe für das sinkende FC und NC in Abhängigkeit von der Höhe der Schulbildung sind zum einen, dass besser ausgebildete Mitarbeiter größere Erwartungen gegenüber der Organisation haben, die die Organisation aber nicht so leicht erfüllen kann. Zum anderen sind bessere Stellen-Alternativangebote für die Mitarbeiter aufgrund ihrer höheren Bildung vorhanden. In dieser Studie wird nochmals überprüft, ob Abiturienten ohne Studium in ihrem AC von den übrigen Teilnehmenden abweichen und ob das fortsetzungsbezogene Commitment bei Hauptschülern größer als bei höher Gebildeten ist.

Hoch korrelierte bei Mathieu und Zajac (1990, S. 178) die **selbstwahrgenommene Kompetenz** mit OC (r = .63). Meyer und Allen (1997, S. 44) haben dafür allerdings eine einfache Erklärung: Mitarbeiter mit höherer Kompetenz suchen sich Organisationen mit höherer Qualität aus, was wiederum das AC erhöht.

Involvement und andere Commitments: In der Studie von Blau et al. (1993, S. 306) korrelierte OC positiv mit Commitment zum **Beruf** (r = .45) und **Involvement** (r = .33). In der Meta-Analyse von Mathieu und Zajac (1990, S. 183) korrelierte *Commitment zum Beruf* mit OC ähnlich hoch (r = .42). Beschäftigte, deren zentrales Lebensinteresse die Arbeit darstellt (Involvement), zeigen ein höheres Commitment gegenüber ihren Organisationen, da "die Organisation instrumentellen Charakter zur Verwirklichung der entsprechenden Wertvorstellung" hat (Moser, 1996, S. 59). Blau und Boal (1989) fanden eine Korrelation von r = .31 zwischen OC und Involvement, wobei OC aber mit einer verkürzten OCQ-Skala (nur 9 Items) gemessen wurde. Blau et al. (1993) errechneten eine ähnliche Korrelation von r = .33, obwohl sie OC mit der affektiven Commitment-Skala von Allen und Meyer (1990) operationalisierten. Büssing und Broome (1999, S. 131) konnten in ihrer Studie an Telearbeitern nachweisen, dass das Commitment gegenüber der Organisation ohne Beeinträchtigung des Involvements sinken kann.

Leistungsmotivation: Folgende signifikante Korrelationen ergaben sich bei einer Studie Prochaskas (1998, S. 160) zwischen organisationalem Commitment, gemessen mit dem Fragebogen von Moser (1996), und folgenden Leistungsmotivations-Komponenten, gemessen mit dem LMT (Leistungs Motivations Test von Hermans, Petermann & Zielinski, 1978). Leistungsfördernde Prüfungsangst korrelierte positiv (r = .33), leistungshemmende Prüfungsangst dagegen negativ mit OC (r = -.47). Dies zeigt deutlich, dass Commitment zu Aktivität anregt. Mit den Komponenten "Leistungsstreben" sowie "Ausdauer und Fleiß" korrelierte Commitment jedoch nicht signifikant. Eine mögliche Erklärung dafür wäre, dass Personen mit hohem Leistungsstreben und hohen Fleiß-Werten häufiger die Organisation wechseln, wenn sie neue Herausforderungen brauchen bzw. die Organisation ihr Streben nicht befriedigen kann. Allerdings könnte sich die Unabhängigkeit der beiden Variablen auch daraus ergeben, dass die Commitment-Skala von Moser (1996) nicht nur Commitment-Items enthält, sondern auch Involvement abfragt und damit eine Vermengung der Konstrukte "Involvement" und "OC" erfolgt.

Haase (1997) konnte belegen, dass die Leistungsmotivation am höchsten ist, wenn sowohl hohes AC als auch hohes FC vorliegt. Außerdem korrelierte Leistungsmotivation sowohl mit AC als auch mit FC, jedoch geringer als wenn beide Commitment-Komponenten gleichzeitig vorlagen. Leistungsmotivation operationalisierte er dabei allerdings fast ausschließlich über Aufstiegs- und Karrieremotivation-Items, wie "Ich bin bereit viel zu leisten, um aufzusteigen" (Haase, 1997, S. 221). Dies erscheint eine viel zu enge Messkategorie, denn eine hohe affektive Bindung an ein Unternehmen, das Aufstiegsmöglichkeiten für die leistungswilligen Mitarbeiter bietet, ist eine zwangsläufige Konsequenz. Diese Items erfassen jedoch nicht andere Faktoren, wie intrinsische Motive oder Leistungsstolzaspekte. Aus diesem Grund ist zu vermuten, dass dieses Ergebnis „hohes Gesamt-OC korreliert positiv mit Leistungsmotivation" in dieser Studie, in der Leistungsmotivation umfassender operationalisiert wird, nicht aufrechterhalten werden kann. Vielmehr wird Leistungsmotivation mit AC positiv zusammenhängen und von FC unabhängig sein.

Werden organisatorische Hindernisse für den eigenen Karriereverlauf wahrgenommen, umso schwächer ist der Zusammenhang zwischen Leistungsmotivation und Commitment (Haase, 1997, S. 156). Entscheidend für das schwache OC sind dabei fehlende Transparenz sowie Besetzung höherer Stellen unabhängig von der individuellen Leistungsbereitschaft (Haase, 1997, S. 222f.). Die Ergebnisse von Haase (1997) bedeuten für diese Studie, dass Leistungsmotivation viel weiter gefasst operationalisiert werden wird und dass für AC und FC getrennte Zusammenhänge zu allen untersuchten Variablen ermittelt werden müssen.

2.7.2.2   Organisationskultur/-struktur/-abläufe/-klima/Stellenzuschnitt

Das **Führungsverhalten** spielt eine wesentliche Rolle bei der Umsetzung der Organisationspläne (Sollwerte) in konkretes Mitarbeiter-Verhalten. Haase (1997) steht wie Bergler (1993) auf dem Standpunkt, dass sich die **Struktur der Organisation** im Verhalten der Führungskräfte widerspiegelt. Genauer gesagt, sind die strukturellen Parameter der Organisation daraus zu erkennen, wie Mitarbeiter die Führung wahrnehmen. Auch Bridges (1998) nennt den Führungsstil als ein Kriterium zur Charakterisierung von Organisationen. Er fragt z.B. mit seinem Charakterindex von Organisationen: „Was beschreibt den Stil der Führungskräfte besser – Kritik oder Ermutigung?" (Bridges, 1998, S. 139). Bridges (1998, S. 137) fragt sogar noch vertiefter: „Arbeiten die Mitarbeiter und die Abteilungen ganz selbstverständlich und vom Beginn eines Projektes an zusammen – oder kommt Zusammenarbeit nur schwer in Gang und müssen erst die unterschiedlichen Positionen geklärt werden?" Zur Charakterisierung der **Organisationsstruktur** zählen also auch Items, die insbesondere die Zusammenarbeit zwischen den Abteilungen betreffen. Sie korrelieren genauso wie positiv wahrgenommenes Führungsverhalten mit AC. Dies sind nach Haase (1997, S. 275f.) z.B.:

- „Bei uns im Unternehmen herrscht ein ehrliches, offenes Vertrauensverhältnis."
- „Weil wir zuviel Arbeit haben, werden Probleme nicht ausdiskutiert."
- „Die Koordination und Zusammenarbeit mit anderen Abteilungen läuft optimal."

Kinicki und Vecchio (1994, S. 77ff.) prüften u.a. folgende drei Hypothesen die alle bestätigt wurden (in Klammern die gefundenen Korrelationen):
- Die **Qualität der Beziehung zwischen dem Vorgesetzten und Untergebenen** korreliert positiv mit dem OC des Untergebenen ($r = .31$).
- Ein internaler LOC des Beschäftigten korreliert positiv mit der Qualität der Beziehung Vorgesetzter-Untergebener ($r = .32$).
- Die Qualität der Beziehung zwischen dem Vorgesetzten und seinem Mitarbeiter beeinflusst als intervenierende Variable den Zusammenhang von Kontrollüberzeugung und OC, d.h. die unabhängige Variable (UV, hier Locus of Control) beeinflusst die abhängige Variable (AV, hier OC) und die intervenierende Variable (hier Qualität der Beziehung), die wiederum auch die AV beeinflusst. Es liegt eine perfekte intervenierende Variable vor, weil die UV keinen Zusammenhang mit der AV aufweist, wenn die intervenierende Variable kontrolliert wird ($r = .09$).

Eine andere Studie ergab, dass der **Führungsstil**, nämlich die Aufgabenorientiertheit des Vorgesetzten, einen direkten Effekt auf das Commitment hat (Luthans et al., 1987, S. 230) sowie den Zusammenhang von Kontrollüberzeugung und Commitment moderiert. Cheng (1990, S. 15) fand heraus, dass das OC von Beschäftigten mit deren Wahrnehmung der Aufgabenorientiertheit ihrer Vorgesetzten (initiating structure) stark negativ ($r = -.58$), OC der Beschäftigten und die Mitarbeiterorientiertheit der Führungskräfte dagegen mäßig positiv ($r = .24$) korreliert. Die Ergebnisse sind allerdings von der Arbeitserfahrung der Mitarbeiter abhängig. In der Studie Chengs (1990) korrelierte Aufgabenorientiertheit zwar negativ mit OC, aber positiv mit Arbeitszufriedenheit, Arbeitsmotivation und Rollenklarheit. Cheng (1990, S. 32) zieht daraus den Schluss, dass weder ein reiner mitarbeiter- noch ein ausschließlich aufgabenorientierter Führungsstil der bessere zu sein scheint. Allerdings ermittelten Luthans et al. (1987, S. 229) eine positive Korrelation von $r = .22$ zwischen dem OC der Mitarbeiter und der Aufgabenorientiertheit ihrer Vorgesetzten. Diese gegensätzlichen Forschungsergebnisse sind möglicherweise auf die Versuchspersonen bei Cheng (1990) zurückzuführen, da er nur Lehrkräfte befragte. Außerdem können auch Kulturunterschiede zwischen Hongkonger Beschäftigten und solchen aus westlichen Ländern dafür verantwortlich sein.

Die Wahrnehmung des unmittelbaren Führungsverhaltens der Vorgesetzten der Befragten und die Beziehung der Einschätzung des Führungsverhaltens zu den zentralen Variablen sollen daher aufgrund der dargestellten differenzierten Ergebnisse in dieser Studie auch untersucht werden.

Die **Organisationskultur** dient der Bildung von Motivation und insbesondere auch der Entwicklung von Bindung der Mitarbeiter an die Organisation. Darüber hinaus hilft die Organisationskultur zur individuellen Orientierung in Situationen mit konfligierenden Anforderungen (z.B. wenn eine Entscheidung zwischen Qualität und Effizienz ansteht). "Wissen um die Kultur des Unternehmens kann dem einzelnen Mitarbeiter dabei behilflich sein, Anforderungen oder Ereignisse ganz allgemeiner Art zu interpretieren und mit den eigenen Wertvorstellungen in Übereinstimmung zu bringen" (Moser & Schmook, 2001, S. 227). Dadurch werden Unsicherheiten reduziert und der neue Mitarbeiter kann sich in einer komplexen Umgebung eher orientieren. Die verinnerlichte Organisationskultur führt zu höherer Bindung. Genaue Studien zur Korrelation von Organisationskultur und OC fehlen allerdings, da die Operationalisierung von Organisationskultur bisher nicht entscheidend gelungen ist.

Mathieu und Zajac (1990, S. 180) stellten fest, dass es zwischen der **Größe der Organisation** und OC keinerlei Korrelation gab, obwohl sowohl Gründe für eine positive Korrelation in größeren Organisationen (z.B. bessere Beförderungsmöglichkeiten) als auch für eine negative Korrelation (weniger persönliche Atmosphäre und größere Identifikationsschwierigkeiten) sprechen könnten. Bei einem repräsentativen Vergleich zwischen drei verschieden großen Kreditinstituten konnte (Haase, 1997, S. 196) jedoch belegen, dass die Intention, im Unternehmen zu bleiben, mit der Größe der Organisation abnahm.

Haase (1997, S. 223ff.) wies weiter nach, dass affektives Commitment mit der Mitarbeiter-Wahrnehmung eines positiven oder negativen **Images** des Unternehmens in der Öffentlichkeit entsprechend positiv oder negativ korreliert. Gleiches gilt für die positive bzw. negative Bewertung der eigenen Arbeit.

Tätigkeitsspielraum: Eine Studie von Kil, Leffelsend und Metz-Göckel (2000, S. 127) ergab einen negativen Zusammenhang von Autonomie, gemessen mit der entsprechenden JDS-Dimension (Job Diagnostic Survey von Hackman & Oldham, 1975, 1976), und OC. Für diesen von allen anderen Studien abweichenden Befund konnten die Autoren keine Erklärung finden. Büssing und Glaser (1991, S. 131) fanden einen Zusammenhang zwischen OC, gemessen mit einer an Mowday et al. (1979) orientierten Skala, und Tätigkeitsspielraum, gemessen mit Teil 2 des Tätigkeits- und Arbeitsanalyseverfahrens für das Krankenhaus (TAA-KH), einen Zusammenhang von r = .19. Haase (1997) konnte anhand einer empirischen Studie bei drei großen Kreditinstituten belegen, dass der **Tätigkeitsspielraum** den Zusammenhang von Arbeitszufriedenheit sowohl mit AC als auch mit FC ausgeprägt interveniert. Die Eindeutigkeit der Definition der eigenen Aufgaben und Ziele und klare Kompetenzabgrenzung moderiert jedoch den Zusammenhang von Tätigkeitsspielraum und OC (Haase, 1997, S. 157). Ein hoher Tätigkeitsspielraum korreliert demnach nur positiv mit OC, wenn die Aufgaben und Kompetenzen klar definiert und abgegrenzt sind. Allgemein formuliert Cheng (1990, S. 17), dass "internals perceive a greater number of alternatives than do externals in a choice situation." Internal Kontrollüberzeugte erleben also einen höheren Tätigkeitsspielraum, weil sie Wahlmöglichkeiten eher wahrnehmen.

Das **Organisationsklima** wurde u.a. gemessen anhand der subjektiven Wahrnehmung von Kommunikations- und Entscheidungsprozessen der Organisationsmitglieder. OC korreliert nach Welsch und LaVan (1981) mit r = .62 zu Kommunikation und mit r = .40 in Bezug auf die wahrgenommene Partizipation an Entscheidungsprozessen.

Stellenzuschnitt: In einigen Studien wurde für **Teilzeitbeschäftigte** ein niedrigeres OC als für Vollzeitbeschäftigte ermittelt, da sie aufgrund der geringeren Beschäftigungszeit/Woche weniger im sozialen System der Organisation integriert sind (Martin & Hafer, 1995, S. 313f.). Man muss aber weiter differenzieren: Martin und Hafer (1995) fanden zunächst heraus, dass Teilzeitbeschäftigte eine größere Fluktuationsrate als Vollzeitbeschäftigte haben (Martin & Hafer, 1995, S. 311). Dann stellten die Forscher in Übereinstimmung mit der Untersuchung von Blau und Boal (1989) fest, dass *Vollzeitbeschäftigte* mit hohem Job-Involvement und hohem OC die geringste Fluktuationsneigung zeigen. Überraschenderweise war jedoch Fluktuationsneigung der *Teilzeitbeschäftigten* dann am geringsten, wenn ihr Job-Involvement niedrig und ihr OC hoch war. Eine mögliche Erklärung wäre, dass Teilzeitbeschäftigte flexible Arbeitszeit besonders schätzen, jedoch bedarf dies vertiefter Forschung. Aufgrund der unterschiedlichen Ergebnisse bei Martin und Hafer (1995) in Abhängigkeit von der Voll- oder Teilzeitbeschäftigung, wird auch in vorliegender Studie danach differenziert.

2.7.2.3   Arbeitsleistung

Moser (1996, S. 42) sowie Mathieu und Zajac (1990, S. 184) konstatierten keinen Zusammenhang zwischen Arbeitsleistung und OC, wobei Mathieu und Zajac (1990) aber einen indirekten Einfluss von OC vermuten. Dies könnte jedoch an der Mehrdimensionalität von OC liegen. Allen und Meyer (1990, S. 15) zitieren nämlich eine Studie von Meyer, Paunonen, Gellatly, Goffin und Jackson (1989), wonach die Einschätzung der Arbeitsleistung der Mitarbeiter durch ihre Vorgesetzten positiv mit dem affektiven OC der Untergebenen (jedoch nicht mit deren fortsetzungsbezogenem Commitment) korrelierte. Mowday et al. (1982, S. 35) berichteten eine geringe Korrelation. DeCotiis und Summers (1987) fanden dagegen einen positiven Zusammenhang zwischen objektiven Leistungskriterien und organisationalem Commitment. OC und Arbeitskosten sowie Kosten für die Essenszutaten korrelierten in deren Studie negativ in Höhe von r = -.30 (DeCotiis & Summers, 1987, S. 459), d.h. je höher das Commitment der Restaurantmanager war, desto niedriger hielten sie ihre Kosten.

Differenziert man die verschiedenen OC-Dimensionen, dann ergibt sich zwischen allgemeiner Leistungsbeurteilung und *fortsetzungsbezogenem* Commitment eine negative Korrelation von r = -.27, zu *affektivem* Commitment hingegen eine positive Korrelation von r = .25 (Meyer et al., 1989, S. 154). Meyer und Allen (1997, S. 40) versuchen die negative Relation von FC und Arbeitsleistung wie folgt zu begründen, ohne dafür allerdings empirische Belege nachzuweisen. Beschäftigte mit hohem FC könnten sich in einer Falle einer "no-choice"-Situation fühlen. Darauf könnten sie innerlich mit Ärger reagieren und eine Kompensation durch eine weniger qualitative Leistung suchen. Eine weitere Konsequenz sei vermutlich Passivität bis hin zur erlernten Hilflosigkeit.

Gerade bei der Betrachtung der Leistung ist es wichtig, das Commitment zur Gruppe mit einzubeziehen. Laborexperimente (van Dick, 2004, S. 38ff.) konnten für die Untersuchungsteilnehmer belegen, dass das einzelne Gruppenmitglied in einer Gruppe, die wenig Bedeutung hat, und in der die Einzelleistung nicht identifizierbar ist, **weniger** leistet als wenn der Mitarbeiter isoliert arbeiten würde (social loafing – soziales Faulenzen). Erhöht man dagegen das Commitment zur Gruppe, indem man z.B. die Arbeitsergebnisse dieser Gruppe mit der einer anderen vergleichen will, leistet das einzelne Gruppenmitglied **mehr** als wenn es alleine tätig würde (social labouring – soziale Anstrengungsbereitschaft).

Moser (1996, S. 43) erklärt den seiner Meinung nach nur schwach gefundenen Zusammenhang zwischen Leistung und OC mit Untersuchungen, die ergaben, dass die **Organisationszugehörigkeit als moderierende Variable** wirkt. Mit der Dauer der Organisationszugehörigkeit nimmt die Korrelation zwischen OC und Leistung *zu*, der Zusammenhang zur Fluktuation nimmt dagegen *ab*. Dies liegt möglicherweise daran, dass bisherige Studien überwiegend bei jüngeren Mitarbeitern deren Commitment erforschten, sich aber erst durch die Erfahrung in einer Organisation das OC in höherer Leistung niederschlägt. Es handelt sich also um ein komplexes Beziehungsgeflecht, womit eine einfache Korrelation zwischen OC und Arbeitsleistung nicht aussagekräftig erscheint.

Meyer und Allen (1997, S. 38f.) sehen den gefundenen Zusammenhang zwischen OC und Leistung allerdings optimistischer. Sie begründen dies u.a. damit, dass "even small changes in employee performance can have a significant impact on the organization's bottom line" (Meyer & Allen, 1997, S. 39). Danach haben bereits geringe Leistungsunterschiede einen starken Einfluss auf das Leistungspotential der Gesamtorganisation. Weiter argumentieren die beiden Wissenschaftler, dass in manchen Bereichen einer Firma die Aufgaben hinsichtlich Zeit- und Arbeitsumfang so stringent festgeschrieben seien, dass sich die Arbeitsleistung unabhängig vom OC der Beschäftigten bei allen ähnlich darstelle. Druckman, Singer und Van Cott (1997, S. 76) differenzieren weiter, dass die Korrelation zwischen OC und Arbeitsleistung umso höher ist, je mehr sich die Erbringung einer hohen Arbeitsleistung als Norm der Bezugsgruppe darstellt. Meyer und Allen (1997, S. 28) weisen auf einen weiteren interessanten Aspekt hin: Es sei zu unterscheiden zwischen der Arbeitsleistung aufgrund der Stellenbeschreibung ("in-role job performance") und der Leistung, die über das auf dem Arbeitsplatz üblicherweise Verlangte hinausgehe ("extra-role behaviors"). Hier sei aufgrund von Forschungsergebnissen zu vermuten, dass bei den Extra-Rollen-Verhaltensweisen eine stärkere positive Korrelation zwischen Leistung und AC vorliege als beim Zusammenhang zwischen "Leistung im Rahmen der Stellenbeschreibung" und AC. Allerdings basieren die meisten der Studien, die dieses "extra-role"-Verhalten operationalisierten, auf einer geringen Versuchspersonen-Zahl. Weitere Forschungsstudien wären daher von großem Interesse.

2.7.2.4 Arbeitszufriedenheit/Arbeitsmotivation/Stress

Haase (1997, S. 237) konnte zeigen, dass hohe *intrinsische* **Arbeitszufriedenheit** gleichermaßen mit hohem affektiven und hohem fortsetzungsbezogenen Commitment positiv korreliert. *Intrinsische* **Arbeitsmotivation**, definiert als „satisfaction with work itself" korrelierte bei Mathieu und Zajac (1990, S. 183) stark positiv mit OC in Höhe von r = .59. *Extrinsische* Zufriedenheitsaspekte, wie Bezahlung, Sozialleistungen und Betriebsklima, wiesen dagegen eine wesentlich höhere Korrelation zum FC aus. Extrinsische *Arbeitszufriedenheit* hatte bei Mathieu und Zajac (1990) nur eine schwach positive Relation zu OC von r = .16. Luthans et al. (1987) ermittelte zwischen OC und *Zufriedenheit mit dem Vorgesetzten* (als Teilaspekt des komplexen Konstrukts Arbeitszufriedenheit) eine Korrelation von r = .20. Nach Mathieu und Zajac (1990, S. 182) korrelierten OC, gemessen mit dem OCQ, und die Gesamtarbeitsmotivation zwischen r = .56 und r = .66.

Wahrgenommener **Stress** korreliert negativ mit OC (Siu & Cooper, 1998, S. 56). OC hat außerdem einen Moderator-Effekt auf die Beziehung von Stress und Überlastung, da OC die Beschäftigten vor Überlastung auch bei großem Stress schützt, "because it enables them to attach direction and meaning to their work" (Siu & Cooper, 1998, S. 56).

2.7.2.5 Rückzugsverhalten

Unter Rückzugsverhalten fallen insbesondere der Wechsel der Organisation (Fluktuation), das Wahrnehmen von Stellenalternativen, das aktive Suchen von Optionen, Verspätungen, Abwesenheit und die Fluktuationsneigung (Intention zum Verlassen der Organisation). OC korreliert mit *Fluktuation* in Höhe von r

= -.27 (Mathieu & Zajac, 1990, S. 177). Ein minimal positiver Zusammenhang besteht nach der Meta-Analyse von Mathieu und Zajac (1990) zwischen OC und *Absentismus* (r = .10) und eine minimale negative Beziehung zwischen OC und *Zuspätkommen* (r = -.11). Meyer und Allen (1997, S. 27) kritisieren an diesen Ergebnissen allerdings, dass die von Mathieu und Zajac einbezogenen Studien nicht zwischen freiwilliger und unfreiwilliger Abwesenheit unterscheiden. In den von Meyer und Allen (1997) zitierten Untersuchungen besteht nämlich nur ein negativer Zusammenhang zwischen AC und kontrollierbarem Absentismus, d.h. AC beeinflusst nicht die vom Beschäftigten wenig kontrollierbaren Fehlzeiten aufgrund von Krankheiten. Nach Stangier (1998, S. 49) wirkt OC auf Absentismus eher als intervenierende Variable. OC beeinflusse nämlich die Motivation und die Arbeitszufriedenheit, die wiederum negativ mit Absentismus korrelierten.

OC und *Fluktuations**neigung*** korrelieren in Höhe von r = -.46. Einen noch höheren negativen Zusammenhang weisen OC und die *Absicht, Jobalternativen zu suchen* in Höhe von r = -.59 auf (Mathieu & Zajac, 1990, S. 184). Dagegen fand sich in derselben Meta-Analyse kein signifikanter Zusammenhang zwischen *wahrgenommenen Jobalternativen* und OC (r = -.08). Haase (1997) konnte in seiner Studie zeigen, dass die Intention zum Verlassen der Organisation am geringsten bei Personen mit gleichzeitig hohem AC und FC ist. Nicht ganz so gering, aber immer noch niedrig, ist die Fluktuationsneigung bei Mitarbeitern, die entweder ein hohes AC, aber niedriges FC haben oder umgekehrt. Hohes AC oder hohes FC sagen also gleichermaßen die Intention zum Verlassen des Unternehmens vorher.

Die Erkenntnisse aus Kapitel 2 zeigen weiter, dass OC in dieser Studie nur unterteilt in AC und FC mit den anderen Hauptvariablen in Verbindung gebracht werden kann und nicht als eigenständige Variable untersucht werden sollte, weil AC und FC nicht nur verschiedene Bedeutung haben, sondern auch unterschiedliche Konsequenzen nach sich ziehen. Aus den empirischen Studien folgt auch, dass Commitment von vielen Faktoren, vor allem auch intervenierend, beeinflusst wird. Folglich müssten zur genauen Vorhersage von AC oder FC eine Vielzahl von Variablen kontrolliert werden. Dies liefert ein Argument dafür, dass die Leistungsmotivation als ein umfassendes persönlichkeitsübergreifendes Konstrukt erfasst werden sollte, deren einzelne Dimensionen getrennt mit affektivem und fortsetzungsbezogenem Commitment korreliert werden können.

3. Das Konzept der Leistungsmotivation

3.1 Begriffsklärungen

Das Wort "Leistung" stammt von dem Wort "laistian" der alten Germanen ab. "Laistian" geht wiederum auf das Wort "leiste" für Fußabdruck zurück (Schöck, 1978, S. 23). Der Begriff "Leistung" tauchte dann im 16. Jahrhundert als spätmittelhochdeutsches "leistunge" auf und bedeutete "Übernahme einer Verpflichtung, einer Zusage"; das Adjektiv "leistungsfähig" hingegen wurde erstmals im 19. Jahrhundert verwendet mit der Bedeutung "geeignet, tauglich zu guter Arbeit" (Etymologisches Wörterbuch, 2000, S. 789). Genau wie das Wort "leistungsfähig" entsteht auch das Substantiv "Motivation" erst im 19. Jahrhundert. Der Begriff "Motiv" in der Bedeutung "Beweggrund, Anlaß, Antrieb" ist dagegen schon im 16. Jahrhundert geläufig und wurde entlehnt aus dem mittellateinischen "motivum" und spätlateinischen substantivierten Adjektiv "mōtivūs", gleichbedeutend mit "Bewegung bewirkend, zur Bewegung geeignet, beweglich" (Etymologisches Wörterbuch, 2000, S. 893).

Im Wörterbuch der Psychologie (Fröhlich, 1997, S. 262) wird Leistungsmotivation *generell* bezeichnet als "die allgemeine und relativ überdauernde Tendenz, als wesentlich bewertete Aufgaben mit Energie und Ausdauer bis zum erfolgreichen Abschluß zu bearbeiten." Wie aber diskutiert die arbeits- und organisationspsychologische Literatur *im speziellen* die Begriffe Leistungsmotiv und Leistungsmotivation?

3.2 Arbeits- und organisationspsychologische Definitionen

3.2.1 Motiv, Motivation und Motivierung

Das Konstrukt Motiv ist ein isolierter, zunächst noch nicht aktualisierter Beweggrund (latente Disposition), auch als Bedürfnis, Wunsch oder Drang beschrieben. Ein Motiv unterscheidet sich von anderen Persönlichkeitsmerkmalen darin, "daß es Verhalten aktiviert, steuert und auswählt" (Kuhl, 1983, S. 515). "Jedes einzelne Motiv umfaßt eine definierte Inhaltsklasse von Handlungszielen" (Heckhausen, 1989, S. 9). Motive sind dabei überdauernde, relativ konstante und situativ unabhängige Wertungsdispositionen, also Beweggründe und Leitgedanken menschlichen Verhaltens bezogen auf Ablauf, Ziel und Intensität. Diese Wertungsdispositionen werden im Laufe der individuellen Entwicklung gebildet. Es geht also nicht um **primäre** (angeborene physiologische) Bedürfnisse, wie z.B. Sättigung und Schlaf. **Sekundäre** Motive sind dagegen soziogen, gelernt und kognitiv (Maslow, 1991, S. 47). Es sind Wertungsdispositionen höherer Art, weil sie für die Aufrechterhaltung des Organismus nicht entscheidend sind (Heckhausen, 1989, S. 9). Beim Menschen werden primäre Motive jedoch i.d.R. sekundär überlagert, weil angeborene wie erlernte Bedürfnisse nur in einem sozialen Rahmen befriedigt werden können (Mann, 1997, S. 18). Kleinbeck (1996, S. 28) hält das Leistungs-, Anschluss-

(1996, S. 28) hält das Leistungs-, Anschluss- und Machtmotiv für universelle Motive und damit angeborene Motive, ohne die menschliches Handeln kaum vorstellbar wäre, wobei er aber zugesteht, dass das Ausmaß der Motive von gesellschaftlichen Determinanten abhänge. Insofern braucht der Streit um das Vorliegen primärer oder sekundärer Motive nicht gelöst zu werden, da allgemein Einigkeit darüber besteht, dass die Sozialisation ausschlaggebend für die Ausprägung sowohl der primären als auch der sekundären Motive ist.

Nach Heckhausen (1989, S. 9) ist "Motiv" kein beschreibender, sondern ein erklärender Begriff, nämlich eine "individuelle Unterschiedsvariable zur Gewichtung von Anreiz" (Heckhausen, 1989, S. 466). Das Motiv soll die Konsistenz individuellen Verhaltens erklären. Individuelles Verhalten zeigt sich, wenn sich ein Individuum über *unterschiedliche Situationen* hinweg gleich verhält oder verschiedene Individuen konsistent unterschiedlich in der *gleichen Situation* handeln. Motivation kommt dagegen erst zum Tragen, wenn in einer konkreten Situation aufgrund aktivierter Motive ein bestimmtes Verhalten erfolgt (Rosenstiel, L.v., 1996, S. 6). Motive müssen also durch Merkmale von Situationen angeregt werden (Anreiz), dann entsteht Motivation. Ob das Motiv angeregt wird, entscheidet die *subjektive* Wahrnehmung und *subjektive* Beurteilung der situativen Merkmale (Nerdinger, 2001, S. 350). Die Motivation initiiert das Verhalten des Individuums in einer bestimmten Situation und gibt ihm eine bestimmte Richtung nach Abwägen der Handlungsalternativen. Motivation erklärt weiter die Intensität (Energiehöhe) und Ausdauer (Hartnäckigkeit angesichts von Widerständen) menschlichen Verhaltens (Nerdinger, 2001, S. 350). Die Motivationspsychologie will folglich interindividuell unterschiedliches Handeln erklären. Wenn die Anreizbedingungen relativ zur Motivausprägung stark genug sind, entsteht Motivation, die in eine Handlung mündet, sofern mit diesem Verhalten eine hinreichend große Erfolgserwartung in Bezug auf die Erreichung des Motivationszieles verbunden ist. Motive und motivierende Situation stehen in ständiger Wechselwirkung miteinander (Müller, 1997, S. 18). Motiveinflüsse kommen jedoch in wenig strukturierten Situationen besonders zur Geltung, weil in diesen Situationen die Person eher selbst bestimmen kann, welche Ziele sie verwirklichen will (Kuhl, 1983, S. 523).

Unter **Motivierung** versteht Nerdinger (2001, S. 350), "Menschen auf Handlungsziele auszurichten und die Bedingungen des Handelns so zu gestalten, daß sie diese Ziele erreichen können." Hierbei geht es darum, sich in seine Mitarbeiter einzufühlen und für den Beschäftigten die Situation so zu gestalten, dass er selbstbestimmte Ziele verfolgen kann.

3.2.2 *Leistung, Leistungsmotiv und Leistungsmotivation*

Heckhausen (1989, S. 80) spricht von einer Leistung bzw. einer leistungsthematischen Situation, wenn folgende gleichzeitig Merkmale vorliegen, nämlich

- ein objektivierbares Handlungsergebnis mit Aufgabencharakter erzielbar bzw. erzielt worden ist (vgl. auch Müller, 1997, S. 15f.).

- das Handlungsergebnis anhand eines Maßstabes der Schwierigkeit, der sich an einer aufgabeninhärenten, individuellen oder sozialen Bezugsnorm orientiert, bewertbar ist. Eine aufgabeninhärente - oder auch *sachlich* genannte - Bezugsnorm liegt vor, wenn aus der Aufgabe selbst die Leistung erkennbar ist (Heckhausen, 1989, S. 272f.). Die Orientierung an der individuellen Bezugsnorm bedeutet der Vergleich eines Ergebnisses mit dem einer früheren eigenen Leistung. Anhand der sozialen Bezugsnorm vergleicht man dagegen seine Handlungen mit den Leistungen anderer.
- die Handlung entweder gelingen oder misslingen kann. Tätigkeiten im Beruf, die weder den erlangten Fähigkeiten der Arbeitskraft angepasst sind noch einen merklichen Kraft- oder Ausdaueraufwand erfordern, sind für den Mitarbeiter nicht leistungsthematisch.
- das handelnde Individuum für seine Aufgabentätigkeit einen für sich verbindlichen Tüchtigkeitsmaßstab aufgestellt hat.
- das handelnde Individuum die Tätigkeit selbst gewollt hat und als von ihr selbst verursacht wahrnimmt.
- die Handlung im Rahmen der Kontrolle des Akteurs liegt (vgl. auch Schenk, 1992, S. 25).

Umstritten ist, ob als Leistung ausschließlich das Ergebnis oder zugleich auch der Prozess menschlicher Arbeit bezeichnet werden kann. In Gesellschaft, Schule und Industrie wird Arbeit nicht mit Leistung gleichgesetzt. Dabei könnten genauso gut auch misslungene Versuche zur Problembewältigung als Leistung gewertet werden. Auch der gesellschaftliche Leistungsbegriff, wonach Verhalten nur dann als Leistung gilt, wenn es ein verwertbares und nützliches Produkt hervorbringt, kann in Frage gestellt werden. Soziales Verhalten oder Empathie werde z.B. nicht erfasst. Auch werde nur die Einzelleistung gewertet, nicht aber das Verhalten im Rahmen eines auf Zusammenarbeit angelegten Arbeitsprozesses. Zwischenmenschliche Prozesse würden damit vernachlässigt. Diesen Gesichtspunkten kommt zwar im Berufsleben immer mehr Bedeutung zu, aber Gegenstand der Leistungsmotivation sind diese Aspekte nur mittelbar. Eine Leistung in einer Arbeitsorganisation kann angesichts zunehmender komplexer Zusammenhänge heutzutage nur in Zusammenarbeit mit anderen erledigt werden. Eigenschaften, wie z.B. Begeisterungsfähigkeit, Führungskompetenz und Überzeugungskraft, müssen bei den Beschäftigten hinzukommen. Auch engagierte, aber ggf. fehlgeschlagene Versuche werden als Leistung anerkannt, wenn die damit zusammenhängenden Lernprozesse als dem Leistungsprozess dienlich bewertet werden. Folglich können die kritisierten fehlenden Aspekte im Begriff der Leistung also indirekt durchaus Berücksichtigung finden. Darauf werden Führungskräfte auch zunehmend geschult.

Das **Leistungsmotiv** hat zum Ziel, einen "Erfolg in der Auseinandersetzung mit einem Gütemaßstab" zu erreichen (McClelland, Atkinson, Clark & Lowell, 1953, S. 110). Gütemaßstab ist dabei ein sich im Laufe der Entwicklung eines Individuums herausbildender Standard, an dem der Mensch seine erbrachten Leistungen misst. Leistungsmotiv ist ein relativ überdauerndes Persönlichkeitsmerkmal, das die interindividuell unterschiedlich ausgeprägte Bereitschaft von Menschen kennzeichnet, sich um die Erreichung anerkannter Leistungsziele zu bemühen. Das Leistungsmotiv ist auch affektiver formuliert worden als "Fähigkeit, Stolz über die eigene Tüchtigkeit zu erleben" (Atkinson, 1964, S. 241). Heckhausen (1989, S. 10) betont den Zielaspekt, weil er das Leistungsmotiv als die Inhaltsklasse der Handlungsziele beschreibt, "für deren Bewertung dem Handelnden ein Maßstab der Tüchtigkeit verbindlich ist". Für Weiner (1994, S. 301) ist das Leistungsmotiv die Fähigkeit, Erfolg als durch interne Faktoren, insbesondere durch Anstrengung, verursacht zu erleben. Müller (1997, S. 19) definiert: "Ein Leistungsmotiv ist dann hoch, wenn die individuelle Voreingenommenheit eines Individuums darin besteht, das Thema Leistung positiv zu bewerten". Alle Definitionen sprechen Aspekte an, die sich nicht ausschließen, sondern nebeneinander ihre Berechtigung haben. Bereits an dieser Stelle sei daher darauf hingewiesen, dass sich die in dieser Untersuchung verwendete Operationalisierung von Leistungsmotivation nicht auf eine einzelne der skizzierten engen Leistungsmotiv-Definitionen stützt. Vielmehr müssen alle Gesichtspunkte und weitere - noch darzulegende - Faktoren berücksichtigt werden.

Leistungsmotivation ist nicht deckungsgleich mit den in der Alltagssprache verwendeten Begriffen "Fleiß", "Eifer", "Arbeitswille" oder "Strebsamkeit". Diese Eigenschaften kommen zwar in Teildimensionen der Leistungsmotivation zum Ausdruck, jedoch können nicht alle Anstrengungen, um eine Leistung zu erzielen, als leistungsmotiviertes Verhalten angesehen werden. Eine Leistung kann beispielsweise angestrebt werden, um Geld zu verdienen, Macht zu erringen oder befördert zu werden. Von einem leistungsmotivierten Verhalten wird im traditionell psychologischen Sinn nur gesprochen, "wenn es auf die *Selbstbewertung eigener Tüchtigkeit* zielt, und zwar in der *Auseinandersetzung mit einem Gütemaßstab*, den es zu erreichen oder zu übertreffen gilt" (Rheinberg, 2002, S. 62). So ist auch für Hacker (1998, S. 307) Leistungsmotivation "das Bemühen um das Erreichen eines akzeptierten Tüchtigkeitsmaßstabes". Am häufigsten wird die Definition von Heckhausen (1965, S. 604) verwendet: Leistungsmotivation ist "das Bestreben, die eigene Tüchtigkeit in all jenen Tätigkeiten zu steigern oder möglichst hoch zu halten, in denen man einen Gütemaßstab für verbindlich hält, und deren Ausführung deshalb gelingen oder mißlingen kann." Die Leistungsmotivation gründet sich also auf dem intrinsischen Leistungsmotiv, d.h. die Leistung selbst reizt einen, möglicher Aufstieg oder Gehaltserhöhung sind in diesem Fall sekundär (Rosenstiel, L.v., 1996, S. 55). Schenk (1992, S. 12) versteht unter dem Problembereich Leistungsmotivation spezielle Beweggründe des Verhaltens, die einen Menschen u.a. dazu bewegen bestimmte Ziele anzustreben, deren Umsetzung als Erfolg oder Misserfolg erlebt wird. Die Leistungsmotivation ist für das Verhalten in Arbeitsorganisationen besonders bedeutsam (Rosenstiel, L.v., 1992, S. 218f.). Die Organisation muss wissen, dass ein leistungsmotivierter Mitarbeiter ein Erfolgserlebnis antizipiert, das für ihn einen Aufforderungscharakter besitzt, weil er hofft, das Gefühl des Stolzes und daraus resultierend das positive Gefühl eigener Tüchtigkeit zu erle-

ben. Voraussetzung hierfür ist allerdings, dass der Beschäftigte das Handlungs-
resultat auf seine eigene Fähigkeit oder/und seine Tüchtigkeit zurückführt. Damit wird für den Mitarbeiter ein Lustgefühl ermöglicht. Es kann also festgehalten werden:

Leistungsmotiv im traditionell psychologischen Sinn ist das relativ überdauernde Persönlichkeitsmerkmal, Leistung positiv zu bewerten. Es geht um die interindividuell unterschiedliche Bereitschaft, eine - aufgrund eines bestimmten
Tüchtigkeitsmaßstabes - anerkannte Leistung mit hohem Energieaufwand und
Ehrgeiz zu vollbringen. **Leistungsmotivation** liegt vor, "wenn das Leistungsmotiv durch situationsspezifische Hinweisreize aktiviert wird und eine Person
Leistungsziele anstrebt" (Prochaska, 1998, S. 11).

Abgrenzung zur Arbeitsmotivation, Kontrollmotivation, Commitment
Warum wurde in dieser Arbeit die Leistungsmotivation und nicht die Arbeits-
motivation zum Gegenstand der Untersuchung gewählt? Die Arbeitsmotivation
ist nicht mit der Leistungsmotivation gleichzusetzen. Man kann durchaus voll
motiviert sein, eine gleichmäßige Arbeitsleistung zu erbringen, jedoch seine
Leistung im Sinne eines individuellen Gütemaßstabes zu steigern ist ein anderer
Aspekt. Die Leistungsmotivation per se regt nicht zum *beständig* angestrengten
Arbeiten an (Hacker, 1998, S. 307).

Die Arbeitsmotivation wird vielmehr angestoßen, wenn die Arbeitsmotive des
Mitarbeiters angesprochen werden. Rosenstiel (L.v., 1996, S. 55) hält es für das
entscheidende Ziel, dass Arbeit intrinsische Motivbefriedigung ermöglicht. Es
gibt intrinsisch motivierte Gründe zur Arbeit, Beweggründe also, die in ihr
selbst liegen. Neben dem Kontaktbedürfnis, dem Machtstreben, der Selbstver-
wirklichung und der Sinngebung, ist ein wichtiger intrinsischer Grund auch die
Leistungsmotivation (Rosenstiel, L.v., 1996, S. 54). Arbeitsmotivation ist ein
weiterer Begriff als Leistungsmotivation. Bestimmungsstücke von Arbeitsmoti-
vation sind nach Rosenstiel (L.v., 1992, S. 365f.) u.a.:
- Geld im Austausch für Leistungen
- Abbau geistiger und körperlicher Energie
- Kontaktbedürfnis
- Machtstreben
- Definition des eigenen Status
- Erfüllung einer sozialen (Arbeits-)Norm
- Strukturierung des Zeitablaufs
- Bedürfnis nach Lob und Anerkennung
- Selbstsicherheit und Selbstbeachtung
- Verdrängung belastender Gefühle und Gedanken
- Protestantische Ethik
- Selbstverwirklichung
- Dienstleistung für andere

- Erzielen einer Leistung

Zusätzlich erwähnt Kleinbeck (1996, S. 28) als Arbeitsmotiv das Befriedigen von Neugier. Der traditionelle Leistungsmotivbegriff umfasst dagegen nur eines von vielen Arbeitsmotiven, nämlich das Streben nach Leistung **um ihrer selbst willen**. Arbeitssituationen ermöglichen, wenn man von der Teilnahme an sportlichen Wettkämpfen in der Freizeit absieht, im Besonderen die Aktivierung von Leistungsmotiven.

Abzugrenzen ist Leistungsmotivation noch von der **Kontrollmotivation**, die definiert ist als das Bestreben, möglichst viel Kontrolle über seine Umwelt auszuüben. Leistungsmotivation ist dagegen das Bestreben, anhand eines Tüchtigkeitsmaßstabs eine Leistung zu erbringen. Eine Überlappung von der Kontrollmotivation mit den beiden Komponenten des Leistungsmotivs wurde bisher noch nicht systematisch untersucht. Heckhausen (1989, S. 396) erklärt, für eine Überschneidung der Konstrukte spreche, dass hoch Kontrollmotivierte ein höheres und realistischeres Anspruchsniveau setzen (genauso wie hoch Erfolgsmotivierte) sowie mit mehr Anstrengung und Ausdauer an schweren Aufgaben arbeiten. Dies könnte aber genauso darauf hindeuten, dass die Kontrollmotivation ein weiterer von der Leistungsmotivation relativ unabhängiger, aber bei hoch Erfolgsmotivierten zusätzlich verstärkender Erklärungsfaktor menschlichen Verhaltens ist.

Leistungsmotivation unterscheidet sich auch klar von **Commitment** im Sinne einer Selbstbindung. Motivation bedeutet die „Aktivierung vorhandener Dispositionen" (Gauger, 2000, S. 9). Commitment ist dagegen eine Selbstbindung, die zwar handlungswirksam werden kann, aber nicht muss. Commitment ist also eine Disposition, die sich in konkreten Motivationen äußert, wenn sie durch einen Umfeldreiz aktiviert wird (Gauger, 2000). Motivation kann aber auch aufgrund anderer Dispositionen entstehen, ohne dass ein Beschäftigter OC zeigt. Demzufolge ist Motivation auf die Aktivierung konkreten Handelns gerichtet, das in der Organisation durch entsprechende Anreize angestoßen wird (z.B. durch Vergütung, Aufgabenanreicherung). OC meint jedoch eine selbstbindende stabile Disposition. Gauger (2000, S. 10) nennt als Beispiel, dass ein monetärer Anreiz für eine bestimmte Handlung durch einen noch höheren monetären Anreiz für eine andere Verhaltensweise wieder aufgehoben werden kann. Die im OC zum Ausdruck kommende Selbstbindung im Sinne einer grundsätzlichen Bereitschaft und positiven Einstellung zur Erreichung bestimmter organisationaler Ziele hat dagegen eine "*verhaltensstabilisierende Wirkung*" (Gauger, 2000, S. 10), die durch konkurrierende Einflüsse nicht so leicht aufzuheben ist.

3.2.3 Die zwei Komponenten des Leistungsmotivs

Handlungen resultieren fast immer aus dem Anreiz der *antizipierten* Folgen des voraussichtlichen Ergebnisses des Verhaltens. Für das Individuum haben die (gedanklich vorweggenommenen) Konsequenzen seiner Handlungen entweder eher positive oder eher negative Anreizwerte. Der Mensch handelt entweder, um die (erwarteten) positiven Folgen zu erleben oder die negativen Konsequenzen zu vermeiden. Zwischen diesen beiden Polen gibt es aber verschiedene Abstufungen. In vielen Situationen verhält sich das Individuum nämlich in einer bestimmten Art und Weise, um sowohl positive Gefühle zu erzielen (*Hoffnung auf Erfolg*) als auch um negative Empfindungen (*Furcht vor Misserfolg*) zu vermeiden. Was der Einzelne allerdings als Misserfolg oder als Erfolg bewertet, hängt von seinem individuellen Gütestandard ab, an dem er sein Handlungsergebnis misst. Die Gesamtmotivation ergibt sich dann aus der Summe von Erfolgsmotiv und Misserfolgsmotiv, d.h. wie sehr jemand eine Situation als leistungsthematische Situation wahrnimmt und erlebt. Die Differenz der beiden Werte "Hoffnung auf Erfolg" minus "Furcht vor Misserfolg" zeigt, ob jemand erfolgsmotiviert oder eher misserfolgsmotiviert ist (Rheinberg, 2002, S. 76). Ist das Erfolgsmotiv (die Hoffnung auf Erfolg) höher als die Furcht vor Misserfolg, ist das Individuum erfolgsmotiviert und wird Erfolgssucher oder Erfolgsmotivierter genannt. Wenn dagegen das Misserfolgsmotiv das Erfolgsmotiv überwiegt, spricht man von einem misserfolgsmotivierten Menschen, bezeichnet als Misserfolgsmeider oder Misserfolgsmotivierter. *Hochmotiviert* nennt man Personen, deren Gesamtmotivation im oberen Drittel liegt. Der Wert der *niedrig Motivierten* liegt im unteren Drittel (Müller, 1997, S. 20). Eindeutige Tendenzen zeigen sich bereits bei Kindern ab dreidreiviertel Jahren aufgrund bestimmter Leistungserfahrungen, die diese in der frühen Kindheit gemacht haben (Müller, 1997, S. 22). Mit Beginn des Schulalters haben sich diese Dispositionen bereits stabilisiert.

Es wurden weiter zwei unabhängige Misserfolgsmotiv-Dimensionen nachgewiesen, nämlich die aktive Misserfolgsmeidung und die passive Misserfolgsfurcht (Heckhausen, 1989, S. 242; Müller, 1997, S. 135). Kuhl (1983, S. 571) meint, dass die Anregung der Misserfolgsfurcht - entgegen der ursprünglichen Annahme Atkinsons (1964) - nicht grundsätzlich leistungsorientiertes Verhalten hemmt. Untersuchungsergebnisse zeigen vielmehr, dass Leistungsdefizite nach Misserfolg bei Misserfolgsmotivierten nicht auf einer hemmenden Tendenz beruhen, sondern auf Störungen in der Informationsverarbeitung. Die in dieser Arbeit verwendete Operationalisierung von Leistungsmotivation (LMI von Schuler & Prochaska, 2001a, 2001b) berücksichtigt die Unterschiede bei verschiedenen Items. Die Autoren halten z.B. bei der "Furcht vor sozialen Sanktionen" unterschiedliche Folgen für möglich. So lautet ein Item: „Die Furcht, mich zu blamieren, führt oft dazu, dass ich mich besonders anstrenge." Daraus folgt, dass die Furcht vor sozialen Sanktionen auch zu Aktivitäten und Motivation anregen kann. Beide Möglichkeiten – sowohl Aktivität als auch Passivität - als Folge von "Ängstlichkeit aufgrund eines Selbstkonzepts mangelnder Fähigkeit" implizieren folgende LMI-Items: „Ich habe schon auf manche interessante Sache verzichtet, weil ich befürchtet habe, sie nicht zu schaffen." Dagegen: „Wenn ich fürchte, Fehler zu machen, strenge ich mich besonders an." Wie später noch aufgezeigt wird, haben Schuler und Prochaska (2001a, 2001b) eine umfassende – alle Aspekte berücksichtigende – Operationalisierung von Leistungsmotivation geschafft. Sie entwickeln somit den Gedanken von Schmalt (1976) weiter, dass Furcht aus unterschiedlichen Gründen vorliegen kann, indem sie die intra- und interindividuell unterschiedlichen Konsequenzen aufzeigen. Der eine lässt sich durch Angst vor sozialen Sanktionen zu mehr Anstrengung anregen, aber bei Furcht vor dem Versagen seiner Fähigkeiten zum Rückzug treiben bzw. vice versa. Der andere unternimmt bei beiden Angstursachen Vermeidungsstrategien oder strengt sich in beiden Fällen besonders an.

Auch beim Erfolgsmotiv wurde weiter unterschieden in Personen mit **Aufga- ben-Orientierung** vs. **Ego-Orientierung** (Heckhausen, 1989). Aufgaben- Orientierte suchen den Erfolg, um die Aufgabe ihrer selbst willen besser zu be- wältigen. Ego-Orientierte dagegen wollen besser als andere sein. Beide investie- ren also aus völlig unterschiedlichen Gründen in die Zukunft. Ego-Orientierte waren weniger ausdauernd bei schweren (in Wirklichkeit unlösbaren Aufgaben), sofern ihnen vorher gesagt wurde, dass ein erheblicher Prozentsatz von Schülern diese Aufgabe lösen kann. Sie zeigten dagegen mehr Ausdauer, wenn ihnen vorher mitgeteilt wurde, nur wenige Schüler könnten diese Aufgabe lösen. Auf- gaben-Orientierte bevorzugen in der Freizeit sportliche Betätigung und außer- dem eher Aktivitäten außerhalb von Vereinen. Ego- und aufgaben-orientierte Personen unterscheiden sich *nicht* im Selbstkonzept ihrer Fähigkeit. Jedoch wol- len Ego-Orientierte einen hohen Sozialstatus erreichen und reich werden, wo- hingegen Aufgaben-Orientierte nach Verständnis für Dinge um ihrer selbst wil- len streben und das Eingehen sozialer Verpflichtungen präferieren (Heckhausen, 1989, S. 278). Inwieweit hier Überschneidungen mit dem Erfolgs- und Misser- folgsmotiv in Richtung "Erfolgssuche entspricht Aufgaben-Orientierung" und "Misserfolgsmeidung korreliert hoch mit Ego-Orientierung" bestehen, ist noch nicht abschließend geklärt. Dennoch sind auch diese Aspekte im LMI (Schuler & Prochaska, 2001a, 2001b) in folgenden Items enthalten: „Um mich wirklich erfolgreich zu fühlen, muss ich besser sein als alle, mit denen ich mich vergleiche." (Ego-Orientierung). „Am glücklichsten bin ich mit einer Aufgabe, bei der ich alle meine Kräfte einsetzen kann." (Aufgaben-Orientierung).

Das bisher Ausgeführte darf nicht darüber hinweg täuschen, dass es auch zu Leistungshandlungen kommt, wenn die (intrinsische) Leistungsmotivation gleich null ist. Zwar wird bei der Definition des Leistungsmotivs von einer wil- lentlichen aktiven positiven Haltung ausgegangen, aber "auch andere *Beweg- gründe* wie Leistungsangst oder soziale Faktoren können das Streben nach Leis- tung veranlassen" (Müller, 1997, S. 124). Leistungshandeln findet auch statt, wenn das intrinsische Leistungsmotiv durch einen extrinsischen Anreiz ersetzt wird oder die antizipierte extrinsische Belohnung hoch genug ist. Extrinsisch sind äußere Anreize, die in keinem *direkten* Zusammenhang mit der zu bewälti- genden Aufgabe stehen. Dabei kann es sich um positive Verstärkung (Verspre- chen einer Belohnung) oder um die negative Verstärkung (Zwang etwas tun zu müssen) handeln. Tabelle 5 zeigt, wie sich ein Erfolgs- oder Misserfolgsmotiv auswirken.

Motiv Merkmale	Erfolgssucher	Misserfolgsmeider
Anstren-gung/ Ausdauer	strengen sich bei den gewählten Aufgaben <u>mittlerer</u> Schwierigkeit stark an, engagieren sich bei einfachen Aufgaben jedoch wenig. Sie halten **bei permanentem Misserfolg** länger durch, wenn die Aufgabe als *leicht* bezeichnet wurde, während Misserfolgsmeider länger durchhalten, wenn die Aufgabe als *schwer* bezeichnet wurde (Feather, 1961).	mit niedriger Gesamtmotivation engagieren sich bei <u>leichten</u> Aufgaben mehr als Erfolgssucher. Misserfolgsmeider mit hoher Gesamtmotivation versuchen über den Reiz extremer Höchstleistungen, "den andauernden Motivationskonflikt zwischen dem Wunsch nach Erfolg und der Furcht vor Misserfolg zu lösen", strengen sich also bei <u>schwierigeren</u> Aufgaben mehr an (Müller, 1997, S. 21).
Attri-bution	machen für ihre Erfolge internale Faktoren (hohe Fähigkeit und Anstrengung), für Misserfolge hingegen externale Faktoren (Zufall) oder mangelnde Anstrengung verantwortlich (Weiner, 1994, S. 302 und Kleinbeck, 1996, S. 48ff.).	führen ihre Erfolge eher auf die Leichtigkeit der Aufgabe oder auf Glück, also auf externale Faktoren zurück, und erklären ihre Misserfolge mit mangelnder Fähigkeit bzw. zu hoher Schwierigkeit der Aufgabe (Heckhausen, 1989, S. 429f.) und sehen zu wenig Anstrengung nicht als Ursache für Misserfolge (Weiner, 1994, S. 302).
Aufga-benwahl	suchen sich <u>mittlere</u> Aufgaben, deren Erfolgschancen bei 50 % liegen, also der Ausgang am ungewissesten ist (Heckhausen, 1989, S. 178). Sie versuchen durch die Erledigung der Aufgabe <u>persönlich relevante Informationen</u> zu erhalten, weil Aufgaben mittlerer Schwierigkeit über Anstrengung und Fähigkeit die meisten Informationen geben.	suchen sich <u>leichte</u> Aufgaben bei niedriger Gesamtmotivation oder extrem <u>schwierige</u> bei ausgeprägter Gesamtmotivation (Heckhausen, 1989, S. 256). So <u>vermeiden</u> sie eher Aufgaben, die über die eigenen Fähigkeiten Auskunft geben (Weiner, 1994, S. 151), weil leichte Aufgaben meist auch ohne Anstrengung und ohne besondere Fähigkeiten zum Erfolg führen, während schwere Aufgaben oft auch trotz Anstrengung und guter Fähigkeiten misslingen.
Aufsuchen von Leistungs-situationen	suchen <u>aktiv</u> Leistungssituationen auf, auch ohne weitere (extrinsische) Motive (Atkinson, 1964).	<u>vermeiden</u> Leistungssituationen bzw. suchen diese nur auf, wenn extrinsische Motive hinzukommen (Atkinson, 1964).
Bezugs-norm	orientieren sich eher an der <u>individuellen</u> Bezugsnorm (Heckhausen, 1989).	orientieren sich eher an der <u>sozialen</u> Bezugsnorm (Heckhausen, 1989).
Flow-Erleben	haben ein <u>intensiveres</u> Flow-Erleben (Heckhausen, 1989).	haben ein <u>geringeres</u> Flow-Erleben (Heckhausen, 1989).
Leistung	leisten **qualitativ** mehr, wenn die Aufgaben als <u>mittelschwer</u> ausgegeben werden. Sie haben <u>nach Misserfolg</u> einen Motivations- und Leistungszuwachs (Kleinbeck, 1996, S. 71). Generell **steigt** die Leistungsmotivation bei Erfolgsmotivierten, wenn sich durch Erfolg oder Misserfolg die subjektive Erfolgswahrschein-	leisten **qualitativ** mehr, wenn die Aufgaben als leicht oder als schwer erscheinen (Heckhausen, 1989, S. 263). Sie haben <u>nach Erfolg</u> einen Motivations- und Leistungszuwachs (kritisch dazu Heckhausen, 1989, S. 261f.). Generell **sinkt** die (meidende) Leistungsmotivation bei Misserfolgsmotivierten, wenn sich durch Erfolg oder Misserfolg die subjektive Erfolgswahrscheinlichkeit dem Wert von 0,5 annähert.

Motiv / Merkmale	Erfolgssucher	Misserfolgsmeider
	lichkeit dem Wert von 0,5 annähert.	
LOC	sind eher <u>internal</u> kontrollüberzeugt (Heckhausen, 1989).	sind eher <u>external</u> kontrollüberzeugt (Heckhausen, 1989).
Rückmeldung	<u>wünschen</u> Leistungsrückmeldungen, überschätzen aber bei *eindeutiger* Ergebnisrückmeldung ihre Misserfolge, jedoch bei *unklaren* Informationen ihre Erfolge (Heckhausen, 1989).	<u>vermeiden</u> eher Leistungsrückmeldungen; sie überschätzen bei eindeutiger *Ergebnisrückmeldung* ihre Erfolge und bei unklaren Informationen dagegen ihre Misserfolge, weil sie diese erwartet haben (Heckhausen, 1989).
Ziele	setzen sich in Abhängigkeit von ihrem aktuellen Leistungsvermögen <u>realistische</u> Ziele (Heckhausen, 1989, S. 239, 255).	setzen sich in Abhängigkeit von ihrer Gesamtmotivation Ziele: bei geringer Gesamtmotivation setzen sich Misserfolgsmeider sehr niedrige, bei hoher Gesamtmotivation <u>unrealistisch</u> hohe Ziele (Heckhausen, 1989).
Zukunftsorientierung	richten ihre Ziele <u>weit in die Zukunft</u> und können deshalb lange auf Belohnung warten, d.h. können besser Befriedigungen aufschieben (Weiner, 1994, S. 151).	sind <u>gegenwartsorientiert</u> bzw. orientieren sich an <u>Zielen in naher Zukunft</u> (Weiner, 1994, S. 151).

3.2.4 Macht- und Anschlussmotiv

Neben dem Leistungsmotiv sind zwei weitere Motive im Berufsleben besonders wichtig, weil auch sie Leistungsverhalten bestimmen. Es handelt sich um das Anschluss- und das Machtmotiv (Kleinbeck, 1996, S. 26ff.).

Das **Anschlussmotiv** bezeichnet eine Inhaltsklasse von sozialen Interaktionen, die dazu dienen, mit "bisher fremden oder noch wenig bekannten Menschen Kontakt aufzunehmen und in einer Weise zu unterhalten, die beide Seiten als befriedigend, erregend und bereichernd erleben" (Heckhausen, 1989, S. 345). Das Ziel der Interaktionen ist es also, eine vertrauensvolle Beziehung zu schaffen, "in der man sich gegenseitig akzeptiert, freundlich bejaht, sympathisch findet, gern mag und unterstützt und auf die man sich in allen Situationen verlassen kann" (Kleinbeck, 1996, S. 26). Auch wird - wie beim Leistungsmotiv - von zwei Ausprägungen ausgegangen, nämlich der "Hoffnung auf Anschluss" und der "Furcht vor Zurückweisung". Erfolgssucher sind in Gruppenarbeit bei gleichzeitig hohem Anschlussmotiv übermotiviert (Leistungsabfall), wenn sie neuartige unvertraute Aufgaben bearbeiten, während Misserfolgsmeider mit hohem Anschlussmotiv bei Gruppenarbeit ihre Leistung steigern (Heckhausen, 1989, S. 269). Sie sind auch in stark anregenden Laborsituationen übermotiviert (Leistungsabfall), aber in alltäglichen Arbeitsbedingungen leisten sie mehr, da der situative Anregungsgehalt nicht so hoch ist (Heckhausen, 1989). Hoch Anschlussmotivierte mit hohem Leistungsmotiv sind in der Arbeitsorganisation insbesondere für Projekt- und Teamarbeit sowie für alle Stellen, bei denen Kommunikation eine besondere Bedeutung hat, sehr gut geeignet.

Das **Machtmotiv** dient dazu, "das Verhalten und Erleben anderer, nicht von sich aus gefügiger Personen in einer solchen Weise zu beeinflussen, daß die Befriedigung eigener Bedürfnisse ermöglicht und gefördert wird" (Heckhausen, 1989, S. 374f.). *Machtmotivierte* nehmen in ihren Arbeitssituationen eher wahr, wie sie an Prestige und Einfluss gewinnen und für ihre Position ungünstige oder günstige Folgen erreichen oder vermeiden können. Personen mit hohem *Leistungsmotiv* würden hingegen in der gleichen Situation eher Verbesserungsbedürftiges und Optimierungsmöglichkeiten wahrnehmen, sie fokussieren Gelegenheiten, in denen sie ihre Tüchtigkeit messen können.

Eine Studie von Terhune (1968) konnte unterschiedliche Verhaltensweisen je nach Überwiegen eines der drei Motive finden. Zwei Versuchspersonen spielten miteinander, wobei sie sich entweder für Konflikt oder Kooperation entscheiden konnten. Der Gewinn war maximal, wenn man den anderen zur Kooperation brachte, selber aber Konflikt wählte. Am geringsten war der Gewinn, wenn beide Konflikt wählten. Falls sich beide für Kooperation entschieden, war der Gewinn mittelhoch. Terhune (1968) stellte die Spielpartner so zusammen, dass sie in einem der drei Motive (Leistung, Anschluss, Macht) sehr hoch waren und in den anderen beiden sehr niedrig. Als Ergebnis ließ sich zeigen: *Leistungsmotivierte* waren am kooperativsten und erwarteten auch Kooperation. *Anschlussmotivierte* zeigten sich am defensivsten und fürchteten am meisten, hereingelegt zu werden. *Machtmotivierte* waren am gewinnsüchtigsten und versuchten, ihren Partner hereinzulegen, erwarteten aber von ihm Kooperation.

3.3 Theoretischer Hintergrund und empirische Studien

3.3.1 Die Ursprünge der Leistungsmotivationsforschung

Die Lehre von den Grundbedürfnissen von Murray (1938) bildete den Ausgangspunkt für viele Ansätze der Motivationsforschung, insbesondere auch zur Erfassung der Leistungsmotivation (vgl. Thomae, 1983, S. 4). Murray (1938) machte erstmals auf die Existenz eines Bedürfnisses nach Leistung (need for achievement) aufmerksam (Weiner, 1994, S. 143). Dieses Leistungsbedürfnis ist bei jedem Menschen anders ausgeprägt und beeinflusst damit interindividuell unterschiedlich die Neigung, nach Erfolgen zu streben und die eigenen Leistungen zu bewerten. Das Leistungsbedürfnis bezeichnete Murray (1938) als eines von 20 fundamentalen menschlichen Bedürfnissen (so Prochaska, 1998, S. 13). Außerdem entwickelte Murray (1938) den Thematischen Apperzeptions-Test (TAT). Aufgrund der Annahme, dass Stärke und Art des Leistungsbedürfnisses bei jedem Menschen verborgen und unbewusst ist, wurden Geschichten, die die

Versuchspersonen zu Bildern geschrieben hatten, inhaltsanalytisch ausgewertet. Dem liegt die Annahme zugrunde, dass die Testpersonen durch Identifikation mit den dargestellten Personen ihre eigenen Konflikte und Motive zum Ausdruck bringen. Maslow (1991) setzte das Streben nach Leistung als Wachstumsmotiv auf die vierte Stufe seiner berühmten Bedürfnispyramide, genannt "Stufe der Selbstachtungsmotive" (so auch Kleinbeck, 1996, S. 23).

Für die Leistungsmotivationsforschung war nach Ansicht von Kuhl (1983, S. 505) dann das Buch "The Achievement Motive" von McClelland et al. (1953) Anstoß für Atkinson (1957), der seine Überlegungen zur Leistungsmotivation auch auf Lewins (1951) Feldtheorie gründete. Die Feldtheorie Lewins (1951) nimmt an, dass Verhalten durch das zu einem bestimmten Zeitpunkt existierende Feld determiniert wird (Weiner, 1994, S. 117). Lewin (1951) hat im Rahmen seiner Feldtheorie eine Verhaltensgleichung entwickelt, die später *universelle Verhaltensgleichung* genannt wurde, allerdings nicht im streng mathematischen Sinne interpretiert werden darf (Lück, 1996, S. 53f.):

$$V = f\,(P,U)$$

Das Verhalten (V) von Individuen ist eine Funktion von Person (P) und Umwelt (U), d.h. das Verhalten ist <u>immer</u> von Persönlichkeitsfaktoren <u>und</u> von der Situation, in der sich die Person gerade befindet, abhängig. Man könnte analog der Verhaltensfunktion Lewins (1951) formulieren:

$$\mathbf{L} = f\,\mathbf{(P,U)}$$

Die Leistung ist abhängig von der Persönlichkeit und der Arbeitssituation. Dies darf man sich nicht als einfache Wechselbeziehung vorstellen, vielmehr ist aktuelles Verhalten das Ergebnis eines kontinuierlichen Prozesses von vielfach gerichteten Interaktionen zwischen den Personenfaktoren des Beschäftigten und den Situationen, in die er eintritt. Dabei handelt die Person in der Organisation aktiv, in dem sie bestimmte Ziele verfolgt. Auf der *Situationsseite* ist die psychologische Bedeutung entscheidend, welche die Situation für den Mitarbeiter hat, d.h. wie er die Situation subjektiv bewertet. Dies verdeutlicht, dass auch auf der vermeintlich *objektiven* Seite "Umwelt (U)" die *subjektive* Einschätzung ausschlaggebend ist. Neben kognitiven Faktoren sind auf der ***Personenseite*** insbesondere Motive wesentliche Determinanten des Verhaltens der Beschäftigten. Im beruflichen Bereich ist dabei die Leistungsmotivation von entscheidender Bedeutung und wird daher in dieser Arbeit als eine besonders wichtige Variable in den Untersuchungsprozess einbezogen. Lewin selbst war allerdings die Ermittlung von Persönlichkeitseigenschaften als stabile Merkmale der Person fremd, weil nach seiner Theorie diese Merkmale immer von der Interaktion mit der aktuellen Situation abhängen (so Lück, 1996, S. 107). Forschungen haben jedoch ergeben, dass sich verschiedene Persönlichkeitsmerkmale dauerhaft im Kleinkindalter, spätestens jedoch im Schulalter ausbilden. So tritt der Beschäftigte bereits beim Eintritt ins Berufsleben mit stabilen, messbaren Motiven auf. Teilweise sind diese aber auch noch nachträglich veränderbar.

Wie bereits beschrieben, führen Motive nur zu Motivation und daraus resultierenden Handlungen, wenn in der **Situation** ein spezifischer Reiz dieses Motiv anregt. Die individuelle Beurteilung dieses Reizes wiederum ist von der Umgebung des Reizes abhängig. Eine Flasche wird als klein bewertet, wenn daneben größere Flaschen stehen. Die gleiche Flasche kann dagegen größer wirken, wenn sie neben kleineren Flaschen steht. Bei der Wahrnehmung sind jedoch starke interindividuelle Unterschiede bei gleicher Situation vorhanden. Hierin liegt eine große Bedeutung für Führungskräfte, herauszufinden, ob manche Mitarbeiter eher unabhängig von der Arbeitssituation tätig werden bzw. für welche Beschäftigte welche Anreize für welche Motive in der Arbeitssituation geschaffen werden müssen. Das heißt ggf. auch, soweit möglich, dass man *differenzierte* Arbeitssituationen für Beschäftigte schafft, die *gleiche* Aufgaben erledigen sollen, jedoch *unterschiedliche* Motive besitzen. Auch an der objektiven Arbeitssituation müssen ggf. Veränderungen vorgenommen werden. So wird das Leistungsmotiv *verschieden* angeregt, je nachdem welche Norm in der Organisation bzw. Abteilung herrscht. Wenn in der Organisation die Meinung überwiegt, Leistung sei eine erstrebenswerte Norm, wird das Leistungsmotiv stärker angeregt. Besteht dagegen die Ansicht, Leistung bringt nichts, weil man auch nicht anders als "Nichtleistungswillige" behandelt werde oder zuviel Leistung ungesund sei, wird das Leistungsmotiv weniger gereizt. Diese informelle Organisationsnorm gilt es dann zu verändern.

3.3.2 Das Risikowahlmodell von Atkinson (1957)

Das bekannteste Erklärungsmodell der Leistungsmotivation ist das Risikowahlmodell von Atkinson (1957), das zu den erwartungstheoretischen Motivationstheorien gehört. Diese gehen davon aus, dass sich die Motivation aus der multiplikativen Verknüpfung von Motiven und Erwartungen ableiten lässt. Die Erwartung setzt sich wiederum zusammen aus der subjektiven Erfolgswahrscheinlichkeit und dem Anreiz einer Aufgabe. Die Motivation wird also neben den Motiven bestimmt durch die erwartete Wahrscheinlichkeit, dass Handeln zu einer erfolgreichen Leistung führt *und* durch den Wert, den die Person der antizipierten Belohnungserwartung bei erfolgreicher Leistung zumisst.

Atkinson (1957) konstruierte sein Risikowahlmodell ursprünglich zur Vorhersage von individuell bevorzugter Aufgabenschwierigkeit. Es wurde deswegen auch *die* Leistungsmotivationstheorie genannt (Heckhausen, 1989, S. 248). Leistungsverhalten ist in dieser Theorie das Ergebnis eines emotionalen Konflikts zwischen den antizipierten Gefühlen *Stolz* (bei Erzielung von Erfolg) und *Scham* (bei Misserfolg). Es handelt sich somit um einen Konflikt zwischen **Annäherungs-** und **Vermeidungstendenzen** (Weiner, 1994, S. 152). Das Atkinsonsche Modell basiert auf drei Grundannahmen.
- Mit wachsendem *subjektiven* Schwierigkeitsgrad (subjektive Erfolgswahrscheinlichkeit) einer Aufgabe steigt der Erfolgsanreiz und der Misserfolgsanreiz nimmt ab. Allerdings ist der Anreiz entgegen Atkinson nicht nur an die subjektive Erfolgswahrscheinlichkeit zu binden, da es auch andere Anreize

gibt, wie z.B. "Oberziele, Fremdbewertungen und extrinsische Nebenwirkungen, die zum Leistungshandeln motivieren" (Heckhausen, 1989, S. 466).

- Wie bei allen Wert-Erwartungs-Theorien wird die subjektive **Erfolgswahrscheinlichkeit** (Wahrscheinlichkeit, erfolgreich handeln zu können) und der **Anreiz** der Aufgabe *multiplikativ* verknüpft. Diese Annahme erklärt, warum bei mittelschweren Aufgaben eine maximale und bei ganz niedrigem/hohem Niveau eine minimale Motivationstendenz gegeben ist. Bei hohem Anreiz und mittlerer Erfolgswahrscheinlichkeit ist das Produkt am größten. Ein kleineres Produkt ergibt sich bei hoher Erfolgswahrscheinlichkeit, weil der Anreiz gering ist, und bei hohem Anreiz, weil die Erfolgswahrscheinlichkeit niedrig ist.

- Das Produkt von Erwartung und Wert wird noch durch die Motivstärke, Stolz über den eigenen Erfolg zu erleben, gewichtet (Kuhl, 1983, S. 506).

Die beiden Motivkomponenten „Hoffnung auf Erfolg" und „Furcht vor Misserfolg" werden wie folgt beschrieben.

Hoffnung auf Erfolg

Die Tendenz, Erfolg anzustreben, wird als Produkt von drei Faktoren gesehen (nach Weiner, 1994, S. 152ff.; Kuhl, 1983, S. 506f.):

$$T_e = (M_e \; x \; A_e) \; x \; W_e$$

T_e = Tendenz, Erfolg anzustreben
M_e = Leistungsmotiv
W_e = Subjektive Wahrscheinlichkeit, bei einer Aufgabe Erfolg zu haben
A_e = Anreiz des Erfolgs. Es besteht ein inverser Zusammenhang zwischen A_e und W_e:

$$A_e = 1 - W_e$$

Man erlebt den größten Stolz also bei einer schwierigen Aufgabe (vgl. Weiner, 1994, S. 284). Der Anreizwert nimmt folglich mit sinkender Erfolgswahrscheinlichkeit zu. Mit anderen Worten, je schwieriger die Aufgabe erscheint, umso mehr empfindet man Stolz bei der erfolgreichen Bewältigung der Aufgabe; der Anreiz steigt also. Dies konnte Feather (1967) gut belegen (so Weiner, 1994, S. 284). In seinem Experiment wurde den Versuchspersonen ihr Erfolg oder Misserfolg jeweils als zufalls- oder als fähigkeitsabhängig beschrieben sowie die Aufgabenschwierigkeit manipuliert, indem mitgeteilt wurde, andere könnten diese Aufgabe nicht bzw. weniger gut lösen. Auf einer Skala von 0 (keine Attraktivität) bis 90 (höchste Attraktivität) wurde die Attraktivität einer schwierigen Aufgabe in der **Fähigkeitsbedingung** bei *Erfolg* im Mittel bei 80 Punkten gesehen, bei *Misserfolg* bei 35 Punkten. In der **Zufallsbedingung** lag das mittlere Attraktivitätsurteil bei *Erfolg* bei knapp über 50 Punkten, bei *Misserfolg* auch um die 35 Punkte. Weiner (1994, S. 284ff.) kritisiert allerdings, dass das Experiment kein Beweis für die Annahme darstellt, die erlebten Gefühle seien Stolz und Scham. Genauso gut könnte man bei Erfolg von Empfindungen wie Zuversicht, Sicherheit, Zufriedenheit und Dankbarkeit bzw. bei Misserfolg von Furcht, Unruhe etc. ausgehen. Uneinheitlich ist bis heute zudem die *Erfassung* der subjektiven Erfolgswahrscheinlichkeit geblieben (Heckhausen, 1989, S. 253). Das Erfolgsmotiv bzw. Hoffnung auf Erfolg ist also die Tendenz, in leistungsbezogenen Situationen, Erfolge zu erzielen, um die mit Erfolg verbundenen Gefühle, wie Stolz und Befriedigung, zu erleben. Daraus ergibt sich auch die Tendenz, aktiv solche Leistungssituationen aufzusuchen.

Furcht vor Misserfolg
Leistungsthematische Situationen können jedoch auch *Furcht vor Misserfolg*, also Meidungstendenzen auslösen. Analog zur Erfolgshoffnung gilt:

$$T_m = (M_m \times A_m) \times W_m$$

T_m = Tendenz zur Vermeidung von Misserfolg
M_m = Motiv, Misserfolg zu vermeiden, d.h. Vermeiden des Erlebens von Scham
W_m = subjektive Wahrscheinlichkeit des Misserfolgs
A_m = negativer Anreiz des Misserfolgs

Es besteht ein inverser Zusammenhang zwischen A_m und W_m:

$$A_m = 1 - W_m$$

Man erlebt daher umso mehr Versagensangst, je leichter die Aufgabe ist (vgl. Weiner, 1994, S. 284). Das Misserfolgsmotiv bzw. Furcht vor Misserfolg ist also die Tendenz, in leistungsbezogenen Situationen, Misserfolge zu vermeiden, um die mit Misserfolg verbundenen Gefühle, wie Beschämung und Unzufriedenheit, zu vermeiden. Daraus ergibt sich auch die Tendenz, aktiv solche Leistungssituationen zu meiden, in denen es zu Misserfolgen kommen könnte.

Die **resultierende Tendenz** (T_{res}) ist die Differenz zwischen der aufsuchenden Tendenz und der meidenden Tendenz:

$$T_{res} = T_e - T_m$$

Die resultierende Tendenz ist also die aus dem Ergebnis eines Motivierungsvorgangs folgende Entscheidung für oder gegen eine bestimmte Aufgabe. Atkinson (1957) nimmt somit an, dass bei einer negativ resultierenden Tendenz das Individuum etwas zu tun vermeidet, also T_m eine hemmende Kraft ist.

Allerdings geht Weiner (1994, S. 303) davon aus, dass alle Individuen Aufgaben mittlerer Schwierigkeit am intensivsten bearbeiten. Er führt als Beleg eine Studie (Weiner, Heckhausen, Meyer & Cook, 1972) an, wonach die Versuchspersonen für das Leistungsergebnis *Anstrengung* als am wichtigsten und am zweckmäßigsten bei der Erfüllung mittelschwerer Aufgaben angesehen haben. Leider wurde bei dieser Studie jedoch nicht zwischen Erfolgs- und Misserfolgsmotivierten unterschieden.
Personen, die ein **gleich** hohes Erfolgs- und Misserfolgsmotiv haben, suchen weder leistungsbezogene Aufgaben noch meiden sie diese. Bei der Auswahl von Aufgaben unterschiedlicher Schwierigkeit zeigen sie keine Präferenzen.

Das Erleben einer Leistung als Erfolg oder Misserfolg hängt nicht nur von der objektiven Qualität des Leistungsergebnisses ab, sondern vom subjektiven Anspruchsniveau, wie Hoppe bereits 1930 zeigen konnte (Lück, 1996, S. 36). Das Anspruchsniveau ist definiert als "dasjenige Niveau der zukünftigen Leistung bei einer bekannten Aufgabe, welches eine Person, der ihr vergangenes Leistungsniveau bei dieser Aufgabe bekannt ist, explizit zu erreichen versucht" (Frank, 1935, S. 119, zitiert nach Weiner, 1994, S. 134). Ein Erfolgs- oder Misserfolgserlebnis im Berufsleben ist also davon abhängig, ob der Beschäftigte sein Anspruchsniveau erreicht oder nicht erreicht hat, d.h. dieselbe Leistung kann intra- und interindividuell unterschiedlich einmal als Erfolg und ein anderes Mal als Misserfolg erlebt werden. Hoppe (1930) konnte weiter belegen, dass das Anspruchsniveau und dessen Verschiebung nicht nur von Erfolg und Misserfolg, sondern auch von den Persönlichkeitseigenschaften abhängt, da bereits zu Beginn seiner Versuche die Versuchspersonen verschiedene Anspruchsniveaus zeigten. Mit seiner Erkenntnis, dass eine Leistung vom Teilnehmer nur erlebt werden konnte, wenn er diese der eigenen Person und nicht dem Zufall zuschrieb, war der Grundstein gelegt für viele weitere Arbeiten zum Prozess der Zuschreibungen und Attribuierungen (so Lück, 1996, S. 37).

Aufgrund der Theorie Atkinsons (1964) lassen sich die Wirkung von Erfolg und Misserfolg auf das Leistungsverhalten von Beschäftigten voraussagen. Zunächst gilt als Grundprinzip, dass Erfolge die subjektive Erfolgswahrscheinlichkeit (W_e) erhöhen, während Misserfolge die Erfolgserwartung senken.

Die Leistungsmotivation ist bei Erfolgssuchern am höchsten, wenn die subjektive Wahrscheinlichkeit, einen Erfolg zu erzielen, bei ca. 0,5 liegt. Die Motivation nimmt weiter zu, wenn bei einer zunächst als leicht empfundenen Aufgabe (W_e = 0,2) ein Misserfolg erzielt wird oder bei einer als schwer empfundenen Aufgabe (W_e = 0,8) ein Erfolg erzielt wird. Die Leistungsmotivation *sinkt* aber, wenn Erfolgsmotivierte bei leichten Aufgaben einen Erfolg oder bei schweren Aufgaben einen Misserfolg erzielen, weil sich W_e von 0,5 entfernt. Die Motivation **steigt** aber bei **Misserfolgsmeidern**, wenn sich die subjektive Wahrscheinlichkeit für einen Erfolg von 0,5 entfernt. Die Leistungsmotivation *sinkt* also, wenn Misserfolgsmotivierte bei leichten Aufgaben einen Misserfolg oder bei schweren Aufgaben einen Erfolg haben, weil sich W_e dem Wert von 0,5 nähert.

In der Literatur werden einige **Probleme des Risikowahlmodells** gesehen. Atkinson (1957) verwendete in seinem Modell nicht die subjektive, sondern die objektive Schwierigkeit, die jedoch nicht übereinstimmen müssen. Abweichungen individuellen Verhaltens von der statistischen Gruppennorm können mit dem Risikowahlmodell außerdem nicht erklärt werden. Das Risikowahlmodell lässt interindividuelle Unterschiede im Anreiz verschiedener Aufgaben nicht zu. Es ist theoretisch sogar möglich, dass "nicht ein einziges Individuum eine Präferenzfunktion zeigt, die der gruppenstatistischen Präferenzfunktion gleicht" (Kuhl, 1983, S. 541). Darüber hinaus sind neben der situationsabhängigen subjektiven Erfolgswahrscheinlichkeit weitere Situationsvariablen von Bedeutung, deren Wahrnehmung und Interpretation wiederum von individuellen Persönlichkeitsmerkmalen abhängig sind. Heckhausen (1989, S. 467) hält vor allem die wahrgenommenen Instrumentalitäten eines Handlungsergebnisses für verschiedene Handlungsfolgen für relevant (so auch Kleinbeck & Schmidt, 1976, S.

62ff.). Weitere Situationsvariablen sind die erlebte Natur der Aufgabe, ihre Anforderungen, die definierten Bezugsnormen für die Ergebnisbeurteilung und die aufgabeninhärente Ursachenstruktur für Erfolg/Misserfolg. Andere Forscher sehen Leistungsverhalten als Funktion von *wahrgenommener eigener Begabung* und *wahrgenommener Aufgabenschwierigkeit* (z.B. Meyer, 1976, S. 115).

Dies spricht alles dafür, Leistungsmotivation als ein weitergehendes Persönlichkeitsmerkmal zu behandeln. Das Konzept der lange Zeit dominierenden McClelland/Atkinson/Heckhausen-Schule wurde von Schuler und Prochaska (2001a, 2001b) daher um einige - fast die ganze Persönlichkeit erfassende - Dimensionen erweitert. Die im Folgenden beschriebenen Ausdifferenzierungen des Risikowahlmodells und Neuformulierungen *der* Leistungsmotivationstheorie zeigen, dass Leistungsmotivation als ein übergreifendes Persönlichkeitskonstrukt aufzufassen ist. Die einzelnen Erweiterungen und Modifizierungen spiegeln sich überwiegend in den Items des LMI wieder, auch wenn dies im LMI-Manual (Schuler & Prochaska, 2001a) nicht explizit angesprochen wird.

3.3.3 Modifikation und Neuformulierung der Leistungsmotivationstheorie

Die Leistungsmotivationstheorie wurde modifiziert und immer wieder um neue Aspekte ergänzt und teilweise sogar neu formuliert.

Feather (1967) führte die **"erlebte Selbstverantwortlichkeit"** als vierte Variable in die Gleichung des Risikowahlmodells ein, da nur bei *erlebter Selbstverantwortlichkeit* eine leistungsthematische Handlungstendenz angeregt werden könnte (Kuhl, 1983, S. 541). Ein Beispiel-Item aus dem LMI (Schuler & Prochaska, 2001a), in dem sich dieser Gedanke niederschlägt, ist: "Für unzulängliche Leistungen ist meistens der Vorgesetzte verantwortlich."

Raynor (1969) erweiterte das Risikowahlmodell um **die Instrumentalität von Leistungsergebnissen für künftige Ziele**, so dass die resultierende Handlungstendenz sich aus der Summe aller Einzeltendenzen im Rahmen eines Handlungspfades ergibt. *Instrumentalität* ist zu verstehen als das erlebte Ausmaß, in dem ein Leistungsergebnis das Erreichen von Oberzielen begünstigt oder behindert. Eine Situation kann mehrere Motive anregen. Gute Leistungen können auch angestrebt werden, um die Beliebtheit zu steigern, mehr Geld zu verdienen, das Ansehen zu erhöhen, seine Macht auszuweiten (Prochaska, 1998, S. 20). Daher müssen die Oberziele einer Person mit berücksichtigt werden (Kuhl, 1983, S. 542). Ein langer Handlungspfad liegt z.B. vor, wenn ein Oberziel (z.B. Weltumseglung) vorliegt, für deren Erreichung erst einige Aufgaben mit Erfolg geleistet werden müssen, die dann wiederum zu einem höheren Verdienst führen, womit genug Geld für die Weltumseglung verdient werden kann. Erfolgsmotivierte bevorzugen lange Handlungspfade mit hohen subjektiven Erfolgswahrscheinlichkeiten, Misserfolgsmeider dagegen kurze Handlungspfade mit *sehr* hohen oder *sehr* niedrigen Erfolgschancen. Personen mit hohem Erfolgsmotiv präferieren dann leichte Aufgaben. So wählten erfolgsmotivierte Studenten einer Wirtschaftsfachschule den Studiengang mit dem leichtesten Schwierigkeitsgrad und die Misserfolgsorientierten den schwersten Studiengang (vgl. Kuhl, 1983, S. 546). Beispiel-Items aus dem LMI (Schuler & Prochaska, 2001a), in denen sich diese Gedanken niederschlagen:

"Im allgemeinen bin ich stark auf die Zukunft ausgerichtet."

"Ich bin nicht bereit, jetzt auf etwas zu verzichten, um vielleicht in Zukunft mehr zu erreichen."

"Die Zukunft ist zu ungewiss, als dass man langfristige Pläne machen könnte."

Gjesme (1974) kritisierte dann, dass Raynor den Einfluss der Zeitspanne nicht genügend berücksichtigt habe und führte die **zeitliche Zieldistanz** zum Oberziel ein. Erfolgsmotivierte zeigen mit zunehmender zeitlicher Entfernung weniger Motivation und Leistung, Misserfolgsmeider sind hingegen mit zunehmender Zieldistanz motivierter, weil ihre hemmend wirkende Leistungsangst abnimmt. Dies konnte allerdings empirisch nur für die Leistungs**güte** nachgewiesen werden, die bei Misserfolgsängstlichen mit *abnehmender* Zieldistanz abnahm und bei Erfolgsmotivierten zunahm. Die Leistungs**menge** nahm dagegen bei den Misserfolgsmeidern nicht ab, auch wenn das Ziel näher rückte (Kuhl, 1983, S. 548). Hacker (1998, S. 322) sieht aber eher für alle Individuen, unabhängig vom Leistungsmotiv-Typ, die Tendenz, dass mit abnehmender zeitlicher Distanz zum Ziel die Motivation wächst, wobei er aber für interindividuelle Differenzen die unterschiedliche Zukunftsorientierung der Individuen und nicht deren Leistungsmotiv ursächlich sieht. Andere Autoren (z.B. DeCharms & Muir, 1978) bewerten gerade die Zukunftsorientierung als einen Teilaspekt der Leistungsmotivation. Sie sind ebenso der Meinung, dass viele Handlungen wegen seiner Bedeutung für die Zukunft erfolgen und nicht wegen ihres gegenwärtigen hedonistischen Wertes. Hier spielt auch der Belohnungsaufschub eine Rolle. Umso mehr ich fähig zum Belohnungsaufschub bin, desto zukunftsorientierter kann ich arbeiten. Wie später aufzuzeigen ist, haben Schuler und Prochaska (2001a) auch diesen Aspekt als Bestandteil der Leistungsmotivation operationalisiert.

Kuhl (1983, S. 549ff.) hat weiter den **persönlichen Standard** für bedeutsam zur Vorhersage der Aufgabenwahl gehalten. Der persönliche Standard ist der Schwierigkeitsgrad von Aufgaben, bei denen man einen bestimmten Anreizwert erlangt. Es gibt Personen, deren persönlicher Standard von dem Punkt mittlerer Erfolgswahrscheinlichkeit abweicht. Wenn ein Erfolgsmotivierter schon bei der Erfüllung relativ leichter Aufgaben zufrieden ist, dann wird er leichtere Aufgaben wählen als Personen mit gleichem Motivtyp aber höherem persönlichen Standard. Misserfolgsorientierte mit hohem Standard wählen dagegen auch eher leichte Aufgaben, weil bei hohen Leistungsansprüchen ein Misserfolg in jedem Fall zu besonders ungünstiger Selbstbewertung führt und dies bei der Erfüllung leichter Aufgaben vermieden werden kann. Hat ein Misserfolgsorientierter dagegen einen niedrigen Leistungsstandard, kann er sich auch an schwierigere

Aufgaben wagen, weil bei Misserfolg eine negative Selbstbewertung über alle Schwierigkeitsstufen reduziert ist.

In einer von Kuhl (1983, S. 551) zitierten Studie wurden die Teilnehmer gefragt, bei welchem Schwierigkeitsgrad von fünf verschiedenen Schwierigkeitsstufen sie bei Misserfolg ein Gefühl der Unzufriedenheit hätten, dies war dann der persönliche Standard. Erfolgsmotivierte mit leichtem Standard wählten häufiger leichte Aufgaben als Erfolgsmotivierte mit hohem Standard. Bei Misserfolgsmotivierten lag eine paradoxe umgekehrte Beziehung vor. Misserfolgsmotivierte mit strengem Standard wählten eher leichte Aufgaben und schafften so nie die *selbstwertdienliche* Gelegenheit, ihre strengen Leistungsnormen zu erfüllen. Dagegen suchten Misserfolgsmotivierte mit niedrigerem Standard eher schwere Aufgaben aus, woraus eine höhere Misserfolgsrate resultierte, die wiederum *selbstwertdienliche* Erfolge verhinderte. Folgende Items aus dem LMI (Schuler & Prochaska, 2001a) fragen z.b. den persönlichen Standard ab:
"Schwierige Probleme reizen mich mehr als einfache."
"Einfache Aufgaben sind mir lieber als schwierige."

Rheinberg (1980) brachte zuerst systematisch die Bedeutung der **sozialen** oder **individuellen Bezugsnormorientierung** für die Stabilität der Misserfolgsfurcht in die Wissenschaftsdebatte ein. Die **individuelle** Bezugsnorm bedeutet, dass eine Person ihr Leistungsergebnis mit einer früheren Leistung von ihr vergleicht. Bei der **sozialen** Bezugsnorm, auch normative Norm genannt, wird die eigene Leistung mit den Leistungsergebnissen anderer Personen, die der Bezugsgruppe angehören bzw. in der gleichen Situation sind, verglichen. Man glaubt sich auf einem bestimmten Platz in einer Rangliste, in die man alle Mitglieder dieser Bezugsgruppe einordnet. Wenn in dieser Gruppe die Leistungsnorm hoch ist, dann wird sich der Mitarbeiter daran orientieren, um zu dieser Gruppe zu gehören. Eine Längsschnittstudie (Kuhl, 1983, S. 553f.) ergab, dass zu Beginn des Schuljahres hoch misserfolgsängstliche Fünftklässler gleich hohe Misserfolgsfurchtwerte auch am Schuljahresende zeigten, sofern sich ihr Lehrer an der sozialen Bezugsnorm orientierte. Nahm ihr Lehrer dagegen die individuelle Bezugsnorm als Maßstab, verringerten sich die Furchtwerte bei den hoch Misserfolgsängstlichen. Bei den Schülern mit geringer Misserfolgsfurcht zeigte sich jedoch keine Veränderung der Furchtwerte.

Heckhausen (1989, S. 272) gesteht der individuellen Bezugsnorm das motivationspsychologische Primat zu, weil sie Anstrengung und Ausdauer mehr als die soziale Bezugsnorm erhöhen lässt. Als Grund führt er an, man steigere seine Anstrengung/Ausdauer bei der individuellen Bezugsnorm, weil man um eine bessere Leistung als seine vorherige bemüht sei. Auf diesen Faktor habe man Einfluss, weil man seine Anstrengung und Ausdauer fokussiere und nicht seine (für angeboren gehaltenen) Fähigkeiten mit denen Anderer vergleicht (Heckhausen, 1989, S. 437). Bei der sozialen Bezugsnorm gehe es dagegen um einen *Leistungsrangplatz* im Vergleich mit anderen (z.B. Klasse, Kollegen). Dieser

Rang bleibt in der Regel eher gleich und kovariiert kaum mit Anstrengung und Ausdauer. Zum anderen betrachtet man die (gleichbleibenden) *Fähigkeiten* in der Vergleichsgruppe. Beide Faktoren kann man also kaum beeinflussen. Im Widerspruch dazu steht die Erkenntnis der Organisationspsychologen, dass die soziale Bezugsnorm der Kollegen gerade auch ein hoher Motivator ist (Schein, 1980, S. 11). Wenn also z.B. in der Bezugsgruppe eine hohe Leistungsmotivation vorherrscht, dann wirkt sich das motivationssteigernd auf das einzelne Gruppenmitglied aus. Es fehlt auch noch an systematischen Untersuchungen, um die Behauptung, die individuelle Bezugsnorm genieße motivationspsychologischen Vorrang vor der sozialen Bezugsnorm, zu belegen. Die soziale Bezugsnorm hat dann eine sehr hohe motivierende Bedeutung, wenn zugleich das Selbstkonzept der Fähigkeit hoch ist. Die Bezugsnormorientierung kommt z.B. in folgenden Items aus dem LMI (Schuler & Prochaska, 2001a) zum Ausdruck:

Individuelle Bezugsnorm:

"Wenn ich merke, dass mir eine Aufgabe leicht fällt, dann schraube ich beim nächsten Mal die Ansprüche an mich selbst etwas höher." oder "Um mit meiner Arbeit zufrieden zu sein, muss ich das Gefühl haben, mein Bestes gegeben zu haben."

Soziale Bezugsnorm:

"Um mir klar zu sein, wo ich in meinem Leben stehe, ist es mir wichtig, mich mit anderen zu vergleichen." oder "Um mich wirklich erfolgreich zu fühlen, muss ich besser sein als alle, mit denen ich mich vergleiche."

Weiner (1994) übertrug **attributionstheoretische** Aspekte auf die Leistungsmotivationsforschung. Erfolg und Misserfolg einer Leistungshandlung haben erhebliche Relevanz bei der Ursachenzuschreibung. Aus Heiders Forschungen (1958), welche die Attributionstheorie begründeten, ergibt sich, dass motiviertes Verhalten davon abhängt, auf welche Ursachen Menschen frühere Ereignisse oder Handlungsergebnisse zurückführen. Menschen sind also bestrebt, nach Kausalitäten von Ereignissen zu suchen. Die wahrgenommene Ursache muss nicht mit der tatsächlichen Ursache übereinstimmen. Es wurde allerdings unterstellt, dass Individuen immer von sich aus ihren erwarteten oder erzielten Leistungen Ursachen zuschreiben. Inzwischen hat sich herauskristallisiert, dass dies nur gilt, wenn nicht erwartete (überraschende) Ereignisse eingetreten sind *und* viel auf dem Spiel steht (Heckhausen, 1989).

Atkinson (1957) definiert das Erfolgsmotiv als Fähigkeit zum Erleben von Stolz über erbrachte Leistungen. Dagegen sieht Weiner (1994), wie bereits angedeutet, darin die Fähigkeit, *Erfolg* als durch **internale** Faktoren und *Misserfolg* als durch **instabile** Faktoren bedingt wahrzunehmen. Es gibt zwar eine fundamentale, motivübergreifende Tendenz, Erfolge internal zu attribuieren, also sich selbst zuzuschreiben, Misserfolge dagegen auf externalen Ursachen zurückzuführen (so auch Kuhl, 1983, S. 565). Bei Erfolgsmotivierten ist die Tendenz jedoch größer, ihren Erfolg auf ihre eigene bzw. ihren Misserfolg auf mangelnde Anstrengung zu attribuieren. Misserfolgsmotivierte dagegen führen ihren Erfolg überwiegend auf externale Faktoren und ihren Misserfolg auf mangelnde Fähigkeit zurück. Weiner (1994, S. 271) integriert die Erkenntnisse der Locus of Control-Forschung (Rotter, 1966) und die Forschungen von Heider (1958). Weiner (1994) führte neben der Stabilität und der Lokation die weitere Kausaldimension "**Kontrollierbarkeit**" ein, die ursprünglich auch von Heider (1958) identifiziert wurde. Seiner Meinung nach gibt es eine stabile und eine variable Anstrengung, wobei jedoch beide Arten **kontrollierbar** seien. Ebenso sei zwar die eigene Fähigkeit stabil, es gebe aber auch eine variable Fähigkeit, die von Stimmungsschwankungen und Müdigkeit abhängig sei. Sowohl die stabile Fähigkeit als auch die variable Müdigkeit seien **nicht kontrollierbar**. Die Ursachenzuschreibung erklärt Weiner (1994) also auf drei Dimensionen, die in Tabelle 6 zusammenfassend dargestellt werden.

- *Lokalisation*: internal / external
- *Zeitstabilität*: stabil (z.B. Fähigkeit) / instabil (variabel, z.B. Anstrengung)
- *Kontrollierbarkeit*: kontrollierbar / unkontrollierbar (Weiner, 1994, S. 287ff.)

Tabelle 6: Dimensionen der Ursachenzuschreibung

Lokalisation / Stabilität	interne Faktoren	externe Faktoren
Stabile Faktoren	nicht kontrollierbar: *Können:* Fähigkeit und Kompetenzen kontrollierbar: *generelle Arbeitshaltung:* Fleiß/Faulheit	nicht kontrollierbar: *Umstände:* Aufgabenschwierigkeit
Variable Faktoren	kontrollierbar: *Wollen:* Anstrengung und Motivation nicht kontrollierbar: *Verfassung:* ggw. Stimmung, Müdigkeit	nicht kontrollierbar: *Zufall:* Glück oder Pech

Quelle: Kombination je zweier Tabellen von Heckhausen (1989, S. 424) und Weiner (1994, S. 270f.)

Die von Weiner (1994) noch erwähnten kontrollierbaren bzw. nicht kontrollierbaren Dimensionen „Anstrengung *anderer*" und „Verfassung und Fähigkeit *anderer*" wurden nicht berücksichtigt. Es ist irrelevant, ob andere ihre Fähigkeiten bzw. Stimmungslagen kontrollieren können oder nicht. Aus Sicht desjenigen, der eine Ursachenattribution vornimmt, gelten die Merkmale anderer, unabhängig von ihrer Variabilität oder Stabilität, als relativ unbeeinflussbar.

Aus Tabelle 6 ergibt sich, dass Personen, bei denen das Erfolgsmotiv überwiegt, ihren *Erfolg* auf internale Faktoren, also auf ihr *Können* und *Wollen* zurückführen. Hat der Erfolgssucher *Misserfolg*, attribuiert er diesen auf variable Faktoren: auf *Zufall* und auf sein *Wollen*. Dabei überwiegen aber die kontrollierbaren

Variablen, die er als ursächlich für seinen Misserfolg sieht. Es erfolgt dann keine Selbstwertschädigung, vielmehr strengt er sich künftig mehr an.

Wenn der Misserfolgsmeider *Erfolg* hat, führt er diesen auf externale, meist nicht kontrollierbare Faktoren, wie *Zufall* und die *Umstände*, zurück. Deshalb erfolgt keine Selbstwertbestätigung und es gibt keinen Lernerfolg. Der Misserfolgsmeider schreibt *Misserfolg* nur stabilen Faktoren *(Nichtkönnen* oder *Umstände)* zu. Dabei überwiegen aber die nicht kontrollierbaren Variablen, auf die er seinen Misserfolg zurückführt, woraus Resignation und Hilflosigkeit entsteht.

Zu dieser verstärkenden oder abschwächenden Wirkung der Leistungsmotivkomponenten führten Weiner und Kukla (1970) ein Experiment durch. Die Versuchspersonen, bei denen zuvor ihr überwiegendes Leistungsmotiv festgestellt wurde, sollten in Ziffernreihen, in denen nur 0 und 1 vorkamen, Gesetzmäßigkeiten entdecken und die jeweils nächste Zahl voraussagen. Tatsächlich kamen 0 und 1 aber zufällig nacheinander. Nach einem festgelegten Plan erfuhren die Versuchspersonen, ob ihre 50 Vorhersagen richtig oder falsch waren. Den Teilnehmenden, die mehr Punkte erreichten, wurde ein Erfolgserlebnis suggeriert, den mit weniger Punkten ein Misserfolg. Danach sollten die Versuchspersonen ihren Erfolg oder Misserfolg begründen. *Erfolgsmotivierte* schrieben ihren **Erfolg** nur **internalen** Ursachen zu, führten ihren **Misserfolg** aber auf *variable* internale (habe mich zu wenig angestrengt) und externale (hatte Pech) Gründe zurück. *Misserfolgsmotivierte* attribuierten dagegen ihren Erfolg auf externale, ihren Misserfolg aber nur auf internale Gründe.

Folglich bekräftigen sowohl die Erfolgs- als auch die Misserfolgsmotivierten ihr bestehendes Motivsystem in einem permanentem Kreislauf. Damit haben Individuen mit hohem Leistungsmotiv eine "günstigere Selbstbewertungsbilanz" (Heckhausen, 1989, S. 448). Für Heckhausen (1989, S. 448) ist ein Motiv damit weniger ein Persönlichkeitsmerkmal, sondern ein System motivationsrelevanter Informationsverarbeitung, das sich durch einen individuell verfestigten Interpretationsmechanismus immer wieder verstärkt. Wenn sich Personen mit überwiegendem Misserfolgsmotiv ein zu hohes Anspruchsniveau setzen, minimieren sie damit die Möglichkeit zu positiver Selbstbewertung. Erfolgsmotivierte haben bei realistischem Anspruchsniveau ungefähr gleiche Erfolgs- wie Misserfolgschancen, wobei sie ihre Erfolge aufgrund ihrer Attributionen stärker für ihr Selbstwertsystem nutzen als Misserfolge. Zu beachten ist, dass es um die motivationale Wirkung des Anreizwertes *vorweggenommener* Selbstbewertungsfolgen geht, d.h. selbst bei erwartungswidrigen Erfahrungen bleibt das System stabil. Die zwangsläufig sich anschließende Frage, wie lange dieses System stabil bleibt, wurde bisher allerdings in der Literatur in diesem Zusammenhang nicht thematisiert.

Weiner (1994, S. 270f.) äußert aber selbst Bedenken, Fähigkeit immer als stabil und Anstrengung immer als instabil zu betrachten. Vielmehr variieren auch Fähigkeiten von Tag zu Tag, u.a. abhängig von Müdigkeit und Stimmung. Ebenso gibt es eine konstante Anstrengung als Persönlichkeitszug (Fleiß) sowie eine variable Anstrengung. Sogar "Glück" würde von einigen Individuen als externaler, aber stabiler Persönlichkeitsfaktor und nicht als variabel eingestuft. Genau diese interindividuelle Inkonsistenz ist für Kuhl (1983, S. 571) ein Ansatzpunkt für Kritik an der attributionstheoretischen Leistungsmotivationstheorie Weiners, weil der dimensionale Status der Kausalfaktoren in seinem Modell somit nicht bestätigt werden konnte. Darüber hinaus haben andere Variablen auch Einfluss, z.B. das Geschlecht. Bei Mädchen wurde in einer Untersuchung an Gymnasiasten der 6. Klassen ein deutlich optimistischerer Attributionsstil als bei den Jungen gefunden (Kunze, 1996, S. 50). Mädchen schrieben also in dieser Studie Misserfolge weniger internale Ursachen zu, brachten negative Ereignisse weniger mit dauerhaften/stabilen Faktoren in Verbindung und attribuierten bei Erfolgen stärker internal, stabil und global als Jungen.

Kuhl (1983, S. 573) kritisiert weiter, dass der angenommene Einfluss der (kognitiven) Kausalattribution auf Erwartungen und Affekte nicht nachvollziehbar ist. Vielmehr deuten Studien darauf hin, dass Affekt den kognitiven Beurteilungsprozessen vorausgeht und diese beeinflusst. Die erste Einschätzung einer Situation ruft nach Geppert (1979) eine affektive Basisstimmung hervor, welche alle weiteren kognitiven Vermittlungsvorgänge, wie z.B. eine evtl. Kausalattribuierung, mit beeinflusst. Dies entspricht der im Kapitel „Tätigkeitsspielraum" noch genauer darzustellenden Ansicht von Mehrabian und Russell (1974), dass Gefühle Verhalten bestimmen. Nach deren Theorie ist Verhalten in einer bestimmten Situation von der Ausprägung der drei Basisgefühle Lust, Dominanz und Erregung abhängig. Unbestreitbar bleibt aber das Verdienst von Weiner, dass Kausalattributionen im Rahmen der Leistungsmotivationstheorie mit berücksichtigt werden sollten, was sich auch in der Operationalisierung von Leistungsmotivation mit dem LMI (Schuler & Prochaska, 2001a) niederschlägt. Attributionstheoretische Aspekte erfassende Items aus dem LMI sind z.B.:
"Manches habe ich nur deswegen erreicht, weil ich viel Glück hatte."
"Mein Erfolg hängt vor allem von meinem eigenen Verhalten ab."

Meyer (1976) hat als Leistungsmotiv das **Konzept eigener Begabung** eingeführt. Die Motivtypen differieren nach dessen Ansicht also nicht primär bei der Attribuierung, sondern in der unterschiedlichen Beurteilung der eigenen Fähigkeit. Als Motivziel sieht der Wissenschaftler nicht *Stolz* über die eigene Tüchtigkeit, sondern das *Streben nach Information* über die eigene Tüchtigkeit. Er definiert das Leistungsverhalten als Funktion der wahrgenommenen Begabung und wahrgenommenen Aufgabenschwierigkeit. Wird danach die Aufgabe als sehr schwierig wahrgenommen, so ist die tatsächlich aufgewandte Anstrengung höher bei Personen mit hoher wahrgenommener Begabung. Wenn Leistungsstreben davon motiviert ist, seine eigene Fähigkeit realistisch einschätzen zu können (und nicht von antizipierten Stolz- und Schamgefühlen motiviert ist), dann könnten sowohl Erfolg als auch Misserfolg gleichermaßen hilfreich sein,

die angestrebten Informationen zu vermitteln. Das Leistungsmotiv auf ein reines Informationsbedürfnis zurückzuführen, würde jedoch bedeuten, dass man bei Misserfolg genauso zufrieden wie bei Erfolg ist, wenn die gewünschten Informationen erhalten wurden. Informationsbedürfnis kann daher allenfalls ein weiterer Parameter für das Leistungsmotiv sein. Es konnte sich zum Teil empirisch belegen lassen, dass Erfolgsmotivierte eher Aufgaben, die hohe Information über die eigene Begabung liefern, wählten (Trope, 1975). Problematisch ist aber, dass hier versucht wird, zwischen kognitivem (Informationsbedürfnis über Fähigkeit) und affektivem (Stolz über Fähigkeit) Motivziel zu trennen. Motivunterschiede lassen sich nicht nur auf verschiedene Begabungskonzepte zurückführen. Kuhl (1983, S. 582) argumentiert gegen die Annahmen Meyers (1976), dass das Leistungsmotiv ein relativ überdauerndes Persönlichkeitsmerkmal darstellen sollte. Die bei einer konkreten Aufgabe wirksamen Fähigkeitskonzepte sind jedoch meist zu situationsspezifisch, so dass diese nicht als globale Motivparameter anzusehen sind. Das LMI (Schuler & Prochaska 2001a) berücksichtigt das Streben nach Informationen über die eigene Begabung als einen unter vielen Aspekten:
"Ich suche mir gern Aufgaben, an denen ich meine Fähigkeiten prüfen kann."

Handlungskontrolle
Kuhl (1983, S. 596ff.) entwickelte das Modell der Handlungskontrolle. Personen unterscheiden sich darin, wie es ihnen gelingt, intendierte Handlungen auch tatsächlich auszuführen. Überwiegend handlungsorientierte Personen sind u.a. dadurch charakterisiert, dass sie
- ihre Ziele kennen und nach deren Umsetzung mit eigenen Mitteln streben,
- nur Informationen suchen und verarbeiten, die zur Realisierung nötig sind,
- Störungen schnell beseitigen,
- schnelle Entscheidungen für Handlungsalternativen treffen und
- sich nach Misserfolgen nicht durch Nachgrübeln von neuen Handlungen abhalten lassen.

Überwiegend lageorientierte Personen lenken dagegen ihre Aufmerksamkeit auf die eigene Befindlichkeit oder handlungsirrelevante Situationsparameter und verarbeiten sehr viele Informationen gleichzeitig. Sie denken ausführlich über Misserfolge nach, was sie hemmt, neue Handlungen aufzunehmen. Trotz einiger empirischer Bestätigungen für die genannten Charaktermerkmale von Handlungs- und Lageorientierten müssen erst noch weitere Forschungsergebnisse belegen, dass dieses Konzept Leistungsverhalten erklärt und vorhersagt (so Prochaska, 1998, S. 28). Dennoch lassen sich bei Schuler und Prochaska (2001a) Handlungskontrolle-Aspekte z.B. bei folgenden LMI-Items finden:
"Es fällt mir leicht, Entscheidungen schnell zu treffen." und "Wenn eine Aufgabe schwierig ist, lege ich sie manchmal zur Seite, um sie vielleicht zu einem späteren Zeitpunkt wieder aufzunehmen."

3.3.4 Weitere empirische Ergebnisse

Bei Misserfolgsmeidern ist die Befundlage hinsichtlich der **Wahl der Aufgabenschwierigkeit** ziemlich inkonsistent (Kuhl, 1983, S. 535 mit einer Aufzählung von Studien mit unterschiedlichen Ergebnissen). Einige Studien fanden eine Bestätigung des Risikowahlmodells, andere zeigten eine Präferenz extrem leichter Aufgaben. Wieder andere Untersuchungen ergaben, dass die Misserfolgsängstlichen nur schwere Aufgaben bevorzugten. Ebenso zeigte sich in einigen Studien, dass auch die Misserfolgsmeider Aufgaben mittlerer Schwierigkeit präferierten. Kuhl (1983, S. 535) vermutet im letzteren Fall allerdings Stichprobenfehler. Eine weitere Möglichkeit ist, dass die Laborsituationen keine richtige Misserfolgsfurcht anregten. In einer Feldsituation dagegen stellte den Schülern der echte eigene Lehrer die Aufgaben. Dabei ergab sich nämlich die modellkonforme Bevorzugung sowohl leichter als auch schwieriger Aufgaben durch die Misserfolgsmotivierten (Schneider & Meise, 1973). Die Schüler konnten die Leistungssituation in eine anschlussthematische Situation uminterpretieren, in der es darum ging, dem Versuchsleiter einen Gefallen zu tun. Kuhl (1983, S. 536f.) fand als weitere Erklärung der inkonsistenten Befunde, dass sich Misserfolgsmotivierte mehr als Erfolgssucher von konkurrierenden Motiven beeinflussen lassen. So könnte die bevorzugte Wahl nur schwieriger Aufgaben durch Personen mit hohem Misserfolgsmotiv mit einem gleichzeitig hohen Anschlussmotiv zusammenhängen. Außerdem könnten sich die unklaren Befunde darauf zurückführen lassen, dass es Personen mit gleichzeitig hohem Erfolgs- und hohem Misserfolgsmotiv, also mit hoher Gesamtmotivation, gibt, die dann schwierige Aufgaben bevorzugen (Heckhausen, 1989).

Die Frage, ob sich Leistungsmotivation unmittelbar auf die **Leistung** auswirkt, ist nach wie vor strittig. Die Leistungs**menge** scheint - anders als die Leistungs**qualität** - direkt von der Leistungsmotivation abhängig, wie einige Untersuchungen andeuten (so Kuhl, 1983, S. 539f.). Wie bereits dargelegt, hängt die Ausdauer, mit der man eine Aufgabe bearbeitet, unmittelbar mit der Leistungsmotivation zusammen, jedoch in Abhängigkeit vom subjektiven Schwierigkeitsgrad. Die Herstellung eines direkten Zusammenhangs zwischen Motivation und Leistung leidet darunter, dass Leistung vorrangig auch von den vorhandenen Fähigkeiten und Fertigkeiten des Mitarbeiters abhängt (Schneider, 1976, S. 49). Hierbei ist auch wieder das weiter unten beschriebene Yerkes-Dodson-Gesetz (Yerkes & Dodson, 1908) zu berücksichtigen, wonach eine (zu) hohe Leistungsmotivation die Qualität der Leistung beeinträchtigt.

Ein Experiment von Atkinson (1958) ermittelte, dass – entgegen der bisherigen Aussagen, wonach dies nur für Erfolgssucher zutreffen sollte - bei einer mittleren objektiven Erfolgswahrscheinlichkeit von 0,5 die Leistung durchschnittlich am größten war. Bei einem Vergleich von Erfolgs- und Misserfolgsorientierten zeigten sich die größten Unterschiede jedoch bei einer objektiven Erfolgswahrscheinlichkeit von 0,33, bei der die Versuchspersonen mit hohem Erfolgsmotiv die besten Leistungen zeigten. Dies widerspricht also der Modellvorhersage von

Atkinson (1957), wonach Erfolgsmotivierte ihr Leistungsmaximum bei mittlerer Aufgabenschwierigkeit haben. Allerdings lässt sich das so erklären, dass in diesem Experiment Geld als Belohnung versprochen und nicht differenziert wurde, inwieweit dieser externale Anreiz zusätzlich zur internalen Leistungsmotivation Einfluss auf die Leistung zeigte.

In einer höchst interessanten Studie (Kleinbeck, Schmidt, Ernst & Rutenfranz, 1980) konnte gezeigt werden, dass nur für die hoch Leistungsmotivierten die durch das Job Characteristics Model von Hackman und Oldham (1975) vorausgesagten Wirkungen der **Motivierungspotentiale der Arbeit** eintreten. In dieser Untersuchung wurden 70 weiblichen und 43 männlichen Fließbandmitarbeitern aus der Montageabteilung eines norddeutschen Industrieunternehmens der JDS (Job-Diagnostic-Survey von Hackman & Oldham, 1975) sowie die MARPS (Mehrabian-Achievement-Risk-Preference-Scale) zur Messung des Leistungsmotivs vorgelegt. Bei den niedrig Leistungsmotivierten zeigten sich kaum Unterschiede bei der Arbeitszufriedenheit bei Variation des „Motivierungspotentials der Arbeit" (zum Begriff siehe Kapitel 5.2 und 6.1), bei den hoch Motivierten hingegen zeigte sich der von Hackman und Oldham (1975) postulierte positive Zusammenhang zwischen Motivierungspotential und Arbeitszufriedenheit (Kleinbeck et al., 1980, S. 203). Darüber hinaus korrelierten nur bei den Teilnehmenden mit hohem Leistungsmotiv die Variablen "Autonomie" und "erlebte Verantwortung" signifikant mit r = .37, bei den niedrig Motivierten lag aber keine Korrelation vor (r = -.05). Bei Mitarbeitern mit niedrigem Leistungsmotiv korrelierten Autonomie und erlebte Bedeutsamkeit der Arbeit sogar signifikant *negativ* mit r = -.33 (Kleinbeck et al., 1980, S. 204f.). Wenn auch die Möglichkeit besteht, dass diese Untersuchung valide Ergebnisse nur für Personen mit sehr einfachen Arbeitstätigkeiten gebracht hat, zeigt sie dennoch die Relevanz der Unterscheidung von Erfolgs- und Misserfolgsmotiv.

Es gibt widersprüchliche Untersuchungsergebnisse bezüglich **Leistungsrückmeldungen**. Erfolgsmotivierte interessierten sich in einer Studie von Butzkamm (1972) mehr für Leistungsrückmeldungen bei mittelschweren Aufgaben als bei leichten und schweren Aufgaben, während die Misserfolgsmotivierten genau umgekehrt mehr Leistungsrückmeldung bei leichten und schweren Aufgaben einholten. Eine andere Untersuchung (Halisch & Heckhausen, 1977) konnte dagegen keine Unterschiede zwischen Personen mit hohem Erfolgsmotiv oder mit hohem Misserfolgsmotiv finden. Kuhl (1983, S. 534) führt dies u.a. auf die Operationalisierung der Variablen zurück. So wurde z.B. "Bedürfnis nach Leistungsrückmeldung" anhand des Blickkontaktes der Versuchspersonen mit dem wetteifernden Versuchsleiter gemessen. Auch wurde die Leistungsrückmeldung während der Aufgabenbearbeitung gegeben und nicht erst nach Abschluss der Aufgaben. Rückmeldung *während* der Bearbeitung dient der Anstrengungsregulation und Leistungsrückmeldung *nach* der Aufgabenbearbeitung dient der Selbstbewertung. Insofern lässt sich diese Studie nicht als Beleg gegen die Unterschiede zwischen Erfolgs- und Misserfolgsorientierten anführen.

Moulton (1965) führte bezüglich der Auswirkungen von **Ergebnisrückmeldungen** ein Experiment durch, in dem die Versuchspersonen drei Arten von Aufgaben angeblich unterschiedlicher Schwierigkeit lösen mussten. Die erste Aufgabe wurde als einfach dargestellt mit einer W_e von über 75 %, die zweite Aufgabe war angeblich mittelschwer (W_e = 0.5) und die dritte Aufgabe hatte lediglich eine Erfolgswahrscheinlichkeit von 25 %. Zuerst mussten alle Teilnehmenden die mittelschwere Aufgabe lösen und bekamen danach eine Erfolgs-/Misserfolgsrückmeldung. Dann wurden ihnen weitere Aufgaben gestellt. Die Annahme war, dass Versuchspersonen mit Erfolgsrückmeldung schwierigere Aufgaben wählen sollten, weil der Erfolg die W_e anhebt. Versuchsteilnehmer mit negativer Rückmeldung sollten die leichtere wählen. Die Hypothese war, dass Versuchspersonen, bei denen das Erfolgsmotiv überwog, typisch reagieren, während überwiegend Misserfolgsmotivierte atypisch reagieren sollten. Das Experiment bestätigte, dass bei Misserfolg Misserfolgsmotivierte schwierigere Aufgabe nahmen (also atypisch reagierten) und Erfolgsmotivierte typischerweise die leichteren wählten. Bei Erfolg nahmen die Erfolgssucher anschließend schwerere Aufgaben, die Misserfolgsmeider wählten dagegen leichtere aus.

Heckhausen (1989, S. 237f.) beschreibt ein Experiment von Atkinson (1953), in dem die Versuchspersonen, bei denen zuvor das Leistungsmotiv gemessen wurde, Aufgaben in *entspannter, neutraler* und *leistungsthematischer* Situation lösen sollten. Bei der Hälfte der Aufgaben ließ Atkinson (1953) die Bearbeitung vor Fertigstellung unterbrechen. Ergebnis: Erfolgsmotivierte erinnern sich in entspannter Situation weniger an unerledigte Aufgaben (sie merkten sich durchschnittlich nur 48 % der unerledigten Aufgaben); erst mit zunehmender *leistungsthematischer* Anregung erinnerten sich die Erfolgssucher an mehr unerledigte Aufgaben (durchschnittlich 68 % der unerledigten Aufgaben merkten sie sich). Misserfolgsmotivierte erinnerten sich in entspannter Situation mehr an unerledigte Aufgaben als Erfolgssucher (durchschnittlich 59 % der unerledigten Aufgaben merkten sie sich); mit zunehmender *leistungsthematischer* Anregung erinnerten sie sich weniger an unerledigte Aufgaben (nur 47 % wurden behalten) und merkten sich eher erfolgreich erledigte Aufgaben als misslungene, weil sie den Erfolg nicht erwartet hatten. Aus diesem Experiment muss man schließen, dass Erfolgsmotivierte durch leistungsthematische Situationen offensichtlich angeregt werden und somit deutliche Unterschiede zwischen Erfolgssuchern und Misserfolgsmeidern bestehen.

Flow-Erleben (Fluss-Erleben) bedeutet, dass man ganz in einer aktuell durchgeführten Tätigkeit aufgeht, die Welt um sich vergisst und die Zeit dabei wie im Flug vergeht. Der Handlungsablauf wird als glatt erlebt, weil ein Schritt *flüssig* in den nächsten übergeht. Weitere Aspekte des Flow-Erlebens sind, dass man sich nicht willentlich konzentrieren muss, sondern die Konzentration von selbst kommt und sämtliche Kognitionen, die mit der jetzigen Ausführungsregulation nichts zu tun haben, ausgeschaltet sind. Vor allem hoch leistungsmotivierte Personen berichten, dass sie ein Flow-Erleben haben. Personen mit höherem Leistungsmotiv und höherem Flow-Erleben während der Leistungstätigkeit zeigen erheblich bessere Leistungen als Personen mit niedrigerem Flow-Erleben. Voraussetzung ist die Ankündigung gegenüber den Versuchspersonen, dass sie am Ende des Experiments Rückmeldung über ihre Leistung erhalten werden, wie Puca und Schmalt (1996) in einem Experiment zeigen konnten. Die Autoren fanden heraus, dass der Einfluss des Leistungsmotivs auf die Leistung durch das Flow-Erleben vermittelt wird. Ohne die Vermittlung durch das Fluss-Erleben besteht - auch bei hoch Leistungsmotivierten - kein Zusammenhang zwischen Leistungsmotiv und Leistung (Puca & Schmalt, 1996, S. 250).

3.4 Je höher die Leistungsmotivation desto besser?

Leistungsmotivation hat nicht nur positive Aspekte für das Individuum (Stolz und Befriedigung) und die Organisation (effizientes Arbeiten verstärkt den Organisationserfolg), sondern auch für die Volkswirtschaft. Die Annahme, dass ein ausgeprägtes Leistungsmotiv zu verstärkter unternehmerischer Tätigkeit führt, das sich in beschleunigtem Wirtschaftswachstum durch ständige Rückinvestition des Kapitalertrages und durch Nutzung technologischer Neuerungen niederschlägt, konnte bestätigt werden (Heckhausen, 1989, S. 245f.). "Nur bei aufgabenangemessener Motivationsintensität" ist jedoch "die Effizienz der Aufgabenbearbeitung optimal" (Heckhausen, 1989, S. 249), so dass zu klären wäre: Ist eine hohe Leistungsmotivation generell besser als eine niedrige? Ist ein Erfolgssucher immer leistungsfähiger als ein Misserfolgsmeider?

Nach der Yerkes-Dodson-Regel (1908) ist die Leistung an „inverted-U-shaped function of arousal", d.h. eine *umgekehrte U-Funktion*, wonach die Arbeitsleistung maximal bei einem mittleren Erregungsniveau ist und zunehmend schlechter wird, wenn das Erregungsniveau entweder unter den Optimumpunkt fällt oder ihn überschreitet (vgl. Bell, Greene, Fisher & Baum, 1996, S. 117f.). Aufgrund der Yerkes-Dodson-Regel konstatieren verschiedene Motivationspsychologen, dass der maximalen Effizienz nicht eine maximale, sondern eine **optimale** Motivationsstärke entspricht, "die submaximal in aller Regel umso niedriger sein muß, je komplexer und schwieriger die Aufgabenanforderungen sind" (Heckhausen, 1989, S. 267). Daraus ergibt sich folgender Zusammenhang:

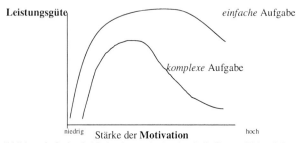

Abbildung 2: Optimale Motivationsstärke (analog Bell, Greene, Fisher & Baum, 1996, S. 117f.)

Mit zunehmender Aufgabenschwierigkeit nimmt die Leistung ab einem bestimmten Punkt also nicht mehr zu, sondern trotz ansteigender Motivation ab (vgl. auch Kleinbeck, 1996, S. 19). Eine Studie zeigte, dass bei leichten Aufgaben mit der Leistungsmotivhöhe die Produktivität linear anstieg, bei schwierigen Aufgaben die Beziehung zwischen Leistungsmotiv und **quantitativer** Leistung aber abflachte (Kleinbeck, 1996, S. 70). Eine Fülle von Studien konnte zeigen, dass bei komplexen sensumotorischen Überwachungsaufgaben eine sehr hohe Motivation mit einer Störung der Informationsverarbeitung einhergeht und die Mengenleistung zwar steigt, aber die Gütehöhe sinkt (Heckhausen, 1989, S. 264). Nach Schneider (1976, S. 49) wird aus den Untersuchungen gefolgert, dass sich Motivation vermutlich nur in der Leistungsmenge auszudrücken vermag. Diese Schlussfolgerung ist jedoch nicht genügend empirisch untersucht worden. Die Yerkes-Dodson-Regel bezieht sich in jedem Fall nicht nur auf die Menge, sondern gerade auch auf die Güte. Andernfalls wäre die Differenzierung zwischen einfachen und komplexen Aufgaben uninteressant gewesen, weil es bei vielen schwierigen Aufgaben angesichts ihrer Komplexität nicht auf Schnelligkeit, d.h. erzielte Menge pro Zeit, ankommen kann.

Schuler und Prochaska (2001b) konnten zeigen, dass auch die Furcht vor Misserfolg zu kompensatorischer Anstrengung führen kann. Die Misserfolgsangst wird konstruktiv bewältigt, ohne dass der Misserfolgsängstliche sein Anspruchsniveau senkt. Sie entwickelten dazu eine eigene Skala (s. Kapitel 3.6).

Schulz (1980) führte ein Experiment durch, in dem den Vpn beliebig viel Zeit eingeräumt wurde, *Informationen* einzuholen, bevor sie mit der Aufgabenbearbeitung (Kontrolle von Rechnungen) begannen. Die Misserfolgsängstlichen wandten erheblich mehr Zeit auf als die weniger Ängstlichen, um Informationen einzuholen. Die Misserfolgsmeider wurden durch das Misserfolgsmotiv also zu einer aufsuchenden Motivationstendenz angeregt und waren gegen Ende des Versuchs den weniger Ängstlichen weit überlegen, weil sie schneller mit weniger Fehlern arbeiteten. Manchmal kann also ein Misserfolgsmotivierter eine bessere Leistung als ein Erfolgssucher erbringen (vgl. Kuhl, 1983, S. 570f.).

Ein Experiment von Weiner und Sierad (1975, vgl. Weiner, 1994, S. 299ff.) sollte zeigen, ob Leistungssteigerungen nach Misserfolg von der Attribution auf instabile Faktoren (Anstrengung/Zufall) abhängen: **Gruppe 1** bekam eine Droge (in Wirklichkeit aber ein Placebo), die angeblich die Hand-Augen-Koordination verschlechterte, so konnte Misserfolg der Droge zugeschrieben werden. Dann wurde Misserfolg induziert. **Gruppe 2** bekam keine Droge (also auch kein Placebo), es wurde ebenso Misserfolg induziert. Erfolgsmotivierte zeigten in der Nicht-Placebo-Bedingung höhere Leistungen, da sie Misserfolg auf Anstrengung attribuierten. Misserfolgsmotivierte zeigten in der Placebo-Bedingung bessere Leistungen, da sie hier nicht auf die fehlende Begabung attribuierten, sondern der Droge ihr Versagen zuschreiben konnten. Sie steigerten ihre Leistung kontinuierlich trotz ständiger Misserfolgsrückmeldung. Die Misserfolgsmotivierten der Kontrollgruppe, die ihr Versagen also nicht der Droge zuschreiben konnten, zeigten dagegen schließlich sogar einen Leistungsrückgang.

Andere Versuche zeigten (z.B. Karabenick & Youssef, 1968), dass Misserfolgsmotivierte mehr leisteten, wenn ihnen die Aufgabe als leicht oder schwer angegeben wurde. Die Erfolgsmotivierten zeigten dagegen eine bessere Leistung bei vermeintlich mittelschweren Aufgaben. Folglich kann die Führungskraft je nach Leistungsmotiv ihres Mitarbeiters die Aufgaben unterschiedlich schwer darstellen. Zwar bezweifelten Locke und Latham (1990, S. 4), dass Erfolgssucher mittelschwere Aufgaben bevorzugen. Sie gingen bei ihrem High Performance Cycle (Hochleistungszyklus) vielmehr davon aus, dass je schwieriger und damit herausfordernder eine Aufgabe erscheint, dies umso mehr zu Anstrengung und Leistung führt. Diese beiden Theorien, auf der einen Seite die Leistungsmotivationstheorie und auf der anderen Seite der Hochleistungszyklus, widersprechen sich jedoch nicht, wenn die Moderatorvariable „Erfolgserwartung" mit berücksichtigt wird. Sobald für den Erfolgssucher bei der Aufgabenbearbeitung ein Erfolg eher unwahrscheinlich (Erfolgserwartung liegt weit unter 50 %) erscheint, wird er trotz hoher von außen gesetzter Ziele in diese Tätigkeit nicht so viel Energie stecken. Die Erfolgserwartung beeinflusst also die eigene Zielsetzung, jedoch *nicht direkt* die Leistung. Erst diese Zielsetzung steht dann in *unmittelbarem* Zusammenhang mit der Leistung, die mit Höhe der Zielsetzung auch zunimmt.

Als Fazit lässt sich zunächst festhalten, dass eine extrem hohe Leistungsmotivation insbesondere bei **komplexen** Aufgaben zu einem Leistungsabfall führen und auch ein Misserfolgsmotiv zu hoher Leistung anspornen kann. Misserfolgsmotivierte zeigen bessere Leistungen als Erfolgsmotivierte, wenn sie den vorangegangenen Misserfolg auf externale, nicht beeinflussbare, Faktoren attribuieren können, oder wenn sie glauben, leichte oder schwere Aufgaben erfüllen zu müssen. In Nichtlaborsituationen, also im beruflichen Alltag, ist jedoch das Erfolgsmotiv vorzuziehen, da für den Arbeitserfolg nicht die Kontrolle durch die Führungskraft, sondern die Leistungsmotivation der Mitarbeiter ausschlaggebend ist (Schuler & Frintrup, 2002, S. 750). Eine hohe Leistungsmotivation ist also umso bedeutender, je weniger strukturiert ein Tätigkeitsbereich ist und je mehr Eigeninitiative und Aktivität gefordert wird. Ein reines Vermeidungsmotiv ist zur Bewältigung der Aufgaben ungeeigneter als eine erfolgszuversichtliche beharrliche Erledigung der Tätigkeiten, wobei mittelschwere Aufgaben bevorzugt bearbeitet werden.

3.5 Modifizierbarkeit der Leistungsmotivation

Der Aspekt „Modifizierbarkeit der Leistungsmotivation" kann zweierlei bedeuten. Zunächst ist zu fragen, ob die Gesamtleistungsmotivation erhöht werden kann. Außerdem ist zu erforschen, ob ein überwiegendes Misserfolgsmotiv zu einem Erfolgsmotiv umgewandelt werden kann. Bevor diesen Aspekten nachgegangen wird, muss beachtet werden, dass eine Motivmodifikation oder Erhöhung der Gesamtleistungsmotivation nur in Betracht zu ziehen ist, wenn gleichzeitig auch die Bedingungen berücksichtigt werden. Eine Änderung der Leistungsmotivation kann die Gefahr beinhalten, dass das Motiv der Mitarbeiter den Bedingungen angepasst wird und eigentlich reformbedürftige situative Faktoren damit kaschiert werden. Darüber hinaus haben Motivänderungen wenig Chancen und machen auch keinen Sinn, wenn die Rahmenbedingungen ein Anreizen der Leistungsmotivation nicht ermöglichen. Der natürliche Wunsch jedes Menschen, erfolgreich zu sein und die natürliche Lust, sich weiterzuentwickeln, kann in einer Organisation deformiert werden (Terjung, 1998, S. 16). Die Mitarbeiter kommen zwar mit einer stabilen, aber nicht unveränderbaren Leistungsmotivation in die Organisation. Die Leistungsmotivation interagiert in ständiger Wechselwirkung mit den Gegebenheiten der Organisation. Eine hohe Leistungsmotivation kann auch nach längerer Zeit ohne Motivanregung sinken. Die Leistungsmotivation verringert sich ebenso, wenn Leistungen über einen längeren Zeitraum hinweg nicht die gewünschten Handlungsfolgen nach sich ziehen.

Der Schwerpunkt der folgenden Ausführungen liegt auf der Veränderung von einer eher niedrigen zu einer hohen Leistungsmotivation. Man ging zunächst davon aus, dass Motive nicht geändert werden können (Krug, 1976, S. 221). Vertreter der Psychoanalyse sehen demnach Persönlichkeitsmerkmale als Resultate frühkindlicher Erlebnisinhalte und Konfliktbewältigungen. Die Merkmale bleiben stabil, weil sich die persönlichkeitsbildenden Bedingungen der frühen Kindheit in späteren Entwicklungsstadien kaum herstellen lassen. Auch nach der lerntheoretisch begründeten Motivationstheorie von McClelland et al. (1953) wäre eine Veränderung des Leistungsmotivs nur schwer denkbar, da Individuen für jede Situation konkrete Erwartungen haben und es zu positiven oder negativen Gefühlen kommt, wenn die Situationsgegebenheiten von den Erwartungen abweichen. Ergibt sich erneut eine Situation mit den (vermuteten) Faktoren, führt dies antizipativ entweder zu einem "aufsuchenden" oder "vermeidenden" Verhalten. Je jünger Kinder sind, umso intensiver sind die Affekte, die durch Situationsreize ausgelöst werden. Aufgrund des niedrigen kognitiven Reifegrades können Kinder aber die auslösenden Situationsfaktoren nur schwer differenzieren. Die Gefühle werden daher "nicht nur mit dem ursprünglichen affektauslösenden Reiz gekoppelt, sondern mit einer Vielzahl ähnlicher Stimuli, die alle den Affekt erneut hervorrufen können" (Krug, 1976, S. 222). So entstehen viele diffuse Assoziationsgeflechte von so hoher Auftretenswahrscheinlichkeit, dass in fast jeder Situation Teile davon reaktiviert und damit wieder verstärkt werden. Je älter Individuen sind, desto weniger Reize lösen Affekte aus. "Die seltener auftretenden Affekte werden nicht mehr mit einem breiten Spektrum ähnlicher Stimuli verbunden, sondern nur noch mit einzelnen, eindeutig identifizierbaren Situationsmerkmalen" (Krug, 1976, S. 222). So ist nach diesen lerntheoretischen Gedanken eine Veränderung der Motive fast ausgeschlossen.

In der Kindheit wird eine Motivhierarchie gelernt, wobei die schwachen (in der Hierarchie weiter unten stehenden) Motive nur aktiviert werden können, wenn sie nicht von höherstehenden Motiven blockiert werden. Motivstärkeänderungen würden sich unmittelbar auf die Vorstellungswelt des Individuums auswirken. Es wird angenommen, dass sich umgekehrt Veränderungen in der Vorstellungswelt auch auf die Leistungsmotivstärke auswirken müssten. Folglich basieren Veränderungsprogramme darauf, das Leistungsmotiv in der Hierarchie anzuheben, um es von höherstehenden Motiven unabhängig zu machen. McClelland und Winter (1969) wollten so die Leistungsmotivation von Managern verändern. Aus ihrer durchgeführten Maßnahme an indischen Führungskräften zogen sie eine Reihe von Erkenntnissen zur Förderung eines Motivs, die Krug (1976, S. 225ff.) und Kleinbeck (1996, S. 99) zusammenfassten.

a) *Je mehr jemand glaubt, er kann bestimmte Motive entwickeln, desto erfolgreicher sind bei ihm verhaltensmodifizierende Bemühungen zur Entwicklung des Motivs.* Aus diesem Grund wurde bereits bei der Vorstellung des Programms und in den Broschüren darauf hingewiesen, dass es um tiefere Einsichten in die Motivationsstrukturen ginge, die erfolgreiches unternehmerisches Handeln bestimmten. Zu Beginn des eigentlichen Trainingsprogramms wurden nochmals die Wichtigkeit und Einmaligkeit des Programms fokussiert.

b) *Je besser die Vorstellungen sind, die mit dem Motiv verbunden sind, desto eher wird sich das Motiv bilden.* Anhand von Tabellen, Graphiken und Videos wird den Teilnehmern der Zusammenhang zwischen Leistungsmotiv, unternehmerischem Verhalten und nationalem Wirtschaftswachstum erklärt. Weiter wird dargelegt, wie Hochleistungsmotivierte denken und fühlen und warum sie unternehmerische Berufe bevorzugen. Als besonders erfolgreich werden Unternehmer geschildert, die sich mittelschwere Ziele setzen, persönlich die Verantwortung übernehmen und Informationen über erzielte Handlungsresultate einholen. Die zu Beginn des Trainingsprogramms von jedem Teilnehmer geschriebenen TAT-Geschichten müssen im Laufe des Kurses modifiziert werden, um den leistungsthematischen Gehalt der Geschichten zu steigern und zu lernen, leistungsmotivierte von andersmotivierten Gedanken zu unterscheiden. Um auch Verhalten einzuüben, werden leistungsorientierte Spiele durchgeführt, in denen die Teilnehmer lernen, sich mittelschwere Ziele zu setzen, Verantwortung zu übernehmen sowie Rückmeldungen einzuholen.

c) *Je mehr jemand wahrnimmt, dass die Entwicklung des Motivs mit den Anforderungen der Realität übereinstimmt, desto erfolgreicher sind bei ihm verhaltensmodifizierende Bemühungen zur Entwicklung des Motivs.* In dem Training wird dann zu zeigen versucht, dass ein hohes Leistungsmotiv mit der Realität in Einklang steht und eine notwendige Voraussetzung für erfolgreiches Handeln ist. Dabei werden auch die negativen Seiten dargestellt und die Teilnehmer müssen sich überlegen, ob auch wirklich alle Aspekte leistungsorientierten Verhaltens mit ihren eigenen Wünschen und Vorstellungen - auch im Privatleben - vereinbar sind.

d) *Je besser es gelingt, die neuen motivbezogenen Vorstellungen an bestimmte Handlungen zu binden, desto eher stabilisieren sich Gedanken und Handlungen.* Der neue Vorstellungs-Handlungskomplex wird mit Ereignissen des täglichen Lebens verknüpft, wozu Fallbeispiele unternehmerischen Handelns vorgestellt werden.

e) *Je besser es einem gelingt, diese Vorstellungen mit Alltagserlebnissen zu koppeln, desto wahrscheinlicher wird das Motiv ihn auch außerhalb der Trainingseinheit beeinflussen.* Die Teilnehmer müssen sich dann darüber klar werden, welche Bedeutung leistungsorientiertes Verhalten in ihrem Berufs- und Privatleben bisher einnahm und welche Relevanz es künftig haben soll. Die Teilnehmer legen anschließend Beispiele aus ihrem Geschäftsbereich dar und analysieren diese.

f) *Je mehr jemand das neu entwickelte Motiv als Verbesserung des Selbstbildes und als Bestandteil wichtiger kultureller Werte wahrnimmt und erfährt, desto eher wird ihn das Motiv auch in Zukunft beeinflussen.* Möglicherweise kollidiert das Leistungsmotiv noch mit den subjektiv wahrgenommenen kulturellen Werten oder mit den Normen der sozialen Bezugsgruppe. Um dies aufzudecken, werden Kindergeschichten, religiöse Vorstellungen, Sitten und Gebräuche analysiert und versucht, in Gruppendiskussionen und Einzelberatungen ggf. aufgedeckte Widersprüche zu verringern.

g) *Je mehr man sich die Erreichung konkreter Ziele vornimmt, desto mehr wird einen das Motiv auch in Zukunft beeinflussen.* Jeder Teilnehmer muss einen Plan aufstellen, *welche* beruflichen Ziele er *wie* in den nächsten zwei bis drei Jahren erreichen will und *welche* Schwierigkeiten er dabei sieht. In Gruppendiskussionen und Einzelberatungen wird eine Modifikation dieser Pläne angestrebt, damit die gesteckten Ziele mit einiger Anstrengung auch erreichbar sind. Die Zielerreichung muss eindeutig auf Leistungen der Teilnehmer zurückzuführen sein und objektiv nachprüfbar sein.

h) *Je sorgfältiger sich jemand Rechenschaft über seine Fortschritte ablegt, desto eher wird das Motiv auch in Zukunft die Gedanken und Vorstellungen beeinflussen.* Die Teilnehmer müssen über ihre (Fort)Schritte vor der Gruppe berichten.

i) *Die Veränderung erfolgt umso eher, je mehr emotionale Unterstützung gegeben wird.* Da jede Selbstmodifikation Unsicherheiten hervorruft, finden die Trainingseinheiten in freundlicher, entspannter Atmosphäre statt ohne dass die Teilnehmer kritisiert werden oder ihr bisheriges Verhalten verurteilt wird oder sie in die gewünschte Richtung gedrängt werden. Ihnen wird Respekt entgegengebracht sowie die Meinung verfestigt, dass man sie für fähig hält, ihr eigenes Schicksal in die Hand zu nehmen.

j) *Die Veränderung erfolgt eher, wenn das neue Motiv Kennzeichen der Mitgliedschaft in einer neuen Bezugsgruppe ist.* Das Training findet für die Teilnehmer in 14-tägiger Abgeschiedenheit statt, um eine neue Bezugsgruppe entstehen zu lassen, welche die gleiche Sprache wie sie spricht und gegenseitige Unterstützung hochhält.

Das Ergebnis war, dass die Manager mit geändertem Motiv einen größeren wirtschaftlichen Erfolg hatten (vgl. Tabelle von Krug, 1976, S. 232). Die Motivänderungsprogramme wirken allerdings nur, wenn auch die Motivierungspotentiale mit verändert werden, so dass z.B. die geforderte soziale Unterstützung oder die Bezugsgruppennormanpassung erfolgen kann (Kleinbeck, 1996, S. 101). Nur Kursteilnehmer, die nach dem Training sofort den entsprechenden Tätigkeitsspielraum hatten, um die neu erworbenen Fertigkeiten auch anzuwenden, konnten ihr verändertes Verhaltensrepertoire stabilisieren (Krug, 1976, S. 247). Daraus ergibt sich, wie wichtig ein Tätigkeitsspielraum im Zusammenhang mit der Leistungsmotivation ist.

Es konnte jedoch nicht geklärt werden, ob es tatsächlich zu Motivänderungen kam (Weiner, 1994, S. 298). Der TAT wurde nämlich sowohl als Testinstrument als auch als Trainingsinstrument verwendet. Somit ließ sich nicht entscheiden, "ob im Nachtest tatsächlich Motivänderungen gemessen oder lediglich Behaltensleistungen geprüft wurden" (Krug, 1976, S. 236). Selbst McClelland meint, man müsse "annehmen, daß durch die Trainingsprogramme keinerlei Motivänderungen erzielt, sondern lediglich Fertigkeiten zur besseren Lebensbewältigung vermittelt wurden" (McClelland, 1972, S. 154). Durch eine Reanalyse der TAT-Geschichten der Teilnehmer konnte jedoch ermittelt werden, dass diejenigen Manager positive Motivänderungen zeigten, die vor dem Training misserfolgsmotiviert waren *und* Positionen hatten, die ihnen selbständige unternehmerische Entscheidungen ermöglichten (so Krug, 1976, S. 238). Damit wurde zwar belegt, dass auch im Erwachsenenalter Motivänderungen möglich sind, der Beweis aber, dass die Motivänderungen auf die Programmteile des Kurses zurückzuführen waren, konnte nicht erbracht werden.

Die skizzierten Änderungsprogramme wurden bisher besonders Lehrern zur Planung ihrer Unterrichtseinheiten für Schüler beigebracht. Die Lehrkräfte lernten, durch ihre Unterrichtsplanung den Schülern Möglichkeiten zu eröffnen, dass diese Entscheidungen treffen konnten, Verantwortlichkeiten übertragen bekamen, sich verbindliche Ziele steckten, sich also selbst als Verursacher erlebten (Krug, 1976, S. 242ff.). Analog dazu könnte eine Führungskraft versuchen, genauso mit ihren Mitarbeitern umzugehen.

Die Führungskraft muss Gespräche mit den Beschäftigten systematisch so führen, dass ihren Mitarbeitern deutlich wird, wie wichtig
- individuell realistische Zielstellungen sind,
- motivational günstige Ursachenzuschreibung nach Erfolg/Misserfolg und
- die Selbstbewertung an eigenen Standards ist.

Das realistische Zielsetzungsverhalten ist dabei besonders bedeutend, denn wenn man sich subjektiv mittelschwierige Ziele setzt, erlebt man direkt die Abhängigkeit des Handlungsergebnisses von der eigenen Anstrengung. Nur dann erhält man zuverlässige Informationen über die eigene Tüchtigkeit, kann stolz sein und sich langsam steigern (Krug, 1976, S. 245). Voraussetzung ist natürlich, dass der Mitarbeiter das Gefühl hat, er habe seine Handlungsresultate selbst verursacht und nicht die Handlungsfolgen als Zufall ansieht.

Vielversprechend ist auch das Behavior Modeling Training, das auf der sozialen Lerntheorie von Bandura (1997) beruht und somit davon ausgeht, dass sich Menschen in ihrem Verhalten an aktuellen oder symbolischen Modellen orientieren (Sonntag & Stegmaier, 2001, S. 268). Erst führt der Trainer die Teilnehmer in den Problembereich ein, dann werden Lernpunkte entwickelt. Anschließend wird ein Videofilm mit einem Modell, das gutes Verhalten zeigt, vorgespielt. Nach einer Gruppendiskussion über die Effektivität der Verhaltensmodelle werden die zu erlernenden Verhaltensweisen im Rollenspiel geübt. Die Gruppe gibt dann Rückmeldung über das im Rollenspiel gezeigte Verhalten (Sonntag & Stegmaier, 2001, S. 277ff.).

Ein weiteres Indiz dafür, dass sich Leistungsmotive verändern, sind die Ergebnisse von Schuler und Prochaska (2001a). Sie maßen die Leistungsmotivation bei verschiedenen Personengruppen. Während der LMI-Gesamtwert der Gesamtstichprobe 774 betrug, zeigten Wirtschaftsgymnasiasten einen Leistungsmotivationswert von 760, Berufsschüler einen Wert von 768 und Berufstätige eine Leistungsmotivation von 793. So scheint doch eine Motivationserhöhung durch allgemeine andere Lebensumstände, wie Berufstätigkeit, möglich.

3.6 Operationalisierung und Messung der Leistungsmotivation

Eine schwierige Frage ist, wie eine Variable, die ein Konstrukt ist, gemessen werden kann. Zur Operationalisierung von Leistungsmotivation sind diverse Instrumente verwendet und kontrovers diskutiert worden. Diese gilt es abzuwägen und zu prüfen, welches Verfahren dem dieser Studie zugrundeliegenden erweiterten Verständnis von Leistungsmotivation am ehesten gerecht wird.

3.6.1 Inhaltsanalyse von historischen Texten und Fremdbeurteilung

Wiederholt wurde durch die Inhaltsanalyse von Texten versucht, die Höhe der Leistungsmotivation zu ermitteln (Heckhausen, 1989, S. 246). So wurden u.a.

Schulbücher der dritten Klassen verschiedener Nationen analysiert, um anhand der Anzahl leistungsbezogener Inhalte eine Korrelation zum Wirtschaftswachstum herzustellen oder um einen Zusammenhang zu der Zahl der pro 1 Mio. Einwohner angemeldeten Patente zu berechnen. Es wurden weiter Begräbnisreden des antiken Griechenlands von 900 bis 100 v.Chr. analysiert, ebenso wie Balladen von 1400 bis 1830 in England. McClelland (1961) verglich 22 Staaten hinsichtlich ihres erwarteten und tatsächlichen Pro-Kopf-Verbrauchs an Elektrizität und der Stärke des Leistungsmotivs. Er fand eine Korrelation von $r = .53$ zwischen dem Motivkennwert von 1925 und anschließendem Wirtschaftswachstum. Er sagte im Jahre 1950 aufgrund der Analyse von Kinderbüchern, durch die er das Leistungsmotiv des jeweiligen Staates erfasste, die Wirtschaftsentwicklung zwischen 1952 und 1958 voraus (so Heckhausen, 1989, S. 246).

Bei einer Fremdbeurteilung beurteilen andere, z.B. Führungskräfte, Lehrer oder externe Beobachter, die Leistungsmotivation. Dabei besteht aber grundsätzlich die Gefahr des Halo-Effekts. Wenn die Führungskraft einen insgesamt 'positiven' Eindruck von ihrem Mitarbeiter hat, neigt sie eher dazu, dessen Leistungsmotivation als hoch einzuschätzen. Einen weniger intelligenten Mitarbeiter hält der Chef dann eher für niedrigmotiviert. Deswegen gibt es wohl keine relevanten Studien, die Leistungsmotivation durch Fremdbeurteilung erfassen.

3.6.2 *Operante Verfahren*

Projektive Tests werden oft auch als operante Verfahren bezeichnet (Heckhausen, 1989; Prochaska, 1998, S. 1), während andere zwischen respondenten, projektiven und operanten Verfahren unterscheiden, weil operante Verfahren tatsächliche Handlungen voraussetzen (Ott, 1995, S. 22). Daher wird hier ein operantes Verfahren im engeren Sinn vorgestellt. Plaum (1986) kommt zu dem Schluss, dass leistungsmotiviertes Verhalten weder mit einem aus Bildergeschichten abgeleiteten Leistungsbedürfnis-Maß noch mit einem Fragebogen erfasst werden könne. Er plädiert daher für die „Konstanzer Erfolgs-Mißerfolgs-Batterie" (KEMB), ein Verfahren, bei dem die Versuchspersonen tatsächlich Handlungen ausführen müssen. Die Versuchspersonen werden in verschiedenen Untersuchungssituationen mit Leistungsanforderungen konfrontiert, bei denen sie jeweils angeben müssen, welches Ergebnis sie für sich erwarten. Einmal müssen die Probanden beispielsweise Chips mit Zahlenaufdrucken in die mit den gleichen Zahlen gekennzeichneten Fächer eines Kastens einsortieren. Dann werden auf Tonband aufgezeichnete Geschichten abgespielt, wobei die Versuchspersonen die Aktivität desjenigen beurteilen müssen, der die Geschichte geschrieben hat. Weiter müssen die Teilnehmenden Gewichte schätzen. Das Hauptkriterium ist die Anspruchsniveausetzung. Diese Operationalisierung von Leistungsmotivation wurde in dieser Arbeit jedoch nicht verwendet, da das Anspruchsniveau nur eine von vielen Determinanten der Leistungsmotivation ist.

3.6.3 *Projektive und semiprojektive Verfahren*

Bei projektiven Verfahren werden die zentralen Beweggründe anhand einer *Inhaltsanalyse* von Geschichten erfasst, die der Proband zu einer Reihe von Bildern schreiben muss.

Der heute noch verwendete, von Murray (1938) konzipierte und u.a. von Heckhausen weiterentwickelte, Thematische Apperzeptions-Test (TAT) ist das bekannteste projektive Verfahren (Heckhausen, 1989, S. 233ff.). Allport (1953) war der Meinung, dass nicht-neurotische Personen über ihre Motivdispositionen bewusst Auskunft geben könnten. Im Gegensatz dazu glaubte Murray (1938), dass überdauernde Motivtendenzen der Introspektion nicht zugänglich sind, sondern am ehesten in wunscherfüllenden phantasieartigen Vorstellungsproduktionen zum Ausdruck kommen. Bei der Interpretation einer mehrdeutigen sozialen Situation würde die darüber berichtende Person ebenso viel über sich aussagen wie über das zu erzählende Ereignis selbst (Heckhausen, 1989, S. 234; Weiner, 1994, S. 145).

Die Geeignetheit des TAT wurde wie folgt festgestellt: Versuchspersonen wurden in sechs verschiedenen Versuchssituationen jeweils gleiche Aufgaben gestellt, d.h. sie wurden sechs unterschiedlichen Anregungsbedingungen unterzogen. Anschließend mussten sie Geschichten zu Bildern schreiben, die leistungsbezogene Themen nahe legten (vgl. Heckhausen, 1989, S. 234f.).

(1) *Entspannte* Situation: der Versuchsleiter (VL) gab sich betont lässig in Kleidung und Auftreten. Den Vpn wurde gesagt, dass nur die Geeignetheit der Aufgaben evaluiert werden sollte. Die Leistung der Vpn galt als nicht so wichtig.

(2) *Neutrale* Situation: es wurde eine normale Klassenzimmer-Atmosphäre simuliert.

(3) *Leistungsorientierte* Situation: die Aufgaben wurden hier als Leistungstest deklariert, wobei sich jeder anstrengen sollte und die Lösungen mit Namen versehen wurden.

(4) *Erfolgs*situation: die Aufgaben wurden für wichtig erklärt, aber die Vpn werteten die Tests selber aus. Dies wurde jedoch so manipuliert, dass die Vpn meinten, sehr erfolgreich gewesen zu sein.

(5) *Misserfolgs*situation: die Aufgaben wurden wieder für wichtig erklärt, aber die Manipulation war diesmal so, dass die Vpn glaubten, versagt zu haben.

(6) *Erfolg-Misserfolg*-Situation: die Aufgaben wurden wieder für wichtig erklärt, aber so manipuliert, dass die Vpn überzeugt waren, bei der ersten Aufgabe Erfolg und bei der letzten Misserfolg gehabt zu haben.

In der deutschsprachigen Forschung hat sich ein reines TAT-Verfahren zur Messung beider Motivtendenzen durchgesetzt. Die Instruktion ist neutral mit sechs

Bildern, die Leistungssituationen andeuten, von denen drei einen erfolgreichen und drei Bilder einen nicht-erfolgreichen Handlungsverlauf nahe legen (Heckhausen, 1989, S. 238). Müller (1997) verwendet z.B. in ihrer Untersuchung nach ausführlicher Begründung den TAT mit folgenden sechs Bildern:

a) zwei Mechaniker vor einer Werkbank,
b) ein lächelnder junger Mann vor seinem Schreibtisch,
c) Lehrer-Schüler-Situation,
d) Mann am Schreibtisch mit abgelegtem Mantel und Hut,
e) junger Mann, der zögernd an einer Tür anklopft,
f) ein älterer und ein jüngerer Mann bei der Arbeit in einer Werkstatt.

Die Inhaltskategorien legen fest, dass die Teilnehmer Hoffnung auf Erfolg *bzw. Furcht vor Misserfolg* zeigen sollen, wenn in ihren Geschichten folgendes zum Ausdruck kommt (nach Heckhausen, 1989, S. 239 und Kuhl, 1983, S. 514):

- Bedürfnis nach Leistung und Erfolg/*Bedürfnis nach Misserfolgsmeidung*
- instrumentelle Tätigkeit zur Zielerreichung/*zur Vermeidung eines Misserfolgs*
- Erfolgserwartung/*(Miss-)Erfolgsungewissheit*
- Lob infolge guter Leistung/*Kritik und Tadel*
- Positiver/*negativer* Gefühlszustand
- Erfolgsthema/*Misserfolgsthema*

Es werden aber auch viele Nachteile des TAT berichtet, von denen vor allem die folgenden als relevant genannt werden müssen. Die Anregung eines Leistungsmotivs führt nur bei **Männern** zu höheren Leistungsmotivwerten, weil **Frauen** keinen Unterschied in ihren Leistungsmotivwerten in Anregungs- bzw. Neutralbedingung zeigen (Heckhausen, 1989). Somit scheint der TAT kein valides Messinstrument für das Leistungsmotiv von Frauen zu sein. Laut Heckhausen (1989, S. 247) hat man diese Erkenntnis bei Amerikanerinnen in deutschen Untersuchungen aber nicht erhärten können (vgl. dazu Kapitel 6.3). Auch sind die Folgen der (Nicht-)Übereinstimmung von **Geschlecht, Kulturzugehörigkeit, Alter** und **Rasse** zwischen den auf den Bildern dargestellten Personen und dem Testbeantworter ungelöst (Weiner, 1994, S. 147). Das TAT-Verfahren ermöglicht außerdem nur einen **Gruppenvergleich** hinsichtlich des Leistungsmotivs, jedoch nicht die exakte Einordnung *einer* Person. Die *Reliabilität* bewegt sich zwischen .40 und .60, wenn zwischen beiden Testaufnahmen drei bis fünf Wochen liegen (Heckhausen, 1989, S. 240). Die Test-Retest-Korrelation ist nur zufriedenstellend, wenn die Versuchspersonen lediglich dahingehend beurteilt werden, ob sie unter bzw. über einem bestimmten Medialwert liegen (Müller, 1997). Die TAT-Antworten sind weiter besonders empfindlich gegenüber **Umwelteinflüssen**, d.h. ein Vergleich von Personen, die zu verschiedenen Zeitpunkten oder in anderen Situationen getestet wurden, ist bedenklich (Weiner, 1994, S. 149). Das der Leistungsmotivationsdefinition immanente **eigeninitiierte** Leistungsstreben kann gar nicht genau erfasst werden, vielmehr könnten auch externale Faktoren das Leistungsstreben, das sich in den erzählten Bildergeschichten niederschlägt, verursacht haben. Müller (1997, S. 125) selbst erklärt dann, dass durch Fragebogen oder Interviews anschließend noch der "Hintergrund" des Leistungsstrebens abgefragt werden müsse. Also könnten ohnehin gleich mehrere Faktoren, die zu einer Leistung beitragen, respondent erfasst werden.

Der TAT vermittelt darüber hinaus teilweise für Versuchspersonen bestimmte Situationsbezüge und Motivationslagen, die der tatsächlichen Erlebnislage nicht entsprechen. Dies hat zur Folge, dass „geheime Wünsche, Bedürfnisse, Gefühle, Kognitionen und Ängste eine Bedeutungsumkehr erfahren" (Müller, 1997, S. 128). Aufgrund eines Selbstschutzmechanismusses werden dann manche Teilnehmenden Wunschvorstellungen in die Bilder projizieren, es entsteht also eine sogenannte **doppelte Projektion**. Unbewiesen bleibt somit, ob die Versuchspersonen bei der Erzählung von Geschichten, in denen den handelnden Personen eher eine Furcht vor Misserfolg oder eine Hoffnung auf Erfolg zugeschrieben wird, ihre eigene oder eine als erwünscht wahrgenommene Motivtendenz wiedergeben.

Auch die vorgegebenen **Inhaltsanalysekategorien** sind teilweise kritikwürdig (vgl. Müller, 1997, S. 135ff.). Ausdrücklich werden in den Geschichten der Probanden vorkommende Themen sozialer Art, wie Anschlussstreben, Prestige, Furcht vor Übergeordneten, als nicht leistungsbezogen eingeordnet. Die Furcht vor sozialen Konsequenzen wird allerdings dem Misserfolgsmotiv zugerechnet. Von zwei Seiten einer Medaille wird folglich unzulässigerweise nur eine berücksichtigt. Auch Täuschungen aller Art werden nicht als leistungsbezogen betrachtet. Gerade die Täuschung kann aber dazu dienen, Misserfolg zu vermeiden. Nichtstun und Faulheit werden nicht als Misserfolgsmeidung gewertet. Wenn die Versuchsperson jedoch eine angefangene leistungsbezogene Tätigkeit beschreibt, die dann unterbrochen, verlangsamt oder nicht mehr weiter geführt wird, muss dies als zum Misserfolgsmotiv gehörig verrechnet werden (Heckhausen, 1963, S. 296f.). Aus den bisher dargelegten Kritikpunkten wird von einer Anwendung projektiver Verfahren abgesehen.

Semiprojektives Verfahren
Die **Gittertechnik von Schmalt** (1973) verbindet den geringen Arbeits- und Zeitaufwand der Fragebogenmethode mit den Vorteilen des projektiven Verfahrens. Die Versuchspersonen bekommen 18 Bilder vorgelegt, je drei aus den Bereichen handwerkliche Betätigung, Sport, Schule, Selbstbestätigung, Helfen und Musik. Sie können ankreuzen, welche der achtzehn zu jedem Bild aufgeführten identischen Aussagen zu dem jeweiligen Bild passt (Heckhausen, 1989, S. 242). Von den achtzehn Sätzen enthalten je sieben erfolgs- und misserfolgsbezogene Aussagen und vier sind leistungsthematisch neutral (Müller, 1997, S. 31, S. 156f.). Die Aussagen lauten z.B. (Schmalt, 1976, S. 190):
- Er fühlt sich wohl dabei.
- Er denkt: "Wenn das schwierig ist, mache ich lieber ein anderes Mal weiter."
- Er hat Angst, dass er dabei etwas falsch machen könnte.

- Er will nichts verkehrt machen.
- Er will mehr können als alle anderen.
- Er denkt: "Wenn das sehr schwer ist, versuche ich das bestimmt länger als andere."
- Er denkt: "Ich will am liebsten etwas machen, was ein bißchen schwierig ist."

Bisher gibt es nur eine valide Fassung für Kinder im dritten bis fünften Schuljahr. Außerdem kritisiert Kuhl (1983, S. 522), dass die Versuchspersonen 18-mal dieselben Items zu beurteilen haben und sich somit im Laufe der Testbearbeitung fest etablierte Reaktionsweisen ausbilden könnten. Daher wird die Gittertechnik in dieser Studie nicht verwendet.

3.6.4 Fragebogenmessverfahren

Die vier im Folgenden genannten respondenten Verfahren werden der Vollständigkeit halber aufgeführt, jedoch nicht verwendet, weil sie auf einer eng begrenzten Leistungsmotivdefinition basieren und somit nur die beiden traditionellen Komponenten „Hoffnung auf Erfolg" und „Vermeidung von Misserfolg" erfassen. Die *Mehrabian Achievement Risk Preference Scale (Mehrabian, 1968, 1969),* deutsche Fassung von Mikula, Uray und Schwinger (1976), fragt in seinen Items Verhaltenskorrelate der beiden Motivkomponenten ab. **Hermans** (1970) entwickelte einen Fragebogen, der sich an den gesicherten erlebens- und Verhaltensunterschieden Erfolgs- und Misserfolgsmotivierter (z.B. Anspruchsniveau-, Risikowahl-, Persistenzverhalten) orientiert. Die *Achievement Motivation Scale (AMS, Gjesme & Nygard, 1970; deutsch von Göttert & Kuhl, 1980)* wurde konstruiert zur Bestimmung des Erfolgs- und Misserfolgsmotivs. Affektive Erlebnisinhalte wurden mit bestimmten subjektiven Erfolgswahrscheinlichkeiten verknüpft. Der *Test Anxiety Questionnaire (TAQ von Mandler & Sarason, 1952)* dient zur Bestimmung des Misserfolgsmotivs.

Das *Leistungsmotivationsinventar* (LMI von Schuler & Prochaska, 2001a) dagegen wurde konstruiert, weil ein valides diagnostisches Verfahren zur differenzierten Messung der *berufsbezogenen* Leistungsmotivation im deutschsprachigen Raum bis dahin fehlte (Schuler & Prochaska, 2001a, S. 5). Leistungsmotivation wird hier verstanden als "Ausrichtung weiter Teile der Persönlichkeit auf die Leistungsthematik" (Schuler & Prochaska, 2001b, S. 339). Im Gegensatz zur bis dahin dominierenden Leistungsmotivationstheorie wurde auch nicht mehr die Trennung von Macht- und Leistungsmotiv aufrechterhalten (Schuler & Prochaska, 2001a, S. 8). Bereits Murray (1938, S. 164) hatte als Bestandteil des Leistungsmotivs (need achievement) Machtbedürfnisse formuliert: "Die Tendenz, physikalische Objekte, Menschen und Ideen zu beherrschen." Nachdem der heutige Mitarbeiter idealtypischerweise seine Stelle in der Organisation wie ein Unternehmer ausfüllen sollte (im Gegensatz zur früher vorherrschenden Tayloristischen Arbeitsgestaltung der Trennung von Hand- und Kopfarbeit) und sich beim Unternehmer Macht- und Leistungsmotivation nicht auseinander dividieren lassen, erscheint es sinnvoll, auch Machtbedürfnisse in die Leistungsmotivation einzubeziehen. Sie zeigen sich insbesondere in den LMI-Dimensionen "Dominanz", "Statusorientierung" und "Wettbewerbsorientierung".

Das LMI kann für die Personalauswahl, Personalentwicklung, Berufsberatung, aber auch in der Forschung eingesetzt werden. Schuler und Prochaska (2001a, S. 59) äußern selbst, dass das LMI auch für explorative und hypothesengeleitete Forschung sowie für die Feststellung von Profilunterschieden zwischen verschiedenen Personengruppen gut geeignet ist.

Ein Vergleich mit Murray (1938, S. 164) zeigt, dass dieser bereits damals neben dem schon erwähnten Einflussbedürfnis (Machtmotiv) folgende **Bestandteile des Leistungsmotivs** theoretisch untermauerte, die sich alle in den LMI-Dimensionen wiederfinden:
- Die Tendenz, etwas so schnell und so gut zu machen, wie möglich.
- Hindernisse zu überwinden.
- Hohe Standards zu erreichen.
- Sich selbst auszuzeichnen.
- Mit anderen konkurrieren und sie zu übertreffen versuchen.
- Durch geschickten Einsatz eigener Begabungen den Eigennutz erhöhen.

Ein weiterer Vergleich mit dem aus Amerika stammenden Konzept „Hardiness" zeigt, dass der Anspruch von Schuler und Prochaska (2001a, 2001b), Leistungsmotivation als übergreifendes Persönlichkeitsmerkmal zu sehen, weitgehend gelungen ist. Kobasa (1979) fand heraus, dass bestimmte Menschen trotz hoher Stressfaktoren gesund blieben, während andere durch den Stress krank wurden. Die Gruppe von leitenden Angestellten, die gesund blieb, hatte eine hohe Widerstandsfähigkeit („Hardiness"), während die andere untersuchte Gruppe stark belasteter Führungskräfte wenig "Hardiness" besaß. Diese Widerstandsfähigkeit umfasst drei Dimensionen:
Control (Kontrollüberzeugung): Man ist überzeugt davon,
   a) frei entscheiden zu können,
   b) dass Stressoren ein notwendiger Teil des Lebens sind,
   c) genug Stressbewältigungsmöglichkeiten zu kennen.

Commitment: Dieser Begriff ist nicht mit dem im zweiten Kapitel erläuterten *organisationalen* Commitment gleichzusetzen. Vielmehr geht es beim Hardiness-Commitment darum, dass man von dem, was man tut, fest überzeugt und mit sich selbst sehr zufrieden ist. Infolgedessen fühlt man sich von einer Stresssituation weniger bedroht. Engagierte Personen können auch eher um Hilfe bitten. Nach Kobasa, Maddi und Kahn (1982, S. 169) sehen Personen mit hohem Commitment in ihren Handlungen einen generalisierten Sinn und Zweck, der es ihnen erlaubt, sich mit Ereignissen, Dingen und ihrer Umgebung zu identifizieren und sie für bedeutsam zu finden.
Challenge: Eine (üblicherweise stressende) Situation wird nicht als Bedrohung wahrgenommen, sondern als herausfordernde Situation, an der man sich bewähren kann. Abwechslung im Leben wird als viel selbstverständlicher erlebt als

Stagnation. Es geht also um den Glauben der Beschäftigten, dass es am Erfüllendsten ist, ständig durch positive oder negative Erfahrungen dazuzulernen (Maddi, 1997, S. 294). Wandel wird als normal und notwendig betrachtet: „The challenge disposition is expressed as the belief that change rather than stability is normal in life and that the anticipation of changes are interesting incentives to growth rather than threats to security." (Kobasa et al., 1982, S. 170). Obwohl es bei Hardiness nicht direkt um Leistungsmotivation geht, deckt das LMI auch die genannten drei Aspekte vollkommen ab.

Schuler und Prochaska (2001a) hatten zunächst 728 Items formuliert, welche *alle* die in der Leistungsmotivationsforschung und in der persönlichkeitspsychologischen Literatur bis dahin bekannten Merkmale, Dimensionen und Konzepte berücksichtigten. Sie wurden dann zu 38 vorläufigen Dimensionen gruppiert. Jedes Item wurde anschließend auf Verständlichkeit, Eindeutigkeit und Zugehörigkeit zu einer der vorläufigen Dimensionen überprüft. Danach blieben nunmehr 445 Items übrig. Diese wurden wiederum von vier Experten intuitiv 24 Dimensionen zugeordnet. Der Itempool wurde danach an 20 Studenten und Berufstätigen getestet. Nicht akzeptierte, schwer verständliche oder mehrdeutige Items sowie solche, die zu einem hohen sozial erwünschten Antwortverhalten führten, wurden eliminiert (Schuler & Frintrup, 2002, S. 753). Danach verblieben noch 258 Items in 19 Dimensionen. Diese wurden an 129 Wirtschaftsstudenten und 185 Berufstätigen eines Finanzdienstleistungsunternehmens getestet (Schuler & Prochaska, 2001a, S. 11f.). Aufgrund des Verständnisses von Leistungsmotivation als eine generelle Verhaltensorientierung mit vielfältigen Aspekten der Persönlichkeit wurden anschließend 17 Dimensionen berufsbezogener Leistungsmotivation entwickelt, die mit jeweils zehn Items gemessen werden. Für die Auswahl der 17 Dimensionen war ihre theoretische Begründbarkeit und ihre allgemeine Berufsrelevanz ausschlaggebend (Schuler & Prochaska, 2000, S. 64).

Die LMI-Langversion enthält 170 Fragen, die durch Ankreuzen einer siebenstufigen Skala (1 = „trifft gar nicht zu" bis 7 = „trifft vollständig zu") zu beantworten sind (Bearbeitungszeit: 30 - 40 Minuten). Eine Kurzversion, die nur einen Gesamtwert der Leistungsmotivation erfasst und nicht mehr in einzelne Dimensionen unterteilt werden kann, besteht aus 30 Fragen (Bearbeitungszeit: 5 - 10 Minuten). Für die Bearbeitung besteht jedoch keine Zeitbegrenzung. Schuler und Prochaska (2001a, S. 13ff., S. 23ff.) beschreiben die 17 Dimensionen wie folgt. *(Kursiv ist jeweils ein Itembeispiel aus Schuler und Prochaska (2000, S. 62) angefügt.)*

- **Beharrlichkeit**: Beharrliche Personen bewältigen ausdauernd, energisch, konzentriert und mit hohem Krafteinsatz selbst- oder fremdgestellte Aufgaben. Bei auftretenden Schwierigkeiten erhöhen sie ihre Anstrengung.

  "Es fällt mir schwer, meine Anstrengung über längere Zeit aufrechtzuerhalten."

- **Dominanz**: Dominante Personen wollen andere beeinflussen und anleiten. Sie ergreifen die Initiative, überzeugen klar und schlüssig im Auftreten, übernehmen Verantwortung und die Führungsrolle in Arbeitsgruppen.

  "Wenn ich mit anderen zusammenarbeite, übernehme ich gewöhnlich die Initiative."

- **Engagement**: Sehr engagierte Mitarbeiter arbeiten viel und fühlen sich ohne Arbeit unwohl. Sie brauchen auch nach größeren Anstrengungsphasen keine längeren Erholungszeiten und priorisieren die Arbeit gegenüber anderen Aktivitätsbereichen. Sie sind strebsam, ehrgeizig und leistungswillig.

  "Ich arbeite mehr als die meisten anderen Leute, die ich kenne."

- **Erfolgszuversicht**: Erfolgszuversichtliche haben ein großes Selbstvertrauen, d.h. sie erwarten, dass sie mit ihren Fähigkeiten und Kenntnissen auch neue und besonders schwierige Aufgaben erfüllen werden.

  "Vor neuen Aufgaben war ich immer zuversichtlich, sie zu schaffen."

- **Flexibilität**: Personen mit hohen Werten sind aufgeschlossen gegenüber wechselnden beruflichen Bedingungen und finden Veränderungen reizvoll. Sie bevorzugen insbesondere Situationen, in denen sie Neues erleben können. Abwechslung lieben sie, gerade auch, wenn dabei Hindernisse zu überwinden sind.

  "Neuen Situationen stehe ich zunächst immer etwas skeptisch gegenüber."

- **Flow**: Beim Flowerleben beschäftigt man sich unter Ausblendung aller Ablenkungen selbstvergessen und aufgabenverliebt mit einer Sache. Im Zustand Flow wird die Arbeit als etwas Positives erlebt.

  "Es bereitet mir Freude, mich ganz in eine Aufgabe zu vertiefen."

- **Furchtlosigkeit**: Diese Dimension entspricht in seiner negativen Form der Motivkomponente "Furcht vor Misserfolg". Furchtlose Personen haben keine Angst zu versagen. Ihre Anspannung vor wichtigen Aufgaben ist nicht so hoch, dass dies die Aufgabenerfüllung negativ beeinträchtigt. Gedanken an Leistungssituationen lösen grundsätzlich keine negativen Gefühle aus. Sie sind stabil, unentwegt, unbeirrbar und couragiert.

  "Wenn ich vor anderen etwas vorführen soll, habe ich Angst, mich zu blamieren."

- **Internalität**: Diese Dimension entspricht dem (in Kapitel 4 ausführlich dargestellten) Locus of Control-Konzept (*Kontrollüberzeugung*). Bereits 1982 legte Krampen (S. 161) nahe, dass "die komplexen Variablensätze der kognitionspsychologischen Motivationstheorie umfassender abzubilden" sind, wobei "dem Persönlichkeitskonstrukt Kontrollüberzeugung eine erhebliche Bedeutung" zukommt. Personen mit hohen internalen Werten sind selbstverantwortlich, selbstsicher, Ursachen ermittelnd und analysierend. Sie führen Ereignisse in ihrem Leben auf selbstverursachte Handlungen zurück.

"Wie weit man es beruflich bringt, ist zu einem guten Teil Glückssache."

- **Kompensatorische Anstrengung**: Dieser Begriff bezeichnet die Anstrengung, die aus Misserfolgsfurcht und Versagensangst resultiert. Furcht wird hier konstruktiv bewältigt, ohne dass das Anspruchsniveau gesenkt oder die Arbeit eingestellt wird. Charakteristisch ist auch eine "Übervorbereitung" und Risikominimierung bei wichtigen Aufgaben im Berufsalltag.

"Auf eine wichtige Aufgabe bereite ich mich lieber zu gründlich vor als zu wenig."

- **Leistungsstolz**: Personen mit hohen Leistungsstolzwerten haben das Bedürfnis, ständig die positiven Gefühle zu erfahren, die mit einem Erfolg verbunden sind. Sie sind erfolgsabhängig, selbstverpflichtend, ehrgeizig und verstärkungsabhängig. Diese Dimension gehört bei Atkinson (1964) und bei McClelland und Winter (1969) zum Kern der Leistungsmotivationstheorie.

"Besonders auf Ergebnisse bin ich stolz, die ich durch eigene Anstrengung erreicht habe."

- **Lernbereitschaft**: Lernmotivierte sind aus eigenem Antrieb bemüht, neues Wissen aufzunehmen und investieren dafür Zeit und Mühe, ohne dass damit ein unmittelbarer persönlicher Nutzen verbunden sein muss.

"Im Fernsehen schaue ich mir besonders gerne Informationssendungen an."

- **Schwierigkeitspräferenz**: Personen mit hohen Werten bevorzugen schwierige Tätigkeiten, bei denen sie all ihr Geschick einsetzen können. Wenn sie eine Aufgabe erfolgreich bewältigt haben, erhöhen sie ihr Anspruchsniveau. Aufgaben, bei denen das Risiko des Scheiterns besteht, übernehmen sie gern. Dabei auftretende Schwierigkeiten sind für sie eine Herausforderung im positiven Sinn.

"Schwierige Probleme reizen mich mehr als einfache."

- **Selbständigkeit**: Selbständige sind für ihre Angelegenheiten lieber selbst verantwortlich als die Weisungen anderer entgegennehmen zu müssen. Sie sind entscheidungsfreudig, urteilsfähig, autark und wollen ihre Arbeitsweise selbst festlegen.

"Manchmal ist es mir lieber, anderen die Entscheidung zu überlassen."

- **Selbstkontrolle**: Personen mit hohen Werten schieben die Erledigung von Aufgaben nicht auf, sondern konzentrieren sich auf die zügige Bearbeitung. Auf kurzfristige Bedürfnisbefriedigung verzichten sie gerne, um langfristige Ziele zu erreichen. Sie sind diszipliniert, organisiert, planend, gewissenhaft und gründlich. Belohnungsaufschub ertragen sie leicht. Verwandt ist damit das Merkmal "Gewissenhaftigkeit" bei den Big Five (Borkenau & Ostendorf, 1993).

"Häufig verschiebe ich Dinge auf morgen, die ich besser heute erledigen sollte."

- **Statusorientierung**: Statusorientierte wollen in der sozialen Hierarchie weiter oben stehen und suchen daher leistungsbezogene soziale Anerkennung. Sie streben verantwortungsvolle Positionen an und für sie ist Karriereaussicht ein wichtiger Motivator.

  "Es ist mir wichtig, eine verantwortungsvolle Position zu erreichen."

- **Wettbewerbsorientierung**: Personen mit höheren Werten erleben Konkurrenz als Ansporn und Motivation für berufliche Leistung. Sie vergleichen sich viel mit anderen, wettstreiten gerne und wollen besser sowie schneller sein.

  "Es ärgert mich, wenn andere Besseres leisten als ich."

- **Zielsetzung**: Zielsetzung meint, dass man sich Ziele, auch langfristige setzt, zukunftsorientiert ist und an sich hohe Ansprüche stellt. Solche Personen steigern ihren Anspruch, sind planend, ehrgeizig, zielbewusst, entschlossen, fleißig und aufstiegsorientiert.

  "Ich weiß genau, welche berufliche Position ich in fünf Jahren erreicht haben möchte."

Interkorrelationen der 17 Dimensionen

Die 17 Skalen interkorrelieren durchschnittlich mit r = .34 (Schuler & Prochaska, 2001a, S. 42). Interessant ist, dass **Internalität**

- keinen Zusammenhang zu *Flexibilität, Statusorientierung* und *Wettbewerbsorientierung* zeigt,

- nur gering mit *Dominanz* (r = .10)*, Engagement* (r = .13)*, Erfolgszuversicht* (r = .28)*, kompensatorische Anstrengung* (r = .12)*, Leistungsstolz* (r = .21)*, Lernbereitschaft* (r = .29)*, Selbständigkeit* (r = .26) sowie *Zielsetzung* (r = .27) zusammenhängt,

- zwischen r = .33 und r = .38 mit *Flexibilität, Schwierigkeitspräferenz* und *Selbstkontrolle* korreliert sowie

- am höchsten mit *Beharrlichkeit* (r = .45) und *Furchtlosigkeit* (r = .42) korreliert.

Die Korrelation mit *Beharrlichkeit* ist am höchsten, weil internal Kontrollüberzeugte zu wissen meinen, dass eigene Anstrengung zu Erfolg führt. Auch der fast genauso hohe Zusammenhang zur *Furchtlosigkeit* lässt sich so begründen, dass die internal Kontrollüberzeugten überzeugt sind, die Ereignisse in ihrem Leben zu kontrollieren und sie deswegen nicht so viel Angst haben müssen.

Die 17 LMI-Dimensionen gehören aber nicht alle zum Kern der Leistungsmotivation, sondern wie bei einer Zwiebel zu jeweils verschieden weit vom Zentrum entfernten Schichten (Zwiebelmodell von Schuler & Prochaska, 2001a, S. 9f.). Als **Kernfacetten** der Leistungsmotivation gelten u.a. Erfolgshoffnung, Zielsetzung, Beharrlichkeit, Furchtlosigkeit. Zu den **Randfacetten** zählen: Selbständigkeit, Statusorientierung. **Theoretisch verbundene Merkmale** sind z.B. Attributionsneigung, Kontrollüberzeugung, Selbstvertrauen. Als **Hintergrundmerkmale** werden genannt: Gewissenhaftigkeit, Neurotizismus.

Die **Auswertung und Interpretation** des LMI erfolgen - insbesondere bei Verwendung als berufsbezogenem Persönlichkeitstest mit individueller Beratung - durch Ermittlung der Stanine-, Standardwert- und Prozentrangnormierung. Wichtig für die Verwendung des LMI in dieser Studie ist auch der Hinweis, dass eine unbeaufsichtigte Bearbeitung des Tests erlaubt ist, ohne dass dadurch die Qualität der Ergebnisse leidet (Schuler & Prochaska, 2001a, S. 17).

Bei den **Qualitätskriterien** schneidet das LMI zufriedenstellend ab (Werte nach Schuler & Prochaska, 2001a, S. 67). Die **Zuverlässigkeit** bzw. interne Konsistenz (Cronbachs Alpha) beträgt $\alpha = .64$ bis $\alpha = .90$ für verschiedene Stichproben. Die Retestreliabilitäten liegen nach drei Monaten Wiederholung für eine Teilstichprobe (N = 205 kaufmännische Berufsschüler und Wirtschaftsgymnasiasten) für die Einzelwerte zwischen $r = .66$ und $r = .82$ und für den Gesamttest bei $r = .86$. Die Reliabilität wird daher in der Literatur als zufriedenstellend beurteilt (Niemann, 2002, S. 375; Bühner, 2002, S. 210) bzw. mit anderen Persönlichkeitsfragebogen als vergleichbar erachtet (Schmidt-Atzert, 2001, S. 144). Die Kurzversion erreicht sogar eine interne Konsistenz von $r = .94$. Die erwartungsgemäßen Korrelationen zu den NEO-FFI-Persönlichkeitsmerkmalen, die auf die **Validität** des LMI hinweisen, wurden bereits geschildert. Es bestehen weiter signifikante Korrelationen zu Außenkriterien, wie etwa schul-, studien- und berufsbezogenen Leistungsmaßen, sowie zu freiwillig übernommenen Funktionen. Als Validitätskriterium zieht Schmidt-Atzert (2001, S. 144) auch die Korrelationen mit objektiven Leistungskriterien (Abiturnote) heran, die überwiegend niedrig, aber signifikant, sind. In der Stichprobe mit Berufstätigen waren aber bei Schuler und Prochaska (2001a) nur drei von den 17 Korrelationen der LMI-Dimensionen mit der Ausbildungsabschlussnote signifikant.

Eine Hauptkomponentenanalyse (Faktorenanalyse) mit anschließender Varimaxrotation ergab die drei Faktoren "Ehrgeiz" (24,3 % Varianzaufklärung), "Unabhängigkeit" (22,5 %) und "Aufgabenbezogene Motivation" (16,2 %), die insgesamt 63 % der Varianz aufklären. Auf den Faktor **Ehrgeiz** laden besonders hoch die Dimensionen (zwischen $r = .57$ und $r = .81$) Leistungsstolz, Statusorientierung, Wettbewerbsorientierung, Kompensatorische Anstrengung, Zielsetzung, Engagement und Flow.

Es zeigen sich weiter hohe Ladungen beim Faktor **Unabhängigkeit** in den Dimensionen (zwischen $r = .57$ und $r = .81$) Selbständigkeit, Flexibilität, Furchtlosigkeit, Dominanz, Erfolgszuversicht und Schwierigkeitspräferenz.

Auf den dritten Faktor „**aufgabenbezogene Motivation**" mit 16 % Varianzaufklärung laden die folgenden Dimensionen hoch (zwischen $r = .61$ und $r = .78$)

Selbstkontrolle, Beharrlichkeit und Internalität.

Bemerkenswert ist, dass **Internalität** und der Faktor **Ehrgeiz** völlig unabhängig voneinander sind (r = .00). Hingegen korrelieren der Faktor "aufgabenbezogene Motivation" und Internalität in Höhe von r = **.61** (Schuler & Prochaska, 2000, S. 65). Lernbereitschaft ist die einzige Dimension, die auf keinen Faktor besonders hoch lädt. Sie hat eine mittelhohe Ladung bei allen drei Faktoren.

Es wurden außerdem geschlechtsspezifische **Normwerte** (N = 1.671) für folgende Gruppen ermittelt: kaufmännische Berufsschüler, Wirtschaftsgymnasiasten, Studierende, Berufstätige im Dienstleistungssektor und Hochleistungssportler. Die Bildung der Stanine-Werte für die Gruppe der Berufstätigen ist jedoch mit Vorsicht zu betrachten, weil der Anteil der Teilzeitbeschäftigten und die hierarchische Position von Schuler und Prochaska (2001a) nicht erfasst oder zumindest im Manual nicht dargestellt sind.

Der LMI wurde auch bereits in der Wirtschaftspraxis eingesetzt. Die Testergebnisse von Unternehmensgründern und Arbeitslosen unterscheiden sich sehr deutlich. Der Fragebogen wurde nicht nur von den Testteilnehmern, sondern auch von den Unternehmern und Arbeitslosen in anderen Studien gut akzeptiert (Schuler & Prochaska, 2001b, S. 342). Daher wird die Rechtsform der Organisation in dieser Studie mit abgefragt. Weiter wurde ein auf das LMI abgestimmtes Leistungsmotivationstraining in der Praxis bei Arbeitslosen, Führungskräften und Teilnehmern einer Drachenfliegermeisterschaft eingesetzt (Schuler & Frintrup, 2002, S. 751). Nach ein- bis zweitägigen Trainingsmaßnahmen waren die Teilnehmer nachweislich motivierter. Die großen Unterschiede zwischen Arbeitslosen und Unternehmensgründern in ihrer Leistungsmotivation lassen darauf hoffen, dass dieser Test auch Persönlichkeitsunterschiede von Mitgliedern verschiedener Organisationen aufzeigen könnte, wenn solche vorlägen.

3.6.5 *Gründe für die Auswahl des LMI*

Die Operationalisierung der Leistungsmotivation mit dem LMI wurde in dieser Arbeit nach gründlicher Auseinandersetzung mit dem Thema **Fragebogenverfahren versus projektive Verfahren** gewählt. Wie bereits erwähnt, gibt es einen großen Streit in der Literatur über die Validität von Fragebogenuntersuchungen (respondente Verfahren) und projektiven/operanten Verfahren.
An den Fragebogen wird generell kritisiert, dass
- die Fragen von den Probanden unterschiedlich aufgefasst werden könnten,
- vor allem bewusste Wertschätzung und nicht die im Unterbewusstsein bestehenden Präferenzen erfasst würden,
- die Antwortmöglichkeiten begrenzt seien,
- die Situationsvariablen vernachlässigt würden und
- die im Motivierungsgeschehen enthaltenen Erlebnis- und Verhaltensaspekte nicht theorieadäquat abgebildet seien (Schmalt, 1976, S. 182f.).

Als Vorteil werden von manchen Autoren (Heckhausen, 1963; Kuhl, 1983) nur die leichte Einsetzbarkeit und die schnelle Auswertungsmöglichkeit gesehen.

Die Diskussion über das Für und Wider von respondenten Verfahren führt Ott (1995, S. 18) auf die Definition von Atkinson (1957) und von McClelland et al. (1953) zurück, wonach Leistungsmotivation "die Auseinandersetzung mit einem Tüchtigkeitsmaßstab" bedeutet. Diese Definition sei sehr weit gefasst und daher Ausgangspunkt für zwei völlig unvereinbare Sichtweisen. Fragebogen seien zur Messung von spontanen Gedanken oder Verhaltensweisen ungeeignet, weil die Teilnehmer vorher festgelegte Antwortmöglichkeiten ankreuzen, also nicht selbst eine Antwort erarbeiten müssen. Es könne zwar etwas über den Wert, den eine Person einem Aspekt, zum Beispiel Leistung, zumisst, ausgesagt werden. Ob der Mensch diese Wertzumessung auch spontan in Verhalten umsetzt, könne damit aber nicht gemessen werden. Dazu ist anzumerken, dass aber auch nicht bei den TAT-Bildergeschichten vorausgesagt werden kann, ob leistungsthematische Geschichten im Alltagsleben auch in tatsächliche Leistungshandlungen umgesetzt werden. Gegner des Fragebogenverfahrens meinen weiter, dass Motive implizit repräsentiert seien, sich also dem Bewusstsein weitgehend entziehen (Ott, 1995, S. 21). Der TAT sei hoch valide, wie beispielsweise eine Studie von McClelland und Boyatzis (1982) zeige, die mit dem TAT den Aufstieg von Managern eines großen Unternehmens über einen Zeitraum von 18 Jahren statistisch signifikant vorhersagen konnten. Es fragt sich allerdings, falls es zutrifft, dass Motive nur implizit repräsentiert sind, warum dann - zumindest in der amerikanischen Forschung - das Misserfolgsmotiv mittels eines Fragebogens, dem TAQ (Test Anxiety Questionnaire), erhoben wird.

Kuhl (1983, S. 518) erläutert weiter, bei Fragebogenverfahren fehle der Nachweis, dass sie ein Motiv messen. Vielmehr bestehe die Möglichkeit, dass die Fragebogen eine Verhaltensgewohnheit, eine Eigenschaft oder ein ideales Selbstbild erfassen. Respondente Verfahren würden also operationalisieren, wie viel Wert eine Person der Leistung bewusst beimisst, während operante Verfahren die das tatsächliche Verhalten bestimmenden Motivstärken erfasse. McClelland, Koestner und Weinberger (1989) meinen, dass jeder Mensch ein *bewusstes* (self-attributes need Achievement - *san*Ach) und ein *unbewusstes* Leistungsmotiv (implicit need Achievement -*n*Ach) hat, die nicht miteinander korrelieren. Das *san***Ach**, das **respondent** erfasst werden muss, zeigt die bewusste Wertschätzung gegenüber Leistung und leistungsbezogenem Handeln als Teil des persönlichen Selbstkonzepts, das sich meist in der gesellschaftlichen Wertschätzung widerspiegelt. Das *n***Ach***, das* **operant** zu messen wäre (McClelland et al., 1989, S. 696), führe zu spontaner Verhaltensentwicklung und Ausführung. Ergebnisse operanten Leistungsverhaltens schlagen sich nieder in Einkommen, hierarchischer Position in der Organisation und Übernahme von Führungsaufgaben in allen möglichen gesellschaftlichen Bereichen. Unter Zugrundelegung der psychometrischen Qualitätskriterien hat sich jedoch sowohl bezüglich der Konstruktvalidierung als auch in Bezug auf die Validierung von Außenkriterien ergeben, dass Fragebogenverfahren Motive besser als operante Verfahren messen (Schuler & Höft, 2001, S. 119).

Das Hauptargument gegen die respondenten Verfahren ist nach Prochaska (1998, S. 2) die leichte Durchschaubarkeit der Testabsicht und die willentliche Beeinflussung im Sinne eines sozial erwünschten Antwortverhaltens. Prochaska (1998) konnte dieses Argument jedoch entkräften. So fand er heraus, dass das Antwortverhalten selbst in einer (vorgestellten) Bewerbungssituation nur moderat beschönigend ist. Dazu hatte Prochaska (1998, S. 111) die Teilnehmenden die Fragebogen in drei verschiedenen Situationen ausfüllen lassen. In der *Forschungssituation* sollten die Versuchspersonen ehrlich antworten, weil dies für ein wissenschaftliches Projekt zur Erkundung allgemeiner Persönlichkeitsmerkmale notwendig sei. Die Teilnehmer sollten sich dagegen in der *Bewerbungssituation* vorstellen, sie müssten den Fragebogen im Rahmen einer Bewerbung ausfüllen. In der *Ideal-Profil-Situation* sollten sie hingegen die Antworten so formulieren, dass sie ein möglichst positives Bild abgeben. Es zeigte sich, dass in der Bewerbungssituation gegenüber der Forschungssituation nur mäßig geschönte Antworten gegeben wurden und wesentlich weniger als in der Ideal-Profil-Situation sozial erwünscht geantwortet wurde. Weiter konnte Prochaska (1998) zeigen, dass bestimmte Items besonders anfällig für sozial erwünschtes Antwortverhalten sind, andere aber resistent dagegen bleiben. Beispiele für "anfällige" Items sind (Prochaska, 1998, S. 123): „Für mich ist arbeiten etwas, was ich immer gerne tue." und „Wenn ich etwas beginne, bringe ich es meistens zu einem guten Abschluss."

Beispiele für "resistente" Items (Prochaska, 1998, S. 127):
- An einer Sache lange zu arbeiten, ohne zu ermüden, fällt mir leicht.
- In der Schule hielten mich die Leute für fleißig.

Bei den projektiven Tests wurde dagegen insbesondere die mangelnde Verlässlichkeit dieser Verfahren bemängelt. Tatsächlich korrelieren operante bzw. projektive und respondente (Fragebogen) Verfahren kaum. Es wird daher behauptet, die beiden Verfahren würden Unterschiedliches messen (Heckhausen, 1989, S. 243). Fragebogenantworten seien nur vordergründige Meinungsäußerungen (Ott, 1995, S. 21). Weiter sollen die Fragebogen eher Konformität, Autoritätsachtung, Verfälschungstendenzen, sozial angepasste Antworten u.ä. erfassen (Heckhausen, 1963, S. 25). Andere Autoren (Spangler, 1992; Müller, 1997) meinen, dass projektive Verfahren eine hohe Vorhersagegenauigkeit besitzen, wenn in der Situation tätigkeitsbezogene Anreize vorliegen. Fragebogen dagegen sagen die Leistungsmotivation genau vorher, wenn die Situation eher externale oder sozialbezogene Anreize generiert. Faktorenanalysen des MARPS, AMS, Hermans-Fragebogen und TAQ, ergaben, dass die Items aller Fragebogen sehr mit selbstwahrgenommenen Fähigkeiten aufgeladen sind. Die Items der Motivkomponente „Hoffnung auf Erfolg" (HE) sind mit der Zuschreibung hoher und die Items für „Furcht vor Misserfolg" (FM) mit der Attribution geringer eigener Begabung verbunden. Die HE- und FM-Variablen des TAT jedoch wären frei von individuellen Unterschieden im Fähigkeitsselbstkonzept (Heckhausen, 1989, S. 244). Die Auslöser operanten Leistungsverhaltens sind aber unklar. Dagegen lösten bestimmte Anreizhinweise eindeutig respondentes Leistungsverhalten aus, das sich in Schulnoten, Intelligenz- und Leistungstestwerten, Persönlichkeits- und Einstellungstests zeige (Prochaska, 1998, S. 56).

Prochaska (1998, S. 88) konnte in einer Untersuchung, in der die Versuchspersonen (Studenten unterschiedlicher Fachrichtungen der Universität Hohenheim) u.a. sowohl mit dem LMT (Leistungs Motivations Test von Hermans, Petermann & Zielinski, 1978), der MAS als auch mit dem TAT getestet wurden, eindeutig die Unabhängigkeit operanter und respondenter Messverfahren bestätigen. In der gleichen Untersuchung wurden bei den Teilnehmenden die "Big Five"-Persönlichkeitsfaktoren (Neurotizismus, Extraversion, Offenheit, Verträglichkeit und Gewissenhaftigkeit) mit dem NEO-Fünf-Faktoren-Inventar (Borkenau & Ostendorf, 1993) gemessen. Die gravierendsten Unterschiede zwischen operanten und respondenten Messverfahren nach dieser Studie werden im Folgenden näher erläutert. *Jeweils am Ende der Beschreibung der Big Five-Merkmale sind kursiv die entsprechenden Korrelationen mit dem LMI (Schuler & Prochaska, 2001a, S. 47), die für die Validität des LMI sprechen, angegeben.*

- **Neurotizismus** korreliert signifikant positiv mit der respondent gemessenen Komponente "leistungshemmende Prüfungsangst" des LMT (r = -.26), zeigt jedoch überraschenderweise keinen signifikanten Zusammenhang zu den mit dem TAT gemessenen Komponenten (r liegt zwischen -.21 und .01). Da Personen mit hohem Neurotizismus sich häufig ärgern und entrüsten sowie oft traurig sind und unrealistische Ideen haben (Prochaska, 1998, S. 90), hätte dieser Persönlichkeitsfaktor auch mit der Misserfolgsfurcht-Komponente des Leistungsmotivs, gemessen mit dem (operanten) TAT, korrelieren müssen. *Dagegen spricht für die Operationalisierung von Leistungsmotivation mit dem respondenten LMI-Messverfahren, dass aufgrund der genannten Persönlichkeitseigenschaften Neurotizismus erwartungsgemäß negativ korreliert mit Beharrlichkeit (r = -.43), Dominanz (r = -.36), Erfolgszuversicht (r = -.58), Flexibilität (r = -.57), Furchtlosigkeit (r = -.66), Internalität (r = -.34), Schwierigkeitspräferenz (r = -.33) und Selbständigkeit (r = -.49).*

- **Extraversion** korreliert signifikant negativ mit der respondent gemessenen Komponente "leistungshemmende Prüfungsangst" des LMT (r = -.26). Es ergibt sich jedoch erstaunlicherweise kein Zusammenhang zu der mit dem TAT gemessenen Komponente "Furcht vor Misserfolg" (r = .00). Da Personen mit hohen "Extraversion"-Werten - im Gegensatz zum Verhalten von misserfolgsängstlichen Personen - aktiv, durchsetzungsfähig, gesprächig, tatkräftig und optimistisch sind sowie Anregungen und Aufregungen lieben (Prochaska, 1998, S. 91), hätte hier ein signifikant negativer Zusammenhang ermittelt werden müssen. Das spricht auch gegen die Operationalisierung von Leistungsmotivation über den TAT. *Die LMI-Dimensionen „Extraversion" und „Flexibilität" korrelieren hingegen in der Höhe von r = .41. Da* **Flexibi-**

*lität beschrieben wird mit "Offenheit", "Beweglichkeit" "Neues suchend", ist es folgerichtig, dass von den 17 Dimensionen **Flexibilität** am höchsten mit **Extraversion** zusammenhängt. Stimmig ist es somit auch, dass die nächstniedrigeren Korrelationen (r = .27) zu den Dimensionen Dominanz, Erfolgszuversicht und Furchtlosigkeit bestehen.*

- **Offenheit** korreliert signifikant positiv mit der respondent gemessenen Komponente "Erfolgsstreben" der MAS (r = .40). Kein Zusammenhang zeigt sich zu der mit dem operanten TAT gemessenen Komponente "Hoffnung auf Erfolg" (r = .08). Personen mit hohen "Offenheit"-Werten sind wissbegierig, neugierig, originell, phantasievoll, kreativ und unkonventionell, lieben Abwechslung und neue Erfahrungen. Im Gegensatz zu den Erwartungen Prochaskas (1998, S. 92) hätte man daher durchaus mit einer positiven, wenn auch geringen, Korrelation zur TAT-Komponente "Hoffnung auf Erfolg" rechnen dürfen, da Wissbegier und der TAT-Inhaltsschlüssel "instrumentelle Tätigkeit zur Zielerreichung" miteinander korrespondieren sollten. *Es ist zwar nach den Merkmalen der **Offenheit** erwartungsgemäß, dass diese positiv korreliert mit den LMI-Komponenten „Flexibilität", „Flow" und „Lernbereitschaft". Es erstaunt dennoch, dass der Zusammenhang nur zwischen r = .17 und r = .19 liegt.*

- **Verträglichkeit** korreliert unerwartet signifikant positiv mit der operant gemessenen Gesamtmotivation des TAT (r = .23) sowie mit den Komponenten "Hoffnung auf Erfolg" (r = .28) und "Gesamtmotivation" (r = .25), die mit einem weiteren operanten Messverfahren "Thematischer Apperzeptions-Test auf Video" (TAT-V von Prochaska, Schuler & Radziwinski, 1993) erfasst wurden. Verträglichkeit beschreibt das altruistische, mitfühlende, verständnisvolle, nachgiebige und harmoniebedürftige interpersonelle Verhalten von Personen (Prochaska, 1998, S. 92). Dies müsste an und für sich unabhängig von den Komponenten "Hoffnung auf Erfolg" und "Furcht vor Misserfolg" sein, was sich aber nur mit den respondenten Verfahren bestätigen lässt. *Folgerichtig hängen Verträglichkeit und **Furchtlosigkeit** nicht zusammen (r = .05). Verträglichkeit und die folgenden LMI-Dimensionen korrelieren dagegen erwartungsgemäß <u>negativ</u>: **Dominanz** (r = -.21), **Statusorientierung** (r = -.26), **Wettbewerbsorientierung** (r = -.33) sowie **Zielsetzung** (r = -.29). Die negative Korrelation zur Zielsetzung ergibt sich daraus, dass diese Dimension u.a. karriereorientierte und nach Höherem strebende Personen beschreibt.*

- **Gewissenhaftigkeit** korreliert erwartungsgemäß signifikant positiv mit den respondent gemessenen LMT-Komponenten "Leistungsstreben" (r = .34) und "leistungshemmende Prüfungsangst" (r = .57) sowie mit der Komponente "Erfolgsstreben" der MAS (r = .28). Kein Zusammenhang zeigt sich dagegen mit der entsprechenden operanten TAT-Komponente, jedoch mit der TAT-V-Komponente "Gesamtmotivation-Video" (r = .27). Hohe "Gewissenhaftigkeit"-Werte haben zuverlässige, anspruchsvolle, ausdauernde, zielstrebige, genau und systematisch arbeitende Personen (Prochaska, 1998, S. 93). Dies entspricht der Beschreibung der Erfolgsmotivierten in allen Theorien. Insofern ist die Nicht-Korrelation mit TAT-Werten schon ein Hinweis darauf, dass mit dem TAT eher nicht gemessen werden sollte. *Für das LMI spricht, dass alle LMI-Dimensionen positiv mit Gewissenhaftigkeit zusammenhängen. Die höchsten positiven Korrelationen ergeben sich erwartungsgemäß zu Beharrlichkeit, Engagement und Selbstkontrolle in Höhe von r = .59/.51/.67.*

Weiter korrelieren die Abiturnoten signifikant mit den LMT-Komponenten "Leistungsstreben" (r = .37), "Ausdauer und Fleiß" (r = .46), "Leistungsfördernde Prüfungsangst" (r = .28) sowie mit der MAS-Komponente "Erfolgsstreben". Keine signifikanten Korrelationen ergaben sich hingegen zwischen Abiturnoten und operanten Verfahren, was als Validitätsbeleg für die respondenten Verfahren interpretiert wurde (Prochaska, 1998, S. 97, 107). Überraschend ist allerdings, dass die genannten respondent erfassten Komponenten nicht mit den Vordiplom-Noten der Studenten korrelieren.

Die **Kritik** am LMI lautet, dass die Differenzierung der 17 Dimensionen nicht überzeugend gelungen sei und sich die Dimensionen "in einer Faktorenanalyse nur erzwungenermaßen wiederfinden" (Niemann, 2002, S. 378). Auch Schmidt-Atzert (2001, S. 144) bemängelt, dass die 17 Dimensionen gleichberechtigt nebeneinander stehen und "sprunghaft auf einen Gesamtwert reduziert" werden. Er fordert ein fundiertes Modell, das die Beziehungen der Einzeldimensionen untereinander theoretisch und empirisch besser begründet. Hierbei sollte insbesondere geprüft werden, welche Funktion jede einzelne Dimension für das Verhalten in Leistungssituationen hat und welche der Dimensionen nur Folgen der Leistungsmotivation und welche konstituierend sind. Bühner (2002, S. 210) begrüßt die hohe Korrelation des LMI-Gesamtwerts mit dem Persönlichkeitsfaktor *Gewissenhaftigkeit.* Er kritisiert jedoch, dass die Einzeldimensionen nicht vollständig in globalen Persönlichkeitsfaktoren aufgehen. Dabei muss aber beachtet werden, dass Korrelationen von r > .30 in der Persönlichkeitsforschung kaum gefunden werden. Bühner (2002, S. 210f.) urteilt, dass es auf dem Testmarkt keine vergleichbare Alternative gibt. Die Reliabilität einzelner Skalen sei jedoch noch verbesserungsbedürftig und die Validität könnte noch überzeugender sein. Trotz der genannten Kritik spricht für den Einsatz des LMI zum einen die allseits gelobte einfache Verständlichkeit der Items für die Probanden sowie die einfache Durchführung (so auch Niemann, 2002, S. 378). Außerdem ist im Gegensatz zu operanten Verfahren eine größere Objektivität und Vergleichbarkeit gegeben. Zum anderen wurde die Operationalisierung per LMI ausgewählt, weil das Problem der **sozialen Erwünschtheit** gut gelöst wurde**.** Items, die hoch mit sozial erwünschtem Antwortverhalten korrelierten, wurden - wie bereits geschildert - ausgeschlossen. Nach Schuler und Prochaska (2001a, S. 47) hängen die 17 Skalen mit sozialer Erwünschtheit wie folgt zusammen:

- Zwei Dimensionen korrelieren **negativ** (*Statusorientierung*: r = -.12; *Wettbewerbsorientierung*: r = -.23).
- Einige Dimensionen sind davon nahezu unabhängig, d.h. r < 0,1 (*Dominanz*: r = -.03; *kompensatorische Anstrengung*: r = -.03; *Leistungsstolz*: r = -.03; *Engagement*: r = .05; *Flow*: r = .03; *Zielsetzung*: r = .02).
- Die übrigen Dimensionen korrelieren **positiv**, aber nur bis max. r = .37 (*Beharrlichkeit*: r = .32; *Erfolgszuversicht*: r = .26; *Flexibilität*: r = .24; *Furchtlosigkeit*: r = .37; *Internalität*: r = .23; *Lernbereitschaft*: r = .14; *Schwierigkeitspräferenz*: r = .15; *Selbständigkeit*: r = .19; *Selbstkontrolle*: r = .17)
- Die Korrelation mit dem **LMI-Gesamtwert** beträgt r = .16.

Außerdem sind die dargelegten plausiblen Zusammenhänge mit den Big Five ein weiteres Hauptkriterium für die Anwendung des LMI. Die 17 Skalen des LMI von Schuler und Prochaska (2001a) geben auch über die Hintergründe des Leistungsstrebens mehr Aufschluss, die man bei den Bildergeschichten eher nicht erfährt. In jeder Situation wirken viele Motive auf eine Person ein, die durch die Bilder durchaus auch provoziert werden. Es bleibt also im Vergleich zu respondenten Messverfahren "viel Spielraum für individuelle Interpretationsweisen" (Müller, 1997, S. 132). Auch Kuhl (1983) will daher gleichzeitig das Machtmotiv und das Anschlussmotiv mit erfassen.

Ein wichtiges Argument gegen die Anwendung eines projektiven Verfahrens besteht im Wissen der Teilnehmer um den Untersuchungsgegenstand einer Studie. Jemand, der weiß, dass seine Leistungsmotivation getestet werden soll, wird nicht mehr latente Motive in seinen Geschichten erzählen, sondern sich bewusst damit auseinander setzen, ob er nun eine leistungsbezogene oder eine nicht leistungsbezogene Geschichte erzählen soll. In einer Organisation kann man die Beschäftigten nicht täuschen und ihnen vorspiegeln, es werde etwas anderes untersucht. Um eine hohe Beteiligung zu erreichen, muss man erklären, worum es geht. Andernfalls treten auch die Probleme von Täuschungsexperimenten auf, z.B. verschiedene Arten von Versuchspersonen, etwa die „gute" Versuchsperson, die es besonders gut machen will. Außerdem versucht jeder zu erraten, um was es in der Untersuchung eigentlich geht. Dann kann man aber ebenso gut objektivere und weniger zeitaufwendige schriftliche Befragungen durchführen.

Das Hauptargument für die Verwendung des LMI ist, dass es als einziges Verfahren auf einer persönlichkeitsübergreifenden Definition von Leistungsmotivation basiert und somit alle Modifikationen und Reformulierungen der Leistungsmotivationstheorie umfasst. Für den Einsatz in dieser Studie spricht außerdem die bessere Vergleichsmöglichkeit zwischen den Stichproben aus dem öffentlichen Dienst und der Privatwirtschaft.

4. Das Konzept der Kontrollüberzeugung

4.1 Begriff und theoretischer Hintergrund

In der Literatur lassen sich verschiedene Begriffsbestimmungen von **Kontrolle** finden. Im 20. Jahrhundert entsteht das Wort "kontrollieren" mit der Bedeutung des Aktivseins, nämlich "beherrschen, entscheidenden (wirtschaftlichen) Einfluß ausüben" (Etymologisches Wörterbuch, 2000, S. 713). Es geht also um ein aktives Element; man meint, selbst eingreifen zu können. Kontrolle ist laut einer Definition gegeben, wenn das Individuum „Ereignisse und Zustände seiner Umwelt beeinflussen, vorhersehen oder zumindest erklären" kann (Fischer, M., 1996, S. 166). Ulich (1998, S. 180) versteht unter Kontrolle im arbeitspsychologischen Sinn „die Freiheit, zwischen verschiedenen Möglichkeiten auszuwählen und/oder die Möglichkeit, auf Abläufe Einfluss zu nehmen". Die "Disposition zu glauben, daß man Schwierigkeiten meistern kann und ihnen nicht hilflos ausgesetzt ist" (Warr, 1995, S. 386), ist ein anderer Definitionsversuch.

Es gibt ein **Bedürfnis nach Kontrolle** per se, unabhängig vom Vorhandensein von Kontrollnotwendigkeiten. Das Fehlen von Kontrolle wird dann zum Stressor selbst. Das Streben nach Kontrolle ist ein menschliches Grundbedürfnis (Desjardins, 2001, S. 18). Hacker (1998, S. 133) spricht vom "Bedürfnis nach Möglichkeiten zum Beeinflussen und Beherrschen der eigenen Lebens- bzw. Arbeitssituation". Dass es ein Bedürfnis nach Kontrolle gibt, zeigt auch die relativ gut untersuchte Neigung von Menschen, ihre eigene Kontrolle zu überschätzen (Heckhausen, 1989, S. 395). Verschiedene Untersuchungen konnten zeigen, dass für die Menschen das Kontrollerleben von großer Bedeutung ist. Dies fängt sogar schon bei der Bewerberauswahl an. Die Kandidaten zogen computerunterstützte Interviews den Fragebogen und den mündlichen Befragungen vor, weil sie am PC eine größere Kontrolle erlebten (Moser & Zempel, 2001, S. 82f.). Interessant ist ein weiterer Aspekt, nämlich die gefundene hohe Korrelation zwischen Kontroll- und Gerechtigkeitsüberzeugungen. Gerechtigkeit impliziert "die Existenz von Regeln, deren Kenntnis Gewißheit über die Folgen bestimmter Verhaltensweisen gibt und damit (eine Form von) Sicherheit gewährt" (Schmitt, 1993, S. 6).

Kontrollüberzeugung ist eine relativ stabile persönliche Überzeugung, Kontrolle ausüben zu können, also grundsätzlich selbst die Umwelt beeinflussen und verändern zu können. Fröhlich (1997, S. 253) definiert Kontrollüberzeugung als subjektive Annahme, über Reaktionsmöglichkeiten zu verfügen, mit deren Hilfe „unangenehme Ereignisse abgewendet, zumindest aber beeinflußt werden können". Die Kontrollüberzeugung beinhaltet zusätzlich aber auch, dass man meint, Situationen nach eigenen Zielen und Wünschen *gestalten* zu können, d.h. nicht nur die Bewältigung unangenehmer Situationen. Nach Ansicht von Kobasa et al. (1982, S. 169) hat die Kontrollüberzeugung drei Aspekte: a) die Überzeugung, frei entscheiden zu können b) die Bewertung der Stressoren als notwendiger Teil des Lebens und c) mehr Stressbewältigungsmöglichkeiten als nicht Kontroll-überzeugte zu kennen. Flammer (1997, S. 69) ist der Meinung, Kontrollüber-zeugungen seien zusammengesetzt aus den „contingency beliefs“ und „compe-tence beliefs“. Der **Kontingenzglaube** betrifft den Glauben an die Wahrschein-lichkeit, mit der eine bestimmte Handlung zu einem bestimmten Ergebnis führt. Die **Kompetenzüberzeugung** dagegen bezieht sich auf den Glauben, dass man selbst die Fähigkeit besitzt, diese Handlung erfolgreich durchzuführen.

Phares (1976, S. 1ff.) entdeckte, dass einer seiner Patienten Verhaltensweisen, die er mit seinem Therapeuten zuvor geübt hatte (z.B. das Ansprechen einer Frau) und die zu einem persönlichen Erfolg führten, nicht wiederholte. Trotz des Erfolgs und der vermeintlichen Belohnung (erfolgreiches Gespräch als Beloh-nung) sah der Patient keinen Zusammenhang zwischen seinen Verhaltensweisen und dem Erfolg, so dass er dadurch für die Zukunft nicht zu gleichen Verhal-tensweisen angeregt wurde, also keine Verstärkung erfolgte. Die Ursachen sei-ner Erfolge führte er auf Glück oder sonstige Umstände zurück, auf die er keine Kontrolle ausübte. Phares (1976) erkannte somit, dass Rotters (1966) „Locus of Control“-Konzept, das dieser aus seiner sozialen Lerntheorie entwickelte, eine Erklärung für dieses Patientenverhalten liefern könnte. Die soziale Lerntheorie basiert auf der Annahme, dass Triebe keine ausreichende Erklärung für moti-viertes Verhalten sind. Hinzu kommt Verhalten, das zielorientiert ist. Das Ver-halten wird nicht durch unspezifische Reiz-Reaktions-Mechanismen bestimmt, sondern von erlernten Erwartungen über den Zusammenhang eigener Handlun-gen und ihren Bekräftigungsfolgen (Rotter, 1966). Allein schon die Erwartung der Konsequenzen des eigenen Verhaltens bildet eine zentrale unabhängige Va-riable zur Erklärung von Handlungen bzw. Entscheidungen.

Wenn Belohnungen auf eine Handlung folgen, wird zielgerichtetes Verhalten positiv verstärkt und bestimmte Handlungen werden gefördert. Verstärkungen sind Bedingungen oder Ereignisse, durch die die Wahrscheinlichkeit des wie-derholten Auftretens einer Verhaltensweise erhöht wird. Negative Verstärkun-gen, z.B. Bestrafungen, verringern oder verhindern dagegen vorangegangene Verhaltensweisen. Somit wiederholen Organisationsangehörige vermutlich in der Zukunft job-relevante Verhaltensweisen, die belohnt wurden (Spector, 2000, S. 193). Dieses Verhalten ergibt sich aus der sozialen Lerntheorie Rotters (1966):

> Dass ein bestimmtes Verhalten in einer Situation mit Aussicht auf Verstärkung auftritt, ist eine Funktion der *Erwartung*, dass die Verstärkung dem Verhalten in der *Situation* auch wirklich folgt und eine Funktion des *Wertes*, den die Verstär-kung in der Situation hat (Rotter & Hochreich, 1979, S. 111).

Die Wahrscheinlichkeit, dass ein bestimmtes Verhalten in einer ganz bestimm-ten Situation auftritt, hängt also ab

- von der *Erwartung*, dass das Verhalten in dieser oder ähnlichen Situationen zu einer gegebenen Verstärkung führt und
- vom *Verstärkungswert*, der sich bezieht „auf den Grad der Präferenz für eine von mehreren Verstärkungen, wenn für alle die gleiche Auftretenswahrscheinlichkeit besteht" (Rotter & Hochreich, 1979, S. 109) sowie
- von der subjektiven Bedeutung, die eine Person einer *Situation* beimisst.

Wenn folglich eine Person bestimmte Situationen nicht so gut wie andere kontrollieren kann, erwartet sie immer öfter, dass sie auch künftige gleichartige Situationen nicht beeinflussen kann, womit sich diese Erwartungen generalisieren können (Rotter & Hochreich, 1979, S. 185). Beschäftigte ordnen Situationen in Organisationen interindividuell unterschiedlich nach gemeinsamen Eigenschaften ein, ob z.B. die Verstärkung durch eigenes oder fremdes Verhalten bzw. durch zufällige Umstände erfolgt. Falls Beschäftigte in bestimmten Situationen glauben, dass Belohnungen vom Zufall oder von der Macht Anderer abhängen, lernen sie schlechter (Rotter & Hochreich, 1979). Sie machen eher Lernfortschritte, wenn sie die Situationen als durch eigenes Verhalten verursacht wahrnehmen. Es handelt sich um die „generalisierte Erwartung von Selbst- bzw. Fremdkontrolle der Verstärkung" (Rotter & Hochreich, 1979, S. 185). External sind Kausalfaktoren, die außerhalb eines gegebenen Organismus lokalisiert werden, internal sind solche Kausalfaktoren, die innerhalb eines Organismus lokalisiert werden.

Personen mit überwiegend internaler Kontrollüberzeugung nehmen die Verstärkung also kontingent zu ihrem eigenen Verhalten wahr und sehen ihre persönlichen Eigenschaften als kausal für (positive) Handlungsfolgen an.

Internal Kontrollüberzeugte halten sich selbst für die Verursacher der "guten" Ereignisse in ihrem Leben, während external Kontrollüberzeugte sich *weder* als Verursacher der "schlechten" *noch* der "guten" Ereignisse in ihrem Leben sehen. Angestellte mit einer internalen Kontrollüberzeugung glauben also, dass sie Kontrolle über ihre Aktionen und vor allem über die Wirkungen ihrer Handlungen im Betrieb besitzen (Spector, 2000, S. 304; Coleman et al., 1999). So wird in der Literatur sogar die Notwendigkeit der Erfassung von Kontrollüberzeugung als wichtige erklärende Variable von Verhalten in allgemeinen Bevölkerungsumfragen anerkannt (vgl. Jakoby & Jacob, 1999, S. 61ff.).

Personen mit einem überwiegenden externalen Locus of Control glauben dagegen, dass die Ursachen von Handlungsergebnissen außerhalb ihrer Person liegen, d.h. dem Zufall, Glück, Schicksal oder anderen Personen zuzuschreiben sind. Erfolge führen sie auf nicht durch sie beeinflusste Ursachen zurück.

Lefcourt (1976, S. 111-126) berichtet von einigen Studien, die belegen, dass Individuen ihre Kontrollüberzeugung ändern, sowohl in Richtung zu einer höheren internalen (z.B. durch Erreichen oder Innehaben einer höheren beruflichen Stel-

lung, die mehr Einfluss erlaubt) als auch zu einer höheren externalen Kontrollüberzeugung (z.B. Enttäuschung über Nichtannahme eigener Vorschläge). Weiter wurde in Studien ein leichtes Anwachsen der internalen Kontrollüberzeugung zwischen dem 20. und 60. Lebensjahr und ein Rückgang nach dem 60. Lebensjahr verzeichnet (Flammer, 1997, S. 84). Die Erhöhung der internalen Kontrollüberzeugung kann trainiert werden (Nowack, 1986, S. 117). Es gibt sogar
Institute unter Leitung von Psychologen, die die Änderung des LOC trainieren
(Hardiness For Hard Times, 2002). Eine Modifikation scheint allerdings dann
nicht möglich zu sein, wenn die Veränderung des Locus of Control durch Grup-
pensitzungen angestrebt wird, die sehr wenig Möglichkeiten zum Ausprobieren
von Handlungen und Erleben von Handlungs-Ergebnis-Kontingenzen bieten
(Krampen, 1982, S. 179).

Kritik am Konstrukt
Das Konzept der Kontrollüberzeugung wurde allerdings auch kritisiert. Zum
einen wird die theoretische Einbettung als mangelhaft bezeichnet, zum anderen
die Stabilität der Ursachenzuschreibung für entscheidender als die Kontrollüberzeugung gehalten sowie die Eindimensionalität der Operationalisierung Rotters
(1966) bemängelt.

Oesterreich (1981, S. 265) kritisiert, dass „die theoretische Einbettung des LC-
Konstruktes als dürftig zu bezeichnen ist". Nach der sozialen Lerntheorie können interindividuelle Differenzen resultieren aus Unterschieden in
 • der erlebten Situation
 • der Anzahl und Art der zur Verfügung stehenden Verhaltensweisen
 • der Bewertung der Bekräftigung
 • den subjektiven Wahrscheinlichkeiten, die Bekräftigungen durch bestimmte Verhaltensweisen zu erlangen.
Das LOC-Konzept zeige jedoch nur, dass sich die Individuen in ihrer Kontrollüberzeugung unterscheiden, ohne aber „die Erwartungen hinsichtlich verschiedener Situationen" zu differenzieren (Oesterreich, 1981, S. 263). Oesterreich
(1981, S. 265) kritisiert außerdem, dass das LOC-Konstrukt nicht danach fragt,
ob die gemessene Wahrnehmung bzw. Interpretation von Verstärkungen Gründe
hat, die diese Einstellung rechtfertigen. In der Literatur finden sich drei mögliche Gründe für eine internale/externale Kontrollüberzeugung: die sozialen Umstände sind besonders günstig/ungünstig (z.B. farbige Minderheiten in den USA
zeigen externalere Einstellungen) oder das Individuum hat besonders ho-
he/niedrige Fähigkeiten oder die Befragten haben unrealistische internale Erwartungen. Natürlich können auch die drei Ursachen zusammenwirken. Je nach Ursache sind aber verschiedene Interventionsmaßnahmen nötig. Im ersten Fall
müssten die äußeren Umstände modifiziert, im zweiten die Fähigkeiten des Individuums gefördert und im dritten Fall die Einschätzung der Teilnehmenden an
die Wirklichkeit angepasst werden (Müller, 1997, S. 220f.). Rotter (1975) weist
zwar die Kritik zurück, da das Konzept nicht nur aus theoretischen Erwägungen,
sondern auch aus klinischen Studien entstanden sei. Es bleibt jedoch das Defizit,

dass das Konstrukt Kontrollüberzeugung nur einen kleinen Teilbereich der sozialen Lerntheorie abdeckt.

Weiter wird kritisiert, dass nicht die Lokation per se, also die Internalität oder die Externalität der Ursachenzuschreibung, Erwartungsänderungen, z.B. Veränderung der Erfolgserwartungen, bestimmt (Weiner, 1994, S. 280). Es sei vielmehr die Stabilität der Ursachenzuschreibung. Das Locus of Control-Konzept sollte daher aus seiner Verankerung in der sozialen Lerntheorie gelöst werden, weil das LOC-Konstrukt nicht die postulierte Beziehung von Belohnungserwartung und Verstärkung voraussage. Die Kontrollüberzeugung sei vielmehr eine Dimension, die zur kausalen Strukturierung der Umwelt verwendet werde. Außerdem bemängelt Weiner (1994, S. 280), dass die LOC-Forschung weder bei den internalen (Fähigkeit und Anstrengung) noch bei den externalen Ursachen (Glück und einflussreiche Andere) weiter differenziere. Letzteres stimmt nicht, da bereits durch Levenson (1974) sowie Mielke (1982) die externale Skala differenziert wurde in die C-Skala (Chance, Zufall) und P-Skala (powerful others, mächtige Andere). Von Ammon (2002) wurde diese Unterscheidung erfolgreich angewendet. Zwischen fortsetzungsbezogenem Commitment und der C-Skala ermittelte sie eine Korrelation von r = .34 (Ammon, 2002, S. 80), der Zusammenhang mit der P-Skala lag dagegen nur bei r = .19. Dies heißt, dass external Kontrollüberzeugte, die die Ereignisse in ihrem Arbeitsleben auf Glück, Zufall oder Umstände zurückführen, eher auch ein fortsetzungsbezogenes Commitment haben als external kontrollüberzeugte Individuen, die die Ereignisse mächtigen anderen Personen zuschreiben. Zu Recht bemängelt Weiner (1994) dagegen die unterbliebene weitere Differenzierung der internalen Skala in Fähigkeit und Anstrengung. Hieraus sollten Ansätze für weitergehende Forschungstätigkeiten gewonnen werden. Schuler und Prochaska (2001a) gehen allerdings mit ihrer differenzierten LMI-Skala einen Schritt in die richtige Richtung (s. Kapitel 3). Die Dimension "Erfolgszuversicht" bildet bei Schuler und Prochaska (2001a) eher die eigene subjektiv wahrgenommene Fähigkeit ab, die Skala „Beharrlichkeit" dagegen spiegelt die "Anstrengung" wider. Die Internalität korreliert bei Schuler und Prochaska (2001a) auch höher mit Beharrlichkeit (r = .45) als mit Erfolgszuversicht (r = .28). Eine Erklärung könnte hier in der größeren Beeinflussbarkeit der Anstrengung als der Fähigkeit liegen. Da Kontrollüberzeugung die Überzeugung bedeutet, Dinge in seinem Leben beeinflussen zu können, ist die höhere Korrelation mit Beharrlichkeit systemgemäß. Menschen haben nach Weiner (1994) das Bedürfnis, Phänomene, wie Erfolg und Misserfolg nicht nur zu registrieren, sondern diese auf bestimmte Bedingungen bzw. Ursachen zurückzuführen, d.h. sie zu attribuieren. Die internale Attribution von Misserfolg auf den stabilen Faktor "mangelnde Fähigkeit" regt allerdings wesentlich weniger zu nachfolgendem intensiven und ausdauerndem Leistungsverhalten an als die Kausalattribution auf variable Ursachen, wie mangelnde Anstrengung oder Pech (Weiner, 1994, S. 296). Dies verdeutlicht nochmals die Notwendigkeit einer weitergehenden Differenzierung der internalen Locus of Control-Skala in stabile und variable Faktoren.

4.2 Die Abgrenzung zu verwandten Konstrukten

Von der Kontrollüberzeugung sind andere Konstrukte abzugrenzen, die zwar das Bedürfnis nach Kontrolle thematisieren, aber andere Aspekte als die Kontrollüberzeugung fokussieren. Das Konzept Kontrollstreben geht von der Annahme aus, dass ein Individuum um des zukünftigen Handelns willen handelt, „also zielgerichtet gehandelt wird, um auch in der Zukunft weiterhin zielgerecht handeln zu können." (Oesterreich, 1981, S. 209). Burger (1992) verwendet den Begriff Kontrollwunsch (desire for control), definiert als das Ausmaß, in welchem Individuen generell motiviert sind, Kontrolle über die Ereignisse in ihrem Leben auszuüben (Burger, 1992, S. 6). Die Begriffe Kontrollstreben und Kontrollmotivation werden überwiegend mit dem Konstrukt Kontrollwunsch gleichgesetzt. Der Wunsch nach Kontrolle ist zwar bei jedem vorhanden, differiert interindividuell aber sehr stark. Während einige Individuen jede Situation und alle Begebenheiten kontrollieren möchten, sind andere zufrieden damit, anderen die Kontrolle zu überlassen. Der „Wunsch nach Kontrolle" unterscheidet sich somit vom Locus of Control-Konzept. Während die Kontrollüberzeugung den Ort und das Ausmaß erfasst, an bzw. in welchem ein Individuum Kontrolle wahrnimmt, betrifft der Kontrollwunsch „the extent to which people *want* control" (Burger, 1993, S. 226). Eine Person kann z.B. einen externalen Locus of Control haben, aber dennoch einen hohen Wunsch nach Kontrolle besitzen (Oesterreich, 1981, S. 210). Mit der Kontrollmeinung schätzt das Individuum ab, ob ein Handlungsbereich gut oder weniger gut regulierbar ist, unabhängig von dessen Meinung, dass er diese Kontrolle auch wirklich realisieren kann. Die Kompetenzmeinung hingegen betrifft die Frage, ob das Individuum meint, den Handlungsbereich gut zu kennen, unabhängig von seiner Einschätzung, dass der Handlungsbereich gut regulierbar ist oder nicht (Oesterreich, 1981).

Weiter darf Kontrollüberzeugung nicht mit **Autonomieüberzeugung** gleichgesetzt werden. „Autonomie meint die – individuelle oder kollektive – Einflussnahme auf die Festlegung von Zielen und von Regeln, die der Zielerreichung dienen. Kontrolle hingegen meint die Einflussnahme auf Massnahmen, die der Zielerreichung dienen" (Ulich, 1998, S. 180). Kontrollüberzeugung beträfe also die Überzeugung, die Handlungsmöglichkeiten in einer Situation zu erkennen, die richtige auszuwählen und diese auch ausführen zu können. Bei der Autonomieüberzeugung dagegen gehe es um die Überzeugung, die Ziele selbst beeinflussen zu können. Diese Unterscheidung vermag allerdings nicht zu überzeugen, weil auch eine Beeinflussung von Zielen als Kontrolle über die Situation verstanden werden kann.

Weiner (1994, S. 280) legt dar, dass auch die Kontrollüberzeugung - wie die Attributionsneigung - eine individuelle stabile Dimension ist, die zur kausalen Strukturierung der Umwelt verwendet wird. Der **Attributionsstil** ist jedoch nicht identisch mit der Kontrollüberzeugung. Am Beispiel des Leistungsmotivs soll der Begriff Attributionsstil erläutert werden. Das Leistungsmotiv im traditionellen Sinn wird in den ersten zehn Jahren des Lebens erlernt und enthält zwei Komponenten: die *Erfolgssuche* und die *Misserfolgsmeidung*. Je nach der Größe der Anteile gibt es zwei unterschiedliche Persönlichkeitstypen. Auf der einen Seite stehen die *Erfolgssucher*, die lieber Aufgaben mittleren Schwierigkeitsgrades übernehmen, da sie Erfolg und Misserfolg auf kontrollierbare und variable Faktoren zurückführen (***interne* Attribuierung**). Auf der anderen Seite sind die *Misserfolgsmeider*, die eher sehr leichte oder sehr schwierige Aufgaben wahrnehmen, weil sie Misserfolg auf stabile, nicht kontrollierbare Ursachen, wie die Schwierigkeit der Aufgabe bzw. äußere Umstände, schieben und nicht auf ihr individuelles Versagen attribuieren (=***externe* Attribuierung**, s. auch Kapitel 3.3.3). Die Attributionstheorie befasst sich folglich nicht wie die Kontrollüberzeugung mit einer Erwartungshaltung, sondern „mit der rückwirkenden Zuschreibung von Ursachen für vorliegende Handlungsergebnisse" (Müller, 1997, S. 58). Der Zusammenhang von Attributionstheorie und Kontrollüberzeugung liegt insofern vor, als die Erwartungshaltung von früheren Erfahrungen abhängig ist und der Erfolgserwartung auch eine vorweggenommene Ursachenattribution zu Grunde liegt. Bei den Skalenanalysen Schulers und Prochaskas (2001a) fallen Kontrollüberzeugung und Attributionsneigung dann auch zusammen. Die Unterscheidung von internalen versus externalen Ursachenzuschreibungen ist in allen Ansätzen zentral geblieben. Sowohl bei den Weiterentwicklungen der Murrayschen als auch bei der Fortführung der Atkinsonschen Leistungsmotivationstheorie spielen die Attributionen immer eine entscheidende Rolle. Jedoch bleibt der Unterschied, dass das Konstrukt der Kontrollüberzeugung prospektive Aspekte - d.h. subjektiv wahrgenommene Prozesse, die vor der Handlung stattfinden - betrachtet, die Attributionstheorie dagegen retrospektive Aspekte. Die Attributionstheorie befasst sich vor allem mit Problemen hoher Situationsspezifität, die Theorie der Kontrollüberzeugung mit situationsübergreifenden Fragestellungen hoher Globalität (Müller, 1997, S. 222).

Selbstwirksamkeit (self-efficacy) ist ein Schlüsselkonzept in Banduras „social learning or social-cognitive theory". Bandura (1997) definiert den von ihm eingeführten Begriff „perceived self-efficacy" als die wahrgenommene Überzeugung „in one's capabilities to organize and execute the courses of action required to manage prospective situations." (Bandura, 1997, S. 2). Abele, Stief und Andrä (1999, S. 145) übersetzen das als „die Einschätzung der eigenen Fähigkeit, bestimmte Verhaltensweisen, die zur Erreichung eines Zieles führen, ausführen zu können." Nach Bandura ist jedes Handeln von Erwartungen über seine mögliche Wirkung und von der Überlegung getragen, inwieweit unter den gegebenen Situationsbedingungen einzelne Verhaltensweisen ohne Risiken ausgeführt werden können. Selbstwirksamkeit steht also für die Überzeugung, eine Handlung zum Ziel führen zu können. Locke und Latham (1990, S. 218) behaupten nun: "It is likely that anything useful obtained from locus of control measures can be subsumed under the self-efficacy concept". Das Locus of Control-Konstrukt lässt sich also nach dieser Ansicht unter das Selbst-Wirksamkeits-Konzept subsumieren. Das ist allerdings nicht sinnvoll, wie folgende Ausführungen zeigen. Spector (2000, S. 360) hält die self-efficacy-theory nämlich v.a. für eine Motivationstheorie, die auf der Idee basiert, dass Beschäftigte ihre Arbeit gut erledigen, wenn sie glauben, dass sie dazu fähig sind. Personen mit niedriger Selbst-Wirksamkeit hingegen „will be not motivated and will not put forth the effort." (Spector, 2000, S. 185). Spector (2000) führt am Beispiel „Tennisspielen" den Hauptunterschied zwischen (Kontroll)Erwartung und self-efficacy aus. Eine Person kann die Überzeugung haben, dass sie bei genügender Anstrengung ein Tennisspiel gewinnen kann, d.h. die Überzeugung, die Situation des Tennismatches zu kontrollieren. Eine hohe Selbst-Wirksamkeits-Überzeugung betrifft dagegen den Glauben, dass man ein guter Tennisspieler ist. Wer sich für einen guten Tennisspieler hält, muss nicht das Vertrauen haben, ein bestimmtes Match zu gewinnen. Die Konzepte sind sich somit zwar ähnlich, aber beschreiben nicht die gleiche Einstellung. Kontrollüberzeugung und Selbstwirksamkeit sind kompatibel in der Vorhersage, dass man seine Aufgaben besser erfüllen kann, wenn man glaubt, man werde Erfolg haben. Die Gemeinsamkeit besteht darin, dass es auch hier nicht um die tatsächliche Kompetenz, ein bestimmtes Verhalten mit Hilfe eigener Ressourcen zeigen zu können, geht, sondern um die persönliche Überzeugung, diese Kompetenz zu besitzen. Es handelt sich also beim Konzept der Selbstwirksamkeit wie beim Konzept der Kontrollüberzeugung um eine generalisierte Erwartungshaltung. Die Selbstwirksamkeit beinhaltet die *Situations-Handlungserwartung*, also die Erwartung, welche Handlungsmöglichkeiten in bestimmten Situationen zur Verfügung stehen, und die *Handlungs-Ergebniserwartung*, also die Erwartung, welches Ergebnis die Handlungen nach sich ziehen. Insofern überschneiden sich Kontrollüberzeugung und Selbstwirksamkeit. Die Selbstwirksamkeitserwartung ist jedoch ein wesentlich umfassenderes Konzept und viel schwieriger operationalisierbar. Aus den Ergebnissen lässt sich nur bedingt schließen, auf welchen Teilaspekt des Konstruktes sich die Resultate einer Studie zurückführen lassen, wohingegen die Kontrollüberzeugung ein eng begrenztes Konstrukt darstellt. Jemand kann der Meinung sein, große Fähigkeiten zu besitzen (self-efficacy), aber dennoch der Überzeugung sein, dass mächtige Andere die Ereignisse kontrollieren. Als Ergebnis lässt sich feststellen, dass der LOC einen kleineren bzw. anderen Teilaspekt der Persönlichkeit betrifft als die Selbst-Wirksamkeit.

4.3 Ist eine internale Kontrollüberzeugung besser als eine externale?

Nach den bisherigen Ausführungen scheint eine internale Kontrollüberzeugung einer externalen Kontrollüberzeugung vorzuziehen zu sein. Die Frage ist, ob dieses Ergebnis durchgängig zutrifft und ob bei zunehmender Höhe der Internalität dies immer weiter steigende positive Auswirkungen nach sich zieht.

Im Fall der hoch external Kontrollüberzeugten liegen deren Erfolgserwartungen in Leistungssituationen extrem niedrig. Dagegen haben Personen mit hoher internaler Kontrollüberzeugung häufig eine unrealistisch hohe Erfolgserwartung.

"Realitätsverlust, Omnipotenzgefühle und Selbstüberschätzung können also mit hoher Internalität einhergehen" (Krampen, 1982, S. 172). Eine zu hohe interne Kontrollüberzeugung könnte somit kontraproduktiv sein, da diese eine unrealistische Erwartungshaltung mit sich bringt (Harris & Hollingsworth, 1980). Burger (1993, S. 226) meint, dass weder eine externale noch eine internale Orientierung notwendigerweise richtig sein muss. *Extrem* internal Kontrollüberzeugte attribuieren ihrem Versagen immer interne Ursachen und werden daher eher depressiv (Niketta, 1982, S. 96; Rotter, 1975, S. 61). Internal Kontrollüberzeugte fühlen bei wiederholtem Misserfolg ein größeres Defizit in ihrem Selbstbild als Externe (Müller, 1997, S. 227). Strickland (1979, S. 227) berichtet, dass in einem Experiment einer Gruppe gesagt wurde, sie könnten elektrische Schocks vermeiden, wenn sie bei einem Test keine Fehler machen würden, wohingegen der anderen Gruppe gesagt wurde, sie könnten die Schocks nicht vermeiden. In beiden Bedingungen stieg der Herzschlag der "Internalen" signifikant mehr an als der der external Kontrollüberzeugten, obwohl die Personen mit internalem LOC subjektiv nicht mehr Stress empfanden.

Bezogen auf betriebliche Belange gibt es Hinweise, dass sich internal Kontrollüberzeugte weniger unterordnen und eher versuchen, ihre Unabhängigkeit zu bewahren. Internal Kontrollüberzeugte zeigen eine bessere Arbeitsleistung bei Aufgaben, die Unabhängigkeit und Eigeninitiative verlangen (Müller, 1997, S. 56). External Kontrollüberzeugte sind dagegen leistungsfähiger bei der Erledigung von Routineaufgaben und bei Tätigkeiten, die ein genaues Einhalten von Regeln und Anweisungen der Führungskraft fordern (Spector, 1982, S. 486; Spector, 2000, S. 227). Eine Studie belegt, dass Patienten mit koronarer Herzerkrankung (**Herz**infarkt) eine höhere internale Kontrollüberzeugung als "Normalpersonen" besitzen, wohingegen Schlaganfallpatienten (**Hirn**infarkt) zu einer external-fatalistischen Kontrollüberzeugung neigen (Lang, 2001, S. 64, 69).

Wie bereits erläutert, sind die Arbeitsplätze immer weniger durch Routinetätigkeiten, sondern vielmehr durch Unbestimmtheit gekennzeichnet. Eigeninitiative ist angesichts schlanker Strukturen durchwegs gefragt, so dass ein internaler LOC von Vorteil ist, sofern er nicht zu extrem ausgeprägt ist. Kets de Vries und Balazs (1999, S. 16) fanden in ihren Untersuchungen außerdem heraus, dass innovative Firmen einen höheren Prozentsatz an Personen mit einem internen Locus of Control als andere Unternehmen beschäftigten. Als Konsequenz raten Kets de Vries und Balazs (1999, S. 18) den Firmen, Mitarbeiter mit internalem Locus of Control zu selektieren, zu belohnen und zu fördern, da man die externale Kontrollüberzeugung der Beschäftigten nicht so einfach ändern könne.

Unberücksichtigt blieb bisher in der Forschung, dass extrem internal Kontrollüberzeugte aufgrund ihrer Überzeugung, dass sie selbst alles im Griff haben, evtl. wichtige Faktoren vernachlässigen könnten, z.B. die Einbeziehung einflussreicher Personen, um Projekte in Firmen zu realisieren. Da jedoch external Kontrollüberzeugte zu der Überzeugung neigen, dass ihre eigene Anstrengung und ihre Fähigkeiten nicht ursächlich für Handlungsergebnisse sind und sie somit selbst weniger Verantwortung übernehmen und weniger ausdauernd sind, sind Mitarbeiter mit einer „gesunden" internalen Kontrollüberzeugung zu präferieren.

4.4 Operationalisierung und Messung der Kontrollüberzeugung

Im Folgenden werden Verfahren dargestellt, welche die Kontrollüberzeugung entweder eindimensional oder multidimensional erfassen. Außerdem werden die Instrumente weiter danach unterschieden, ob sie eine generalisierte oder spezifische (nur für einen bestimmten Lebensbereich gültige) Kontrollüberzeugung messen.

Die *I-E-Skala (internal-external scale)* von Rotter (1966) ist ein Verfahren zur Erhebung *eindimensionaler, generalisierter* Kontrollüberzeugung und besteht aus 29 Items einschließlich sechs Pufferitems. Es soll für ein breites Spektrum möglicher Situationen dienen und nicht das Verhalten für bestimmte Bereiche vorhersagen, sondern eine allgemeine Kontrollerwartung erfassen (Müller, 1997, S. 43). Kritik wurde an dem unspezifischen Anwendungsbereich geübt. Es fehle der Beweis, dass in speziellen Handlungssituationen eine generelle Kontrollüberzeugung zum Tragen komme, vielmehr sei die Verhaltensweise eher von einer situationsspezifischen Kontrollüberzeugung abhängig (Flammer, 1997, S. 69). Rotter (1975, S. 60) meint jedoch, dass die generelle Kontrollüberzeugung insbesondere für neuartige und komplexe Situationen bedeutsam ist. Rotter (1979, S. 265) geht es um die Erfassung der generalisierten Erwartung, die auch in jede spezielle Situation, besonders wenn diese nicht gleich einer bekannten Situation zugeordnet werden kann, mit hineinwirkt. Zu kritisieren ist, dass Rotter (1966) aber gerade konkrete Lebensbereiche anspricht, wie schulischer Erfolg, soziales Ansehen, Liebe und Zuneigung, Dominanz, sozialpolitische Überzeugungen und allgemeine Lebensphilosophie und diese Bereiche in der Auswertung undifferenziert zusammenfasst. Die Fragen sollten eher so formuliert werden, dass der Beantworter selbst wählen kann, auf welche seiner Handlungsbereiche er sie bezieht (Oesterreich, 1981, S. 271). Feather (1967) verwendet die Skala von Rotter (1966), um die Kontrollüberzeugung als Moderatorvariable zwischen (Miss)Erfolgsanreiz und subjektiver Erfolgswahrscheinlichkeit zu prüfen. Die Ergebnisse waren jedoch nicht verwertbar, vermutlich weil Rotter die Kontrollüberzeugung zu global über Situationen verschiedener Thematik hinweg erfasst (Heckhausen, 1989, S. 497).

Die **IPC-Skala** von Levenson (1972 entwickelt, abgedruckt 1974) ist ein Verfahren zur Erhebung *multidimensionaler, generalisierter* Kontrollüberzeugung und besteht aus 24 Items, die sie weitgehend wortgetreu aus der englischen Original-I-E-Skala von Rotter (1966) übersetzt. Neben der I-Skala (internal) unterteilt sie aber noch die E-Skala in die Subskalen „Abhängigkeit von mächtigen anderen" (powerful others, P-Skala) und „Abhängigkeit vom Schicksal" (chan-

ce, C-Skala). Die I-Skala erfasst die „subjektiv bei der eigenen Person wahrgenommene Kontrolle ueber das eigene Leben und ueber die Ereignisse und
Verstaerker in der personenspezifischen Umwelt" (Eberwein, 1995, S. 164). Bei
der P-Skala wird die sozial bedingte Externalität erfasst. Es geht um das subjektive Gefühl, dass man von anderen mächtigeren Personen sozial abhängig ist.
Die C-Skala zeigt die fatalistische Externalität, d.h. die Erwartung, die Welt sei
ungeordnet und das eigene Leben von Glück, Pech und Zufall abhängig. Verschiedene Untersuchungen zeigten, dass sich die internale Kontrollüberzeugung
unabhängig von der externalen Kontrollüberzeugung erwies und auch die Unabhängigkeit der P-Skala und C-Skala voneinander wurde bestätigt (Müller, 1997,
S. 45). Alle drei Teilskalen bestehen aus je acht Items. Im Unterschied zur I-E-
Skala von Rotter, bei der man sich zwischen einer externalen und internalen Alternative entscheiden muss (forced choice), benutzt Levenson eine Likert-Skala.
Die Items bei der IPC-Skala sind im Gegensatz zur I-E-Skala nicht mehr unper-
sönlich, sondern in der Ich-Form formuliert. Rotter kritisiert allerdings, dass die
zwei externen Subskalen stark miteinander korrelierten in den meisten Studien,
die Levenson durchführte. Er selbst fand bei seinen Untersuchungen, dass „Item
content did not differentiate our groups." (Rotter, 1975, S. 64). Rotter entwickelte die Differenzierung in defensiv Externale und passiv kongruent Externale. Er
hatte nämlich bei seinen Untersuchungen festgestellt, dass manche Externale ein
aggressives Wettbewerbsverhalten („aggressive, and competitive" – Rotter,
1975, S. 64) zeigten, was man bis dahin eher bei den hoch Internalen vermutet
hatte. Rotter wendete daher noch ein zweites Konstrukt „interpersonales Vertrauen" an und bildete die Gruppe „defensiv externe Personen" mit niedrigen
Werten auf der Vertrauensskala, die sich durch ihre Gefühle der Abhängigkeit
von anderen Mächtigen gegen Misserfolgserlebnisse schützen und damit dennoch aggressiv, ehrgeizig und leistungsmotiviert sind. Die passiv kongruent Externalen hingegen haben hohe Werte auf der Vertrauensskala, führen aber be-
deutsame Ereignisse auf Zufall/Schicksal zurück. Sie sind wenig wettbewerbsorientiert und wenig ehrgeizig (Rotter, 1975, S. 64f.). Dazu scheint es bisher a-
ber nur eine geringe Anzahl an Forschungsergebnissen zu geben. Die in dieser
Studie verwendete LMI-Skala von Schuler und Prochaska (2001a) kann Auskunft darüber geben, ob Befragte mit externaler Kontrollüberzeugung in zwei
Gruppen mit niedriger oder hoher Wettbewerbsorientierung unterschieden werden können.

Der **Fragebogen zur Erhebung bereichsspezifischer Kontrollüberzeugungen
bei Erwachsenen** von Krampen (1986) erfasst auf der Basis des IPC-
Fragebogens die vier Realitätsbereiche „Arbeitsbereich", „Zwischenmenschlicher Bereich", „Intellektueller/Kognitiver Bereich" und „Persönlicher Bereich".
Beispielsweise lautet eine Instruktion für den Arbeitsbereich, dass sich der Befragte unter dem allgemeinen Begriff Probleme solche vorstellen soll, die im
Bereich seiner täglichen Arbeit entstehen können, zum Beispiel wenn durch un-
vorhergesehene Ereignisse sein normaler Arbeitsablauf nachhaltig gestört worden ist. Das trennschärfste Item lautet: „Weil ich immer bisher mit Problemen

gut zurecht gekommen bin, blicke ich künftigen Problemen optimistisch entgegen". (Eberwein, 1995, S. 167). Für diese Vorgehensweise spricht, dass für jeden Bereich die gleichen Items verwendet werden und so eine gute Vergleichbarkeit der einzelnen Realitätsbereiche gegeben ist.

Die **work locus of control-scale (WLCS)** wurde von Spector (1988) entwickelt und erfasst eine spezifische Kontrollüberzeugung, nämlich die arbeitsbezogene Kontrollüberzeugung. Spector validierte seine 16 Items umfassende Skala an 1151 Studenten. Die Tests ergaben eine akzeptable Reliabilität und Validität der WLCS (Furnham, Brewin & O'Kelley, 1994, S. 1511). In einer Studie von Ammon (2002) wurde die deutsche Übersetzung der WLCS statt der oben beschriebenen bereichsspezifischen Instruktion bei Krampen verwendet, da die WLCS umfassend im Arbeitsbereich eingesetzt werden kann und sich nicht nur auf Problemlösen bezieht.

Die Validität der I-E-Skala von Rotter (1966) oder der auf ihr basierenden Operationalisierungen (wie der genannte IPC-Fragebogen von Levenson, 1972) ist im Zusammenhang mit Leistungsmotivation nicht zufriedenstellend. Gegen die Anwendung spricht die darin enthaltene „transsituationale Globalität des Eigenschaftskonstrukts der persönlichen Kontrolle" (Heckhausen, 1989, S. 391). Die besser geeignete WLCS von Spector (1988), um im Zusammenhang mit der Leistungsmotivation berufliche Einstellungen von Beschäftigten zu messen, wird dennoch nicht verwendet, weil die Teilskala „Internalität" des LMI (Schuler & Prochaska, 2001a) das Gleiche erfasst (siehe Kapitel 3).

4.5 Kontrollüberzeugung und Job-Variablen

Die Kontrollüberzeugung steht mit vielen beruflichen Einstellungen von Beschäftigten sowie mit weiteren Variablen in Organisationen in Verbindung.

Im Zusammenhang mit *Arbeitsleistung* zeigt Müller (1997, S. 54) auf, dass sich internal Kontrollüberzeugte realistischere Ziele setzen, eine strengere Aufgaben- und Zielorientierung zeigen, härter und ausdauernder arbeiten, höhere Erfolgserwartungen haben, eher fähig zum Belohnungsaufschub sind (so auch Krampen, 1982, S. 162) und sich bei Leistungsaufgaben weniger von äußeren Faktoren beeinflussen lassen. Dies führe insgesamt gesehen zu einer höheren Arbeitsleistung. Gerade dies zeigt aber, dass nur ein indirekter Zusammenhang zwischen Kontrollüberzeugung und Arbeitsleistung gegeben ist. Spector (1997, S. 51) bestätigt zwar, dass internale Kontrollüberzeugung mit "job performance" positiv korreliert. Dies ist aber mittelbar darauf zurückzuführen, dass internal Kontrollüberzeugte in Leistungssituationen kurzfristig wie längerfristig höhere Erfolgserwartungen als Externale zeigen (vgl. Krampen, 1982, S. 161). So meint Spector (1982), die Differenzen zwischen Beschäftigten mit internalem vs. externalem Locus of Control rührten möglicherweise daher, dass die external Kontrollüberzeugten „schlechtere" Arbeitsplätze innehaben. Eine Studie von Schuler und Prochaska (2001a, S. 43) ergab allerdings zwischen internaler Kontrollüberzeugung und *Engagement* (im Sinne von Arbeit als Hauptinteresse) einen niedrigen Zusammenhang von r = .13. Zwar ist Engagement nicht mit Leistung gleichzusetzen, aber ein nicht engagierter Beschäftigter kann auch keine hervorragende Leistung bringen. Die niedrige Korrelation von Internalität und Engagement bedeutet, dass ein internal Kontrollüberzeugter nicht zwangsläufig auch engagiert ist. Gleichzeitig belegte die Untersuchung von Schuler und Prochaska (2001a, S. 43) aber auch einen Zusammenhang von r = .45 zwischen internaler Kontrollüberzeugung und Beharrlichkeit, d.h. internal Kontrollüberzeugte sind ausdauernder bei der Bewältigung ihrer Aufgaben.

Blau (1993) fand heraus, dass external Kontrollüberzeugte eine bessere Arbeitsleistung bei hochstrukturierten Routineaufgaben erbrachten, während die Angestellten mit hohem internalen Locus of Control wichtige Job-Fähigkeiten bei sich selbständig weiter entwickelten. Die Internalen sind besser beim Lernen und in Problemlösungssituationen, weil sie Informationen besser aufnehmen, strukturieren und verarbeiten können. Sie sind geeigneter, wenn es auf das *aktive* Sammeln und Verarbeiten von Informationen ankommt, d.h. sie eignen sich für hochprofessionelle Aufgaben, Managertätigkeiten und Leitungsfunktionen (Spector, 1982, S. 485). External Kontrollüberzeugte dagegen leisten mehr bei ungelernten Tätigkeiten und Routinearbeiten. Mitarbeiter mit internaler Kontrollüberzeugung haben jedoch ein stärkeres Informationsbedürfnis und prägen sich relevante Informationen besser ein (Müller, 1997, S. 54).

Des Weiteren wurde festgestellt, dass sich Individuen mit **Depressionsanfälligkeit** deutlich von Personen ohne Depressionstendenz unterschieden. Internal Kontrollüberzeugte leiden weniger unter Depressionen als Personen, die für die Ereignisse in ihrem Leben externe Umstände verantwortlich machen (Furnham et al., 1994, S. 1511).

Mitarbeiter mit externaler Kontrollüberzeugung sind mit einem **direktiven Führungsstil** zufriedener als mit einem partizipativen Stil. Spector (1982, S. 486) behauptet, dass external Kontrollüberzeugte leichter zu führen sind, weil sie Regeln eher als Internale befolgen. Dies passt zu den Erkenntnissen Krampens (1982, S. 167f.), dass sich Externale in ihrem Urteilsverhalten konformer verhalten, leichter zu überzeugen, zu überreden und zu kontrollieren sind. Internal Kontrollüberzeugte lehnen dagegen starke Beeinflussungsversuche ab.

Die **Kontrollüberzeugung als intervenierende Variable** modifiziert laut Cheng (1990, S. 33) die Wahrnehmung und Interpretation der Arbeitsumgebung. In der Studie von Cheng wurden zwei Gruppen gebildet: Die „external locus of control group" bestand aus den 321 Lehrkräften, deren externale Kontrollüberzeugung höher oder gleich dem Sample-Durchschnitt war, wohingegen die „internal locus of control group" (N = 267) den Rest bildete (Cheng, 1990, S. 33).

Die Korrelationen unter den verschiedenen Variablen wurden erneut berechnet, aber für jede Gruppe getrennt. Daraus ergab sich, dass

- die external Kontrollüberzeugten von Organisationsvariablen weit mehr beeinflusst werden als internal Kontrollüberzeugte. Cheng (1990, S. 34) erklärt dies damit, dass für internal Kontrollüberzeugte „external organizational factors" weniger bedeutend sind, da sie meinen, die Ereignisse um sie herum selbst beeinflussen zu können.
- beide Gruppen durch die Variable „Führungsstil ihrer Vorgesetzten" stärker als durch jede andere Variable beeinflusst werden.

Folgende signifikante Korrelationen ergaben sich bei einer Studie Prochaskas (1998, S. 141) zwischen Kontrollüberzeugung, gemessen mit dem IPC-Fragebogen von Krampen (1981), und folgenden Leistungsmotivationskomponenten, gemessen mit dem LMT (Hermans et al., 1978):

- *Leistungshemmende Prüfungsangst* und *Internalität* ($r = -.30$)
- *Leistungsstreben* und *Internalität* ($r = .25$)
- *"Ausdauer und Fleiß"* und *Internalität* ($r = .24$)

Internale Kontrollüberzeugung korreliert also positiv mit wünschenswerten Eigenschaften von Beschäftigten. Viele Merkmale der Leistungsmotivierten zeigen sich ebenso bei den internal Kontrollüberzeugten. So setzen sich z.B. auch Internale - im Gegensatz zu Personen mit externalem Locus of Control - realistische Ziele. Außerdem sind internal Kontrollüberzeugte genauso wie hoch Leistungsmotivierte weniger ängstlich (Krampen, 1982, S. 164). Das Gleiche gilt sowohl für die Fähigkeit zum Belohnungsaufschub als auch für die höheren Erfolgserwartungen und für die positivere Selbstbewertung (Müller, 1997). Allerdings sind Personen mit hoher internaler Kontrollüberzeugung keinesfalls mit Erfolgsmotivierten gleichzusetzen, wie die völlige Unabhängigkeit der Skala Internalität mit dem Faktor Ehrgeiz (Schuler & Prochaska, 2001a) zeigt. Heckhausen (1989, S. 391) erläutert, dass internal Kontrollüberzeugte wie die Erfolgssucher auch mittelschwere Aufgaben wählen, abweichend von diesen allerdings genauso oft auch leichte Aufgaben. Diese Ergebnisse zeigen, dass die internale Kontrollüberzeugung zwar mit einigen Leistungsmotivationskomponenten korreliert, dennoch aber ein unabhängiges Konstrukt ist.

Zwischen internaler Kontrollüberzeugung und **schulischer bzw. akademischer Leistung** bestehen positive Zusammenhänge (Krampen, 1982, S. 157ff., zitiert hierzu eine Vielzahl von Untersuchungen). Eine mögliche Erklärung für die positive Korrelation zwischen Internalität und Studienerfolg könnte paradoxerweise sein, dass bedeutend mehr Internale als external Kontrollüberzeugte ihr Studium abbrechen (so eine Longitudinalstudie von Otten, 1977). Krampen (1982, S. 160) erklärt dies so, dass Personen mit internalem Locus of Control eher weitere Anstrengungen unterlassen, wenn sie glauben, eine Leistung nicht aus eigenen Kräften erbringen zu können, sie setzen sich dann ein subjektiv erreichbares Alternativziel. External Kontrollüberzeugte brechen dagegen nicht so schnell ab, weil sie Hilfe von außen erwarten, in Form von Glück oder Hilfen anderer Personen. Da aber Ottens Longitudinalstudie aus dem Jahr 1977 stammt und sich darüber hinaus nur auf amerikanische Studenten bezieht, wären aktuelle Forschungen in Deutschland zu diesem Thema wünschenswert, um weitere Konklusionen ziehen zu können.

Nachdem 1972 ein Hurrikan in einer Gemeinde Pennsylvanias 430 lokale Firmen ruiniert hatte, wählte Anderson (1977) für seine Studie im Random-Verfahren 102 Eigentümer aus, die jeweils ihre Firmen selbst managten, und erfasste u.a. deren Kontrollüberzeugung, deren **Stressempfinden** und deren Bewältigungsstrategien. Im Herbst 1975 wurde zusätzlich die „organization performance" einbezogen, definiert als Wiedergewinn der früheren ökonomischen Situation in möglichst kurzer Zeit. Anderson (1977, S. 450) fand in seiner Longitudinalstudie bestätigt, dass Personen mit externalem Locus of Control mehr Stress als internal Kontrollüberzeugte wahrnehmen, weniger aufgabenorientierte Bewältigungsstrategien ausführen und diese dann auch nicht so erfolgreich sind. Neben der größeren Stressresistenz der internal Kontrollüberzeugten zeigte eine Messung, die Anderson (1977) 1975 durchführte, dass bei

- internal Kontrollüberzeugten, die 1975 eine höhere Organisationsleistung als vor dem Unglück 1972 hatten, der internale Locus of Control stieg, jedoch
- bei external Kontrollüberzeugten, die 1975 eine höhere Organisationsleistung als vorher hatten, deren *externaler* Locus of Control nichtsignifikant *stieg*, d.h. dass sich zumindest die internale Kontrollüberzeugung nicht erhöht hatte.

Obwohl Anderson (1977) dafür keine Erklärung fand, ist zu vermuten, dass der Hurrikan die external Kontrollüberzeugten in ihrer Einstellung bestätigt hat, weil dieser Sturm für sie eine unbeeinflussbare Schicksalsfügung darstellte.

Da internal kontrollüberzeugte Mitarbeiter glauben, selbst die Umwelt verändern zu können, akzeptieren sie eher **Wandel** und initiieren **Veränderungen**. So konnten Prochaska und Schuler (2001a) einen Zusammenhang von r = .34 zwischen internaler Kontrollüberzeugung und Flexibilität ermitteln. Internale bemühen sich eher als external überzeugte Personen, ihre Organisationsumwelt in eine für sie günstige Richtung zu beeinflussen und haben damit in ihrem Bemühen auch mehr Erfolg, selbst bei gleicher inhaltlicher Einstellung zu einer Angelegenheit (Spector, 2000, S. 211). Dies wies Phares (1976) nach. Er testete mit Rotters I-E-Skala männliche Versuchspersonen und suchte die extrem external und die extrem internal kontrollüberzeugten Probanden aus, die sich zudem noch in ihrer Einstellung zu Studentenverbindungen glichen. Die Teilnehmenden bekamen die Aufgabe, bei Studentinnen deren Einstellung zu Studentenverbindungen zu verändern. Die Einstellung der Studentinnen wurde vor und nach dem Versuch gemessen. Die Überzeuger bekamen alle die gleiche Liste von Argumenten in die Hand, die sie jeder Studentin komplett vorlesen mussten. Die Beeinflussungsversuche der extrem internal und der extrem external Überzeugten konnten sich also weder inhaltlich noch aufgrund ihrer Einstellung unterscheiden, nur die nonverbale Beeinflussung durch Stimme, Gesten oder Modulation konnte verschieden sein. Ergebnis war, dass die Studentinnen signifikant häufiger ihre Einstellung in Richtung der vorgelesenen Argumente änderten, wenn sie von internal Kontrollüberzeugten vorgetragen wurden.

Selbst wenn internal Kontrollüberzeugte externe Umstände für die Veränderungen in der Organisation verantwortlich machen, sind sie noch überzeugt, Ablauf und Auswirkungen der Veränderungen kontrollieren zu können (Lau & Woodman, 1995, S. 3f.). Aus den Ergebnissen ihrer Longitudinal-Studie schließen Staw und Ross (1985, S. 478), dass es für Organisationen besser wäre, nur Beschäftigte mit internaler Kontrollüberzeugung einzustellen, da internal Kontrollüberzeugte besser mit Wandel umgehen könnten.

Auch der **erlebte Tätigkeitsspielraum** könnte als intervenierende Variable, z.B. zwischen internaler Kontrollüberzeugung und Commitment, fungieren. Hierzu gibt es bisher im deutschsprachigen Raum wenig Forschungsergebnisse. Daher wird in dieser Untersuchung der Tätigkeitsspielraum mit einbezogen, der im nächsten Kapitel genauer erläutert wird.

5. Subjektiver Tätigkeitsspielraum

5.1 Das Konzept des subjektiven Tätigkeitsspielraums

5.1.1 Etymologische Herleitung

Das Adjektiv "**tätig**" stammt aus dem 16. Jahrhundert und meint damals wie heute "beruflich arbeitend, sich betätigend, rührig, aktiv, tatkräftig" (Etymologisches Wörterbuch, 2000, S. 1415). Das Verb "tätigen" wurde Anfang des 18. Jahrhunderts besonders als Wort der Kaufmannssprache in Wendungen wie *„einen Abschluß, Einkauf, ein Geschäft tätigen"* gebraucht. Diese Wortherkunft zeigt die positive Besetzung des Begriffes "Tätigkeit". Wie bei der Leistung und Motivation ist das aktive Element ausschlaggebend. Dazu passend hat sich im 18. Jahrhundert das Wort "Spielraum" mit der Bedeutung "Bewegungsraum, Möglichkeit" entwickelt (Etymologisches Wörterbuch, 2000, S. 1325). Die etymologische Bedeutung des Tätigkeitsspielraums lautet somit, dass man einen Bewegungsraum hat, in dem man aktiv Aufgaben erfüllen kann. Nach dieser Begriffsherleitung wird das arbeitspsychologische Konzept des Tätigkeitsspielraums dargestellt.

5.1.2 Begriffsdiskussion in der arbeitspsychologischen Literatur

In der Literatur wird zwischen den Begriffen *Tätigkeitsspielraum* und *Handlungsspielraum* differenziert, die auch noch unterschiedlich gewichtet werden, indem sie einmal als Oberbegriff und das andere Mal als Unterkategorie verwendet werden.

Rosenstiel (L.v., 1992, S. 105) verwendet den Handlungsspielraum als Oberbegriff mit den zwei Dimensionen „Kontroll- und Entscheidungsspielraum" sowie „Tätigkeitsspielraum". Ähnlich bezeichnet Wiendieck (1994, S. 194) als gängige Konzeption, dass der Handlungsspielraum aus den Dimensionen
- Tätigkeitsspielraum,
- Entscheidungsspielraum und
- sozialer Interaktionsspielraum
besteht.
Der Tätigkeitsspielraum wird dabei so beschrieben, dass auf einer Stelle u.a. unterschiedliche und vielseitige Aufgaben, herausfordernde Probleme und neue Anforderungen vorhanden sind. Der Entscheidungsspielraum beinhaltet nach diesem Konzept dagegen den Aspekt der Selbständigkeit, die Möglichkeit freier Zeiteinteilung und eigener Planungen. Der soziale Interaktionsspielraum umfasst die Chancen zur gemeinsamen Aufgabenerledigung, zur Zusammenarbeit in Gruppen und zur Abstimmung mit der Kollegenschaft.

Mit Bezug auf Leontjew (1982), der die Tätigkeit als übergeordnete Kategorie und die Handlung als Kategorie der Ausführungsbedingungen versteht, hat dann Ulich (1998, S. 163) den Tätigkeitsspielraum als Resultante aller Spielräume

und nicht mehr als Teil des Handlungsspielraumes gesehen. Der Tätigkeitsspielraum ist demnach ein mehrdimensionales Konstrukt mit den Dimensionen
- Handlungsspielraum,
- Gestaltungsspielraum und
- Entscheidungsspielraum.

Der **Handlungsspielraum** erfasst alle Möglichkeiten der unterschiedlichen Aufgabenbewältigung hinsichtlich der zu verwendenden Mittel, der anzuwendenden Verfahren und der (zeitlichen) Einteilung. Der **Gestaltungsspielraum** dagegen erlaubt die selbständige "Gestaltung von Vorgehensweisen nach *eigenen* Zielsetzungen" (Ulich, 1998, S. 163). Der **Entscheidungsspielraum** wiederum kennzeichnet die Entscheidungskompetenz hinsichtlich der Festlegung und Abgrenzung von Aufgaben.

Diese skizzierten Ausführungen zeigen bereits, dass in der Fachliteratur der Begriff Tätigkeitsspielraum nicht einheitlich verwendet wird. Einmal wird er als Oberbegriff und einmal als Unterkategorie des Handlungsspielraums konzipiert. Außerdem werden noch die Konzepte **Autonomie** und **Kontrolle** mit dem „Tätigkeitsspielraum" zum Teil deckungsgleich verwendet. Nach Richter, Hemmann, Merboth, Fritz, Hänsgen und Rudolf (2000, S. 130f.) werden die Begriffe Kontrolle und Autonomie "in inhaltlicher Nähe" zum Tätigkeitsspielraum und mit "Unschärfe" verwendet. Zusätzlich wirkt erschwerend, dass auch Kontrolle und Autonomie unterschiedlich konzeptualisiert worden sind, wie im Folgenden gezeigt wird.

Ulich (1998, S. 180) definiert **Autonomie** als die "Einflussnahme auf die Festlegung von Zielen und von Regeln, die der Zielerreichung dienen." In einer eigenen Analyse von Schichtarbeit erscheint es Ulich hingegen als beste Interpretation von Autonomie, dass man "sein Arbeitstempo selbst bestimmen" kann (Betschart & Ulich, 1986, zitiert nach Ulich, 1998, S. 543). An anderer Stelle wiederum beschreibt Ulich Autonomie als die Größe des Entscheidungsspielraums bei der Erfüllung von Aufgaben, d.h. die eigenständige Festlegung von Aufgaben (Ulich, 1998, S. 163). Das sind drei verschiedene Schwerpunkte. Im „Job Characteristics Model" von Hackman und Oldham (1975) wird Autonomie über den Grad des Handlungsspielraums definiert. Auch Kil et al. (2000, S. 116) verstehen unter Autonomie, dass ausreichender Handlungsspielraum für die individuelle Aufgabenerfüllung vorhanden ist.

Unter **Kontrolle** versteht Ulich (1998, S. 180) die Einflussnahme auf Maßnahmen, die der Zielerreichung dienen. Nach Frese (1995, S. 275) ist der „Begriff *Kontrolle* als Überbegriff" des horizontalen Tätigkeitsspielraums und des vertikalen Entscheidungsspielraums zu verstehen. Eine Person hat demnach Kontrolle, wenn sie relevante Bedingungen und Tätigkeiten entsprechend eigener Ziele, Bedürfnisse und Interessen beeinflussen kann. Die dominierende Variable in der Beziehung zwischen Arbeit und Persönlichkeitsentwicklung ist die Möglichkeit für den Mitarbeiter, Kontrolle am Arbeitsplatz auszuüben, d.h. einen Spielraum zu besitzen (Büssing & Glaser, 1991, S. 123). Für Hemmann et al. (1997, S. 10) steckt in dem Begriff Kontrolle nicht nur die individuelle, sondern auch die *kollektive* Vorhersehbarkeit, Durchschaubarkeit und Beeinflussbarkeit von Situationen. Im Gegensatz zum Tätigkeitsspielraum hänge das Erleben von Kontrolle nicht nur von den objektiv vorhandenen Freiheitsgraden, sondern auch von den personalen Erwartungs- und Überzeugungssystemen ab. Es spricht jedoch viel dafür, dass diese Unterscheidung zwischen Kontrolle und Tätigkeitsspielraum so nicht zutreffend ist. Vielmehr hängt das Erleben von Tätigkeitsspielräumen im gleichen Umfang wie das Erleben von Kontrolle von den individuellen Überzeugungssystemen ab. In dieser Studie wird daher auch überprüft werden, ob der subjektive Tätigkeitsspielraum z.B. mit der Kontrollüberzeugung positiv korreliert. Für ein Ineinandergreifen der Konzepte spricht auch, dass sich selbst Hemmann et al. (1997, S. 10) auf eine „relevante" Untersuchung von Frese und Semmer (1991) beziehen, in der Handlungsspielraum und Kontrolle gleichgesetzt wurden. Untersucht wurde dort u.a. der Einfluss von Kontrolle (definiert über hohen Handlungsspielraum) auf die Folgen von Stress. Es wurde festgestellt, dass höhere "Tätigkeits-(Kontroll-) Spielräume" das Ausmaß psychosomatischer Beschwerden senken (so Frese & Semmer, 1991, S. 137). So meint auch Semmer (1990, S. 190), dass sich die Konzepte "Handlungs- bzw. Tätigkeitsspielraum, Freiheitsgrade, Kontrolle, Autonomie" nur in Nuancen unterscheiden.

Zusammengefasst bedeutet Kontrolle die Einflussnahme auf von außen kommende Ereignisse aus der (Arbeits)Umwelt als *Reaktion*, Autonomie dagegen eine *antizipative* aktive eigenständige Ziel- und Regelfestsetzung sowie freie Zeiteinteilung. Aus den zitierten verschiedenen Definitionen ergibt sich jedoch, wie eng die Konstrukte "Kontrolle", "Autonomie", Entscheidungsspielraum", "Freiheitsgrade", "Handlungsspielraum" und "Tätigkeitsspielraum" miteinander verzahnt sind und die Fachliteratur bis heute in der Beschreibung und vor allem in der Differenzierung der Konzepte keinen Konsens erzielt hat. Aufgrund der unscharf und widersprüchlich verwendeten Konstrukte wird der in dieser Arbeit verwendete Begriff Tätigkeitsspielraum theoriebasiert gesondert definiert.

5.1.3 Herleitung des in dieser Arbeit verwendeten Konzepts

Der theoretische Hintergrund des Tätigkeitsspielraums ergibt sich aus den arbeitspsychologischen Handlungstheorien. In der marxistisch orientierten Psychologie von Rubinstein (1961) leitet sich Handlung aus dem übergeordneten Konzept der Tätigkeit ab. Tätigkeit wird verstanden als der Prozess, der ein bestimmtes Verhältnis des Menschen zur Umwelt, zu anderen Menschen und den vom Leben gestellten Aufgaben verwirklicht. Damit sind die zwei wesentlichen Aspekte einer ganzheitlichen Betrachtung der Tätigkeit genannt.

Erstens verbindet die Tätigkeit den Menschen mit anderen Menschen und der Welt, d.h. es besteht eine Wechselwirkung mit seiner sozialen und physikalischen Umwelt. Diese Interaktion kommt in allen handlungspsychologischen Ansätzen zum Ausdruck, weil die Handlungspsychologie davon ausgeht, dass sich der Mensch **aktiv zielgerichtet**, denkend und planend mit seiner Umgebung auseinandersetzt (Wiendieck, 1994, S. 73f.). Er setzt sich selbst Ziele im Rahmen von gesellschaftlich vorgegebenen Handlungsforderungen, übergeordneten Werten und verfolgt diese (Regulation), indem er sie in weitere Teilziele untergliedert und schließlich durch Teilhandlungen und Bewegungen erreicht. Dabei hat er Erwartungen in Bezug auf seine Umgebung und modifiziert seine Umgebungsbedingungen aufgrund seiner Ziele. Dies bewirkt wiederum, dass sich auch seine Persönlichkeit verändert. Zweitens wird Tätigkeit als Einheit geistiger und körperlicher Prozesse aufgefasst, Bewusstsein und Tätigkeit können folglich nicht voneinander getrennt werden.

Handlung ist nach Volpert (1974) ein durch ein bestimmtes Ziel ausgrenzbarer Tätigkeitsbereich von beschränkter Dauer. Im Zentrum der Handlungsregulationstheorie, eine der führenden psychologischen Handlungstheorien, steht das Modell der hierarchisch-sequentiellen Handlungsorganisation als Darstellung einer geplanten Verfolgung komplexer Ziele (Volpert, 1997, S. 453). *Handlungen* sind dabei die Einheiten des menschlichen Verhaltens, die der Erreichung eines bewussten Zieles dienen. Die (psychische) *Regulation* ist der im Individuum innerlich ablaufende Prozess zur Formung und Gestaltung solcher Handlungen. "Ausgehend von einem hierarchisch übergeordneten Ziel werden 'absteigend' über mehrere Hierarchieebenen Teilziele gebildet, bis die Basiseinheiten an der untersten Ebene unmittelbar als umweltverändernde Operation (Bewegungen) realisiert werden." (Volpert, 1997, S. 453).

Dieses Grundmodell wurde dann vielfach erweitert, unter anderem auch um den Begriff der Tätigkeitsmotive. "Tätigkeitsmotive beziehen sich auf ganze Handlungsbereiche und sind als hierarchisch hohe, nicht ständig bewußte Ziele anzusehen." (Volpert, 1997, S. 454). Von Hacker (1986) wurde das Konzept der vollständigen Tätigkeit aus dem Modell der hierarchisch-sequentiellen Handlungsorganisation (Volpert, 1974) entwickelt (so Büssing & Glaser, 1991, S. 123). Eine Voraussetzung für eine vollständige Tätigkeit im Sinne Hackers (1998, S. 251) ist deren zyklische Vollständigkeit im Hinblick auf ihren sequentiellen Aufbau (*sequentieller* Aspekt). Dazu gehört das Vorbereiten (Zielstellen, Auswahl von Vorgehensweisen), Organisieren (Abstimmen mit anderen), Ausführen *und* Kontrollieren (Vergleich mit Ziel, ggf. Korrektur). Zusätzlich muss die Tätigkeit wechselnde mentale Anforderungen auf mehreren Ebenen der psychischen Regulation stellen (*hierarchischer* Aspekt). Um diesen Aspekt zu erfassen, wird bei der Operationalisierung des Tätigkeitsspielraums in vorliegender Studie auch gefragt, ob alle in der Ausbildung gelernten Kenntnisse und Fähigkeiten auf der konkreten Stelle angewendet werden können. Eine Bejahung dieser Frage deutet am ehesten darauf hin, dass den Erfordernissen wechselnder mentaler Anforderungen Rechnung getragen wird.

Der Grad der Vollständigkeit wird außerdem bestimmt durch den Tätigkeitsspielraum sowie durch Kommunikations-, Qualifikations- und Lernerfordernisse

(Hemmann et al., 1997, S. 8f.). Darüber hinaus sollten Übertragungsmöglichkeiten von Leistungsvoraussetzungen auf andere Arbeits- und Freizeittätigkeiten gegeben sein (Hacker, 1998, S. 253). Aus der Bedeutung der Zielgerichtetheit menschlichen Verhaltens im Rahmen der Handlungstheorien ergibt sich die Notwendigkeit von Tätigkeitsspielräumen, weil sich Mitarbeiter insbesondere auf Stellen im Dienstleistungsbereich selbst Ziele setzen können müssen. Aufgrund der immer komplexer und unbestimmter werdenden Situationen im Arbeitsleben können Vorgesetzte nicht alle Detailziele kennen und vorgeben. Ein in der Persönlichkeit weit entwickelter Mitarbeiter kann mit komplexen Situationen besser umgehen und so auch die Effizienz der Organisation steigern. Zusammenfassend lässt sich erkennen, dass sich die Relevanz von Tätigkeitsspielräumen explizit aus dem Konzept der vollständigen Tätigkeit ergibt: "Vollständige Tätigkeiten sind Tätigkeiten mit Tätigkeitsspielraum. Unvollständige Tätigkeiten entstehen, wenn dieser eingeschränkt wird oder sogar gänzlich fehlt!" (Hacker, 1998, S. 249).

Aus dem handlungstheoretischen Ansatz ergibt sich *zum einen*, dass mit Hemmann et al. (1997, S. 9) in dieser Untersuchung der Tätigkeitsspielraum verstanden wird als "die Gesamtheit aller inhaltlichen und zeitlichen Freiheitsgrade zur Ausübung der Tätigkeit". Mit Freiheitsgraden - auch im Sinne Hackers (1998) - sind "Entscheidungsmöglichkeiten über Art, Abfolge, Mittel und Zeitbindung von Handlungen im Arbeitsprozess" gemeint (Richter et al., 2000, S. 131). Unter den Begriff "Freiheitsgrade" in diesem Sinn fallen aber nicht die Anforderungsvielfalt und die *Herausforderungs*qualität der Tätigkeit (Büssing & Glaser, 1991, S. 124). Entsprechend dem *hierarchischen* Aspekt im Sinne Volperts (1974), der wechselnde mentale Anforderungen auf mehreren Ebenen der psychischen Regulation zum Gegenstand hat, sollte bei der Operationalisierung *zum anderen* auch berücksichtigt werden, dass zum Tätigkeitsspielraum die Notwendigkeit des Einsatzes vielseitiger Fähigkeiten sowie die Bewältigung neuer Herausforderungen gehört (so auch Wiendieck, 1994, S. 195). Wenn zur Ausübung einer Tätigkeit zwar inhaltliche und zeitliche Freiheitsgrade vollkommen gegeben sind, dabei aber keine vielseitigen Fähigkeiten verlangt werden und nicht immer wieder neue Herausforderungen zu bewältigen sind, kann es sich auch um sehr stupide Tätigkeiten handeln, die der Persönlichkeitsentwicklung und Weiterentwicklung eines Mitarbeiters zur Ausübung höherwertiger Aufgaben in der Organisation nicht dienen. Mit der Einbeziehung der Vielseitigkeit ist auch dem weiteren Verständnis des Tätigkeitsspielraums von Ulich (1998) eher Rechnung getragen. Der objektive Tätigkeitsspielraum meint den tatsächlich vorhandenen Spielraum, der subjektive Tätigkeitsspielraum dagegen die als solche erkannten Wahlmöglichkeiten (in Anlehnung an die Definition von subjektivem Handlungsspielraum in Ulich, 1998, S. 163).

Fazit: Tätigkeitsspielraum bedeutet in dieser Studie die Gesamtheit aller inhaltlichen und zeitlichen Freiheitsgrade zur Ausübung der Tätigkeit. Die Tätigkeit muss dabei vielseitige Fähigkeiten und Kenntnisse erfordern sowie neue Anfor-

derungen und herausfordernde Probleme beinhalten. Subjektiver Tätigkeitsspielraum meint hier die Gesamtheit aller als solche erkannten inhaltlichen und zeitlichen Wahlmöglichkeiten (Freiheitsgrade) zur Ausübung der Tätigkeit. Diese
Definition schlägt sich in der in dieser Studie in Kapitel 5.5 erläuterten und im
empirischen Teil dieser Arbeit verwendeten Operationalisierung von Tätigkeitsspielraum nieder.

5.2 Zur Relevanz des Konzepts subjektiver Tätigkeitsspielraum

Die Theorie der drei Basisemotionen von Mehrabian und Russell (1974;
deutsch: Mehrabian, 1978) bietet einen weiteren sehr guten Erklärungshinter-
grund für die Relevanz des Tätigkeitsspielraums. Diese Theorie wurde entwickelt, um Appetenz- und Aversionsverhalten von Individuen gegenüber einer
bestimmten Situation zu begründen:

> „Eine Umwelt verursacht bei uns eine Gefühlsreaktion, die eine klar unter-
> scheidbare, meßbare Kombination von Erregung, Lust und Dominanz ist. Diese
> Gefühlsreaktion wiederum veranlaßt uns, uns dieser Umwelt zu nähern oder sie
> zu meiden." (Mehrabian, 1978, S. 25).

Alle durch Umweltstimuli ausgelösten Gefühle lassen sich auf diese drei Basis-
emotionen zurückführen, auf drei bipolaren Ebenen betrachtet.
- **Aktivität** in der Umwelt: Ruhe - Erregung (arousal);
- **Bewertung** der Umwelt: Unlust - Lust (pleasure);
- **Potenz** gegenüber der Umwelt: Unterwerfung - Dominanz (dominance).

Die jeweils entgegengesetzten Pole der drei Basisemotionen lassen sich
folgendermaßen beschreiben. *Erregung* bedeutet aktiv, angeregt, überdreht,
zapplig oder hellwach zu sein. Eine Steigerung der Erregung verändert die Ge-
hirnstromkurven, den Blutdruck, Puls, die Atemfrequenz, Hauttemperatur und
Muskelspannung (vgl. Sundstrom, E., Sundstrom, M., Stokols & Altman, 1986,
S. 66). Im Gegensatz dazu ist man bei Nichterregung bzw. Ruhe entspannt, ru-
hig, träge, gelangweilt, schläfrig oder unaufmerksam (Mehrabian, 1978, S. 23).
Je komplexer eine Umwelt wirkt, desto mehr erzeugt sie ein Gefühl starker Erregung und Wachheit. *Lust* bedeutet, zufrieden zu sein oder sich gut zu fühlen.
Lust drückt sich z.B. aus in Lächeln, vielsagenden Gesten, einem warmen Ton-
fall und positiven verbalen Äußerungen. Unlust dagegen heißt, dass man sich
unglücklich, verärgert, unbefriedigt oder melancholisch fühlt. Bei *Dominanz* hat
man das Gefühl, einflussreich, unbehindert, wichtig zu sein und/oder die Situation zu beherrschen. Unterworfenheit ist das Empfinden, eingeschüchtert oder
mit Vorschriften eingedeckt zu sein bzw. keine Entscheidungen fällen zu können. So stellt auch Rosenstiel (L.v., 1996, S. 14f.) fest: Wenn ein Gegenstand
der Motivbefriedigung, also z.B. dem Bedürfnis nach Kontrolle, gedient und
man damit ein Dominanzgefühl erhalten hat, entwickelt man ihm gegenüber eine positive Einstellung, d.h. nähert sich diesem Gegenstand. Jede Dimension ist

von den anderen beiden unabhängig. Es gibt folglich Umwelten, die radikale Veränderungen in einer der drei Gefühlsdimensionen verursachen können, ohne die anderen beiden zu beeinflussen.

Die drei Basisemotionen werden mit Zuwendung, Abwehr oder anderen bejahenden bzw. ablehnenden Verhaltensreaktionen, positiven und negativen Einstellungen oder auch mit Gleichgültigkeit gegenüber einer bestimmten Situation beantwortet. Das sind die sogenannten „approach-avoidance behaviors such as physical approach, work performance, exploration, and social interaction" (Mehrabian & Russell, 1974, S. 8). Also ist auch die Arbeitsleistung unmittelbar davon abhängig, ob man sich einer bestimmten Situation nähert oder sie meidet. Appetenz oder Aversion einer bestimmten Person in einer bestimmten Umwelt hängt somit von den Gefühlen ab, die die Umwelt beim Individuum je nach dessen Persönlichkeitsmerkmalen, z.B. Kontrollüberzeugung oder subjektiver Wahrnehmung von Tätigkeitsspielräumen, auslöst (Abbildung 3). Nach dieser Theorie ist somit die optimale Arbeitsleistung gegeben, wenn die Anreize in der Arbeitssituation die Tätigkeit als lustvoll erleben lassen, ein optimales Erregungsniveau bei den Arbeitskräften hervorrufen sich die Arbeitsplatzinhaber nicht kontrolliert und unterworfen fühlen. Daraus folgt: Ohne Tätigkeitsspielraum ist kein Gefühl im Sinne der Dimension "Dominanz" in Richtung Appetenz zu erzielen, d.h. ohne Tätigkeitsspielraum kann ein Mitarbeiter kein Basisgefühl der Dominanz entwickeln, womit ihm ein gewichtiger Teil fehlt, um sich gerne in der Arbeitssituation aufzuhalten. Aus der **Sicht der Beschäftigten** ist ein Tätigkeitsspielraum also wichtig, weil er das Selbstwertgefühl und die Bereitschaft zur Übernahme von Verantwortung stärkt.

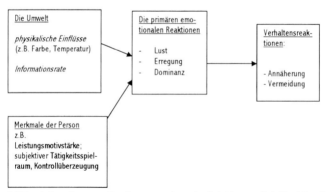

Abbildung 3: Determinanten von Umweltappetenz und -aversion (in Anlehnung an Mehrabian & Russell, 1974, S. 8)

Ein hoher Tätigkeitsspielraum vermittelt den Mitarbeiterinnen und Mitarbeitern die Erfahrung, nicht einfluss- und bedeutungslos zu sein. Dies korrespondiert mit dem Job Characteristics Model, mit dem Hackman und Oldham (1976) aus

Sicht der Stelleninhaber aufzeigen, wie ein Arbeitsplatz charakterisiert sein muss, damit er Motivierungspotentiale besitzt und persönlichkeitsförderlich wirkt. Die notwendigen Kerndimensionen der Arbeit sind "Anforderungswechsel", "Identität mit der Aufgabe" und "Wichtigkeit" sowie "Autonomie" und "Rückmeldung aus der Aufgabe selbst". Die Kerndimensionen sind die Voraussetzung für bestimmte Erlebniszustände:

- erlebte **Bedeutsamkeit** der Arbeit
- erlebte **Verantwortlichkeit** der Arbeit
- Wissen um die **Ergebnisse** der Arbeit.

Nur wenn ein Mitarbeiter diese Erlebniszustände hat, können Arbeitszufriedenheit und Arbeitsmotivation entstehen und daraus resultierend eine niedrigere Absentismus- und Fluktuationsrate. Allerdings sind die Wahrnehmung sowie das Erleben und der Zusammenhang zwischen Erlebniszuständen auf der einen Seite und den Auswirkungen (z.B. Arbeitsmotivation) auf der anderen Seite abhängig von den Persönlichkeitsmerkmalen des Mitarbeiters, insbesondere der Stärke des Motivs nach Selbstentfaltung (Kleinbeck, 1996, S.111). Wichtig hierbei ist, dass **Autonomie** multiplikativ mit den anderen Variablen verknüpft ist (Kleinbeck et al., 1980, S. 201). Dies bedeutet zusammengefasst: Wenn die Autonomie (also die Freiheitsgrade im Sinne des Tätigkeitsspielraums) gleich Null ist, hat die Arbeitssituation trotz möglicherweise erlebter Bedeutsamkeit der Arbeit und trotz des Wissens um die Ergebnisse **kein** Motivierungspotential.

Hier zeigt sich deutlich, dass der Tätigkeitsspielraum, so wie er vom einzelnen Mitarbeiter wahrgenommen wird, eine wichtige Voraussetzung für eine zugunsten der Organisation effiziente und für die Persönlichkeit förderliche Arbeitstätigkeit ist. Mit Büssing und Glaser (1991) kann festgehalten werden, dass der Tätigkeitsspielraum die Persönlichkeit fördert. Dies wiederum greift in den außerberuflichen Lebensbereich über: Spielräume bei der Freizeitgestaltung werden eher erkannt und ausgenutzt, Verantwortungsübernahme in Vereinen oder Bürgerinitiativen kann beispielsweise die Folge sein. Die Gestaltung der arbeitsfreien Zeit wirkt wiederum vom Privatleben auf das Arbeitsleben. Damit entsteht eine ständige Wechselwirkung. Es kann auch nicht davon ausgegangen werden, dass nur diejenigen, die aufgrund von Sozialisations- und Selektionsprozessen zum Ausfüllen von Tätigkeitsspielräumen ohnehin fähig und bereit sind, Spielräume mit Freude wahrnehmen. Vielmehr werden alle Mitarbeiter, unabhängig von ihrer Sozialisation, ihre Persönlichkeit auf Arbeitsplätzen, die möglichst restriktionsfrei sind, weiter entwickeln können. Somit wird der Tätigkeitsspielraum als die entscheidende externe, d.h. in der Arbeitstätigkeit verankerte, Bedingung für die Persönlichkeitsförderung verstanden (Büssing & Glaser, 1991, S. 124). Aus diesem Grund wird die Variable Tätigkeitsspielraum in dieser Arbeit mit erfasst.

Aus der *Sicht der Organisation* ist es natürlich besonders vorteilhaft, wenn der Mitarbeiter Appetenzverhalten zeigt und sich gerne in der Arbeitssituation aufhält. Des Weiteren bewirkt die **Tertiarisierung** der Erwerbsarbeit, d.h. der Anstieg der Dienstleistungsarbeit im sekundären und tertiären Sektor, dass der Tätigkeitsspielraum der Beschäftigten stark erweitert werden musste (Osterloh, 1983, S. 19ff.). Stellen insbesondere im Dienstleistungssektor, auch niedriger qualifizierte, sind durch "**Unbestimmtheit**" charakterisiert, wenn Gespräche mit Kunden und anderen Organisationseinheiten geführt werden müssen, um Störungen, mit denen das Unternehmen bzw. die Behörde sowohl in seiner äußeren Umwelt wie in seiner inneren Umwelt konfrontiert ist, abzuwehren. Da diese Störungen nicht *ex ante* bekannt sind, müssen Handlungsspielräume vorhanden sein. Betriebe sehen sich vor die Notwendigkeit gestellt, flexibel auf die Märkte zu reagieren und durch die optimale Ausnutzung der Arbeitskraft (z.B. Dispositions- und Entscheidungsspielräume, Ergebnisverantwortung, Selbststeuerung) Rationalisierungseffekte bzw. Produktivitätssteigerungen zu erreichen.

Desjardins (2001, S. 45) konstatiert daher, dass die herausragende Bedeutung der Interaktion zwischen Kunden und Mitarbeitern die Existenz von mitarbeiterbezogenen Handlungsspielräumen erforderlich macht. Diese werden benötigt, um eine flexible Reaktion auf unterschiedliches Kundenverhalten zu ermöglichen. Da inzwischen alle Abteilungen in Unternehmen und Behörden, auch Querschnittseinheiten (z.B. die Personalabteilung), kundenorientiert arbeiten, gilt dies für alle Stellen aller Abteilungen einer Organisation. "Die Nutzung von Handlungsspielräumen führt automatisch zur Individualisierung einer Dienstleistung. Der Kunde wird stärker in die Erstellung der Dienstleistung einbezogen und kann dann auch realistischere Erwartungen entwickeln, was zu einer erhöhten Zufriedenheit führen sollte" (Desjardins, 2001, S. 51).

Mit der weitreichenden Automatisierung von Arbeitsprozessen in Produktion und Dienstleistung haben einfache, gleichförmige, von mehreren oder ganzen Gruppen von Menschen gleichartig zu verrichtende Arbeitstätigkeiten an Bedeutung verloren. Die Aufgaben werden zunehmend differenzierter und situationsgebundener; sie erfordern **individualisierte Lösungen**. Die unbestimmten und komplexen Situationen in Organisationen und deren Umwelt lassen sich aber nur effektiv und effizient beherrschen, wenn den Stelleninhabern ein Tätigkeitsspielraum objektiv zur Verfügung steht und auch subjektiv erkannt wird.

Aus den Ausführungen ergibt sich, dass ein erweiterter Handlungsspielraum sowohl aus Sicht der Beschäftigten als auch aus Sicht der Organisation von großer Relevanz ist.

5.3 Der Zusammenhang mit anderen Variablen

Ein subjektiv wahrgenommener Tätigkeitsspielraum hängt mit verschiedenen Persönlichkeitsmerkmalen und anderen Faktoren im Arbeitsleben zusammen. Der Zusammenhang zu den Untersuchungsvariablen dieser Studie wird in Kapitel 6.1 noch näher erläutert.

Tätigkeitsspielraum ist eine Ressource, deren Erhöhung insbesondere dann angebracht erscheint, wenn eine Reduktion von **Stressoren** nicht möglich oder nicht zweckmäßig ist, weil dadurch die Arbeit weniger interessant würde (Frese & Semmer, 1991, S. 153). Stressoren werden also bei einem höheren Tätigkeitsspielraum als weniger beanspruchend empfunden. Eine Studie von Richter, Hemmann, Merboth, Fritz, Hänsgen und Rudolf (2000) an 531 Mitarbeitern im österreichischen Dienstleistungsbereich ergab, dass ein größerer Tätigkeitsspielraum

- bei höheren Freiheitsgraden,
- erhöhter Aufgabenvollständigkeit,
- größerer körperlicher Anforderungsvielfalt und
- geringem Wiederholungsgrad

erlebt wird. Weitere Ergebnisse waren, dass je höher der Tätigkeitsspielraum erlebt wurde, desto höher auch die **seelische Gesundheit** (r = .27) war. Subjektiver Tätigkeitsspielraum und wahrgenommener Stress aufgrund von Führungsmängeln oder Konflikten mit Arbeitskollegen korrelierten negativ, d.h. je größer also der Tätigkeitsspielraum wahrgenommen wurde, desto geringer wurden soziale Stressoren durch Führungsmängel (r = -.19) und durch Arbeitskollegen (r = -.15) erlebt (Richter et al., 2000, S. 135). In einer Untersuchung von Hemmann et al. (1997, S. II) konnte bestätigt werden, dass ein erlebter erweiterter Tätigkeitsspielraum mit positiven Beanspruchungsfolgen einhergeht. Wird jedoch die Arbeitsschwierigkeit als höher empfunden, so ergeben sich negative Beanspruchungskonsequenzen.

Als Ressource im Zusammenhang mit **Stress** hat der Tätigkeitsspielraum unterschiedliche Wirkungen (nach Frese & Semmer, 1991, S. 136f.):

- **Reduktion von Stressoren**: Stressoren können durch einen entsprechenden Tätigkeitsspielraum reduziert oder sogar eliminiert werden, z.B. wenn die Möglichkeit besteht, zu kurze Zeitvorgaben oder schlechtes Material zurückzuweisen.
- **Veränderung des "Stresscharakters" von Stressoren**: Die Stressbedingungen bleiben bestehen, aber der Stresscharakter ändert sich, z.B. wenn man die Wahl hat, komplizierte Arbeiten in ruhigen Zeiten durchzuführen.
- **Veränderung der Wahrnehmung von Stress**: Das Empfinden von Stress ist weitgehend antizipativ geprägt, d.h. die Möglichkeit, einen Stressor reduzieren zu können, bewirkt, dass weniger Stress wahrgenommen wird, auch wenn man die Option nicht in Anspruch nimmt. Allein die Möglichkeit für die Versuchspersonen, Lärm abstellen zu können, reduziert beispielsweise die Auswirkungen von Lärm.

Die Studie von Frese und Semmer (1991) konnte belegen, dass die Ausweitung des Tätigkeitsspielraums tatsächlich den Zusammenhang zwischen Stressoren und Befindensbeeinträchtigungen moderiert. Allerdings ergab sich eine höhere Korrelation nur für die Gruppe der Versuchspersonen, die ursprünglich einen niedrigen Tätigkeitsspielraum hatten, d.h. bei den Probanden, die schon vorher einen relativ hohen Handlungsspielraum hatten, beeinflusste die Vergrößerung des Spielraums den Zusammenhang zwischen Stressoren und psychosomatischen Beschwerden nicht so stark. Daraus ergibt sich die Forderung, dass ein niedriger Handlungsspielraum in der Arbeitswelt in jedem Fall zu vermeiden wäre, um negative Auswirkungen von Stressoren zu verringern.

Haase (1997) konnte empirisch feststellen, dass **Commitment** und Tätigkeitsspielraum nur positiv korrelieren, wenn ein hoher Tätigkeitsspielraum nicht zu Unklarheit der Aufgaben und Ziele sowie zu einem Defizit der Regelung von Kompetenzen und Verantwortlichkeiten führt. Fehlende Eindeutigkeit von Anforderungen und Zielen kann bei hohem Tätigkeitsspielraum eine Minderung der Unternehmensbindung zur Folge haben (Haase, 1997, S. 157).

Desjardins (2001) konnte in einer Feldstudie an Mitarbeitern eines großen Welnessunternehmens die - sowohl aus Sicht der Organisation als auch aus Sicht der Mitarbeiter - positiven Auswirkungen eines erweiterten Tätigkeitsspielraums belegen. Die Hypothesen waren (Desjardins, 2001, S. 86ff.):
- Die Schaffung von kundenorientierten Handlungsspielräumen führt zu einer Erhöhung der Servicezufriedenheit von Kunden.
- Die Schaffung von kundenorientierten Handlungsspielräumen führt zu einer Steigerung des psychischen Wohlbefindens von Mitarbeitern.
Hierzu hatte Desjardins (2001) bei einem Thermalbad (30 Vollzeit- und 150 Teilzeitkräfte) zusammen mit der Unternehmensführung Interventionsmaßnahmen zur Erweiterung des Handlungsspielraums der Beschäftigten durchgeführt. So wurde u.a. den Mitarbeitern die Möglichkeit gegeben, bei Kundenbeschwerden selbst zu entscheiden, ob und in welcher Höhe eine Entschädigung sinnvoll ist. Außerdem wurde den Physiotherapeuten erlaubt, selbst zusätzliche Termine zu vereinbaren, um auf spezielle Kundenwünsche eingehen zu können. Hierzu war ein entsprechendes EDV-Programm nötig sowie die Einrichtung von PCs vor den Behandlungsräumen. Jeweils vor und nach den Interventionsmaßnahmen waren die Kunden und die Mitarbeiter auf ihre Zufriedenheit mit dem Service bzw. dem Arbeitsplatz befragt worden. Sowohl die Kunden- als auch die Mitarbeiterzufriedenheit waren ein halbes Jahr nach Einführung der Neuerungen erheblich gestiegen.

Büssing und Glaser (1991) fanden in ihrer Studie an N = 232 Pflegekräften (davon 55 % Frauen) von 36 Stationen aus drei psychiatrischen Landeskrankenhäusern folgende Zusammenhänge zwischen dem Tätigkeitsspielraum und **Arbeitszufriedenheit** (r = .42) sowie **emotionaler Erschöpfung** (r = -.19). Weiter ergaben sich folgende Korrelationen zwischen Tätigkeitsspielraum und **Gereiztheit** (r = -.10), **Ermüdung** (r = -.11) und **Sättigung** (r = -.16).

Franke-Diel (2001, S. 374f.) konnte in ihrer Dissertation aufzeigen, dass ein eigenverantwortliches *umweltgerechtes Verhalten* von Beschäftigten in Organisationen ohne erweiterte Handlungsspielräume nicht möglich ist.

5.4 Wirkt sich ein hoher Tätigkeitsspielraum immer positiv aus?

Mit einer Erweiterung des Tätigkeitsspielraums sind grundsätzlich nicht nur Chancen, sondern auch Risiken verbunden. Auf der einen Seite kann ein hoher Tätigkeitsspielraum eines Mitarbeiters, der nicht zugleich affektives Commitment zu seiner Organisation besitzt, dazu führen, dass er nur seine eigenen Interessen verfolgt und die der Organisation vernachlässigt. AC wird hier also zum ausgleichenden Faktor. Ohne AC könnte die Organisation geschädigt werden, z.b. wenn Aufträge dann nicht rechtzeitig bearbeitet werden oder Kunden durch unangemessene Behandlung verloren gehen. Auf der andere Seite kann ein hoher Tätigkeitsspielraum auch dem Beschäftigten selbst schaden. Es können beim Beschäftigten Ängste entstehen, dies kann zum Beispiel die Furcht vor dem Treffen von Entscheidungen sein. Weiter entstehen Versagens- bzw. Fehlerängste. Die Angst kann auch darin begründet liegen, dass zu viel Zeitaufwand für Abstimmungsgespräche befürchtet werden. Wenn mehr Spielräume für die Beschäftigten bestehen, liegt darin auch ein höheres Konfliktpotential begründet, wenn die Tätigkeitsspielräume der Mitarbeiter ineinander übergreifen und aufeinander prallen. Je weniger Regeln und Anweisungen bestehen, desto größer ist die Gefahr eines entstehenden Chaos. Ein weiteres Risiko besteht darin, dass der generelle Arbeitsdruck und der Leistungsstress wenig Raum lassen, einen Tätigkeitsspielraum aktiv vorausschauend zu gestalten. Der Zeitdruck führt oft dazu, dass nur reagiert statt präventiv agiert wird.

Wie bereits oben dargestellt, ist die Vergrößerung des Tätigkeitsspielraums, der schon auf einem relativ hohen Ausgangsniveau liegt, nicht mit einer Verminderung der Belastung durch Stressoren verbunden (Frese & Semmer, 1991). Bei Software-Entwicklern war ein erweiterter Tätigkeitsspielraum mit einer erhöhten Gereiztheit und verminderten Belastbarkeit verbunden (Zapf, 1991). Ähnliche Ergebnisse zeigten weitere Studien, wonach bei Männern mit Herzinfarkt und bei Patienten mit Hauterkrankungen oft ein erweiterter Tätigkeitsspielraum erlebt wurde. Die Verbindung zwischen hohem Tätigkeitsspielraum und exzessivem Kontrollverhalten begünstigt die genannten Krankheiten (Richter et al., 2000).

Eine Studie von Kil et al. (2000) konnte eine negative Korrelation zwischen Autonomie, gemessen mit der entsprechenden JDS-Dimension, und Beanspruchung nachweisen. Ein höherer Tätigkeitsspielraum führte also zu einer niedrigeren Beanspruchung. Dagegen korrelierten in dieser Untersuchung die Kernvariablen "Wichtigkeit", "Anforderungswechsel" und "Zusammenarbeit mit anderen" positiv mit Beanspruchung, d.h. eine große Vielfalt und Bedeutsamkeit der Aufgabe sowie die Notwendigkeit zur Zusammenarbeit führten zu einer stärker erlebten Beanspruchung (Kil et al., 2000, S. 127). Eine höhere Beanspruchung kann dann eher negative Folgen, wie z.B. Gereiztheit, Abgeschlagenheit, nach sich ziehen.

5.5 Operationalisierung/Messung des subjektiven Tätigkeitsspielraums

Der subjektive Tätigkeitsspielraum könnte zwar durch Beobachtung ermittelt werden, jedoch konnte empirisch nachgewiesen werden, dass die Erhebungsmethode "Einschätzung durch externe Beobachter" aufgrund von Fehlern bei der Beobachtung zur Unterschätzung von Zusammenhängen führt. Wenn reale Beziehungen existieren, aber relativ gering sind, führt dies leicht dazu, dass Korrelationen über Beobachtungsdaten nicht entdeckt werden (vgl. Frese & Semmer, 1991, S. 135). So wurde in der Studie von Frese und Semmer (1991) bei der Messung per Fragebogen und bei der Erhebungsmethode "Gruppenwerte" zwar ein deutlicher Zusammenhang zwischen Stressoren und psychischem Befinden ermittelt. Es konnte jedoch keine signifikante Korrelation bei Operationalisierung über externe Beobachter gefunden werden. Danach wurde mit verschiedenen Erhebungsmethoden der Moderatoreffekt von "Handlungsspielraum" auf den Zusammenhang der Variablen "psychosomatische Beschwerden" und "subjektive Stressoren" untersucht. Bei der Messung über Beobachtungsdaten hatten "nur" 42 % der Versuchspersonen bei einem niedrigen Handlungsspielraum und hohen subjektiven Stressoren psychosomatische Beschwerden, bei der Erhebungsmethode "Fragebogen" ergaben sich jedoch bei 50 % der Befragten psychosomatische Beschwerden (Frese & Semmer, 1991, S. 146). Darüber hinaus sind Einstellungen nur zu einem geringen Teil beobachtbar und müssen daher erfragt werden.

William Bridges (1998) hat einen Charakterindex von Organisationen entwickelt. Auch diese Charakterisierung einer Organisation erfolgt über eine Abfrage der subjektiven Einschätzung der Mitarbeiter und nicht anhand von externen Beobachtungen (Fragebogen von Bridges, 1998, S. 136–140). Eine Organisation kann man nach Bridges (1998) in 16 verschiedene Organisationsarten einteilen, je nachdem, ob die Organisation typisiert wird mit

- eher introvertiert als extrovertiert
- eher wahrnehmend als intuitiv
- eher denkend als fühlend
- eher beurteilende als wahrnehmende Einstellung zur Organisationsumwelt.

Die Beschäftigten erhalten bei Bridges (1998) den Hinweis, den Fragebogen im Sinne der realen Alltagswirklichkeit in der Organisation auszufüllen. Dabei beschreibt jeder die Organisation so, wie er sie persönlich sieht und erfährt. Trotzdem wird diese Methode als das einzige und damit beste Instrument für eine Einschätzung der charakterbezogenen Qualitäten einer Organisation gesehen (Bridges, 1998, S. 136). Diese Charakterisierungsweise, die auf eine auf Individuen bezogene Typologie zurückzuführen ist, befürworten auch andere Wissenschaftler, die Organisationen zu typisieren versuchen (z.B. Bents & Blank, 1995).

Die meisten, das Erleben erfassenden, subjektiven Analyseinstrumente, wie der *Job Diagnostic Survey* (JDS – Hackman & Oldham, 1975, 1976), der u.a. auch

Autonomie operationalisiert, oder der *Fragebogen zur subjektiven Arbeitsanalyse* (SAA – Udris & Alioth, 1980) fokussieren auf verschiedene Teilbereiche der Arbeit. Das Gleiche gilt für das bedingungsbezogene Stressanalyseinstrument *ISTA* (Semmer, Zapf & Dunckel, 1999). ISTA erfasst arbeitsplatzbezogene Stressoren, Ressourcen und Anforderungen. Sein Einsatz ist vor allem als Screening-Instrument im Arbeitsgestaltungsprozess indiziert, da es die Analyse von Belastungsschwerpunkten am Arbeitsplatz ermöglicht. Vor dem theoretischen Hintergrund der Handlungstheorie (Hacker, 1998) werden Regulationsprobleme, Regulationsmöglichkeiten und Regulationsanforderungen im Arbeitsprozess erfasst, mit dem Ziel, deren förderliche bzw. hinderliche Auswirkungen auf Wohlbefinden und Gesundheit festzustellen. Beispiel-Items für die Teil-ISTA-Skala „Handlungsspielraum" (Semmer, Zapf & Dunckel, 1999): "Wieviel Einfluss haben Sie darauf, welche Arbeit Ihnen zugeteilt wird?" oder "Können Sie bestimmen, auf welche Art und Weise Sie Ihre Arbeit erledigen?" Die fünf Fragen zum Handlungsspielraum im Rahmen der ISTA-Skalen werden jedoch zur Operationalisierung des Tätigkeitsspielraums in dieser Arbeit nicht verwendet, weil im Gegensatz zum **F**ragebogen zum Erleben von Arbeits**i**ntensität und **T**ätigkeitsspielraum (FIT - Richter et al., 2000) nicht abgefragt wird, ob man vielseitige Fähigkeiten und Fertigkeiten zum Erfüllen der Aufgaben braucht und neue herausfordernde Probleme bewältigt werden müssen.

Der FIT (Richter et al., 2000) wurde für die personenbezogene Analyse gesundheitsrelevanter Arbeitsanforderungen entwickelt. Zusätzlich bietet er Ansatzpunkte für das Ausmaß der Mitarbeiterbeteiligung und für Arbeitsgestaltungsmaßnahmen. Der FIT (Richter et al., 2000, S. 139) fokussiert den Tätigkeitsspielraum („Ich kann meine Arbeit selbständig planen und einteilen.") sowie die erlebte Arbeitsintensität und enthält neben der erwähnten Abfrage von Fähigkeiten und Fertigkeiten sowie von neuen Herausforderungen („In meiner Arbeit ist es nötig, immer wieder Neues dazuzulernen.") auch Items zur Teilhabe an Entscheidungen der Vorgesetzten („An Entscheidungen meiner Führungskraft kann ich mitwirken.") sowie an der Entwicklung von Lösungen in der Organisation („An meinem Arbeitsplatz habe ich die Möglichkeit, an der Erarbeitung neuer Lösungen teilzunehmen."). Die über den Tätigkeitsspielraum hinausgehenden Items zur Erfassung der Arbeitsintensität (Beispiel-Items: „Das von mir verlangte Arbeitstempo ist sehr hoch."/„Oft sind die zu lösenden Aufgaben sehr schwierig.") dienen der Feststellung, ob eine subjektiv erlebte hohe Arbeitsintensität mit einem niedrigen oder hohen wahrgenommenen Tätigkeitsspielraum korreliert. Des Weiteren werden die Zusammenhänge von Arbeitsintensität und erlebtem positivem Führungsverhalten untersucht. FIT ist der einzige Fragebogen, bei dem alle Items genau in die Definition von Tätigkeitsspielraum, so wie er in dieser Arbeit verstanden wird, passen. Aus diesem Grund wird in dieser Studie der Tätigkeitsspielraum über die FIT-Items operationalisiert.

6. Der Zusammenhang zwischen der Leistungsmotivation, Kontrollüberzeugung und dem organisationalem Commitment von Beschäftigten sowie deren erlebtem Tätigkeitsspielraum

6.1 Zusammenhänge zwischen den Variablen und daraus resultierende Untersuchungshypothesen bei der Gesamtstichprobe

Der Zusammenhang der vier zentralen Variablen lässt sich graphisch folgendermaßen darstellen, wobei unter Commitment hier das AC fokussiert wird:

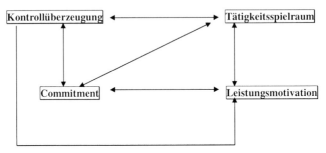

Abbildung 4: Zusammenhänge der vier zentralen Untersuchungsvariablen

Leistungsmotivation und erlebter Tätigkeitsspielraum

Leistungsmotivation ist nicht der alleinige Faktor, der Handlungserfolg bedingt (Kleinbeck, 1996, S. 74ff.). Arbeitstätigkeiten mit hohem leistungsthematischen Motivierungspotential sind dadurch gekennzeichnet, dass sie dem Mitarbeiter einen möglichst großen Spielraum für selbständiges Handeln, also einen hohen Tätigkeitsspielraum, eröffnen (Kleinbeck, 1996, S. 34). Eine Handlung kann "allein durch ihre Möglichkeit zur Kontrolle der Arbeitsumwelt motivierend wirken" (Desjardins, 2001, S. 9), d.h. ein Spielraum, der Beschäftigten Möglichkeiten zur Kontrolle lässt, wirkt motivierend. Wenn Beschäftigte wenig Handlungsspielraum in ihrer beruflichen Tätigkeit erleben und direkt kontrolliert werden, wird die Bedeutung von Leistungsmotivation hinsichtlich der Verfolgung von Zielen gering. Für Büssing und Glaser (1991, S. 123) ist der Tätigkeitsspielraum am Arbeitsplatz *die* notwendige Voraussetzung für eine Motiventwicklung und -erzeugung. Dies bedeutet also, dass ein Tätigkeitsspielraum nicht nur die Möglichkeit eröffnet, ein etwa bereits vorhandenes hohes Leistungsmotiv auszuleben. Er dient auch der Modifikation des Leistungsmotivs, weil die Persönlichkeit des Mitarbeiters sich auf dieser Stelle weiterentwickeln kann. Vollständige und fordernde Tätigkeiten sind für die Leistungsmotivation unerlässlich (Hacker, 1998, S. 250). Leistungsmotivation kann umso mehr befriedigt werden, wenn man einen Einfluss auf Aufgaben und Arbeitsziele erlebt (Rosenstiel, L.v., 1996, S. 54), d.h. einen Tätigkeitsspielraum wahrnimmt. Bereits Anfang der 70er Jahre erkannte man den Zusammenhang von Motivation und Tätigkeitsspielraum, so dass neue Formen der Arbeitsgestaltung zur Erweiterung des Tätigkeitsspielraums gesucht wurden, um die Beschäftigten zu qualifizieren und ihnen die Entwicklung der Persönlichkeit zu ermöglichen (Ulich, 1998, S. 47). Seitdem sind die Arbeitsvorgänge noch komplexer geworden. Die Leistungsmotivation kann nur angeregt werden, wenn ein entsprechender Spielraum zum Ausleben des Leistungsmotivs vorhanden ist.

Die Leistungsmotivation entwickelt sich somit in ständigen Rückkoppelungsprozessen mit dem Tätigkeitsspielraum weiter, denn "im Konzept der vollständigen Tätigkeit ist es nicht der Tätigkeitsspielraum an sich, sondern es ist die Funktion des Tätigkeitsspielraums für die selbständigen Zielsetzungsmöglichkeiten, die ... in besonderer Weise wirksam sein soll" (Büssing & Glaser, 1991, S. 135). Also kann sich das Leistungsmotiv als ein übergeordnetes Ziel besser entwickeln, wenn es der Tätigkeitsspielraum erlaubt, sich das *Erbringen einer herausfordernden Leistung* als Oberziel zu setzen. Die Motivierungspotentiale der Tätigkeit, unter anderem also der Tätigkeitsspielraum, "können Bedürfnisse erzeugen" (Hacker, 1998, S. 307). Der Tätigkeitsspielraum kann folglich das Leistungsmotiv nicht nur vergrößern, sondern auch erst erzeugen. Die Motive bestimmen dann wieder die Wirksamkeit objektiver Tätigkeitsmerkmale, d.h. das subjektive Wahrnehmen und Ausfüllen von Spielräumen. Wo große Freiräume und autarke Entscheidungssituationen prägend sind, spielt die Leistungsmotivation eine entscheidende Rolle zum aktiven Ausfüllen der Spielräume. Eine Stelle ist von großen Freiräumen geprägt, wenn wenig externe Zwänge bestehen, sich auf die Zielgröße "Leistung" auszurichten, also z.B. keine genauen Regelanweisungen oder Kontrollen durch den Vorgesetzten gegeben sind. Der Leistungsmotivation kommt also dort entscheidende Bedeutung zu, wo auch die Tätigkeitsspielräume groß sind (Schuler & Frintrup, 2002, S. 750).

Leistungsmotivation und Kontrollüberzeugung

Die Ausprägung der Leistungsmotivation ist nicht notwendigerweise direkt vom Ausmaß der tatsächlichen Kontrolle abhängig, sondern vielmehr von der Überzeugung, Kontrolle ausüben zu können. Außerdem ist zu beachten: Wenn Erfolg oder Misserfolg als der persönlichen Kontrolle entzogen betrachtet werden, also keine internale Kontrollüberzeugung besteht, kann eine Leistungssituation auch kein Leistungsmotiv anregen (Kuhl, 1983, S. 541). External Kontrollüberzeugte suchen Leistungssituationen weniger auf, so dass das Leistungsmotiv seltener angeregt wird. Krampen (1982, S. 161) postuliert unabhängig vom Tätigkeitsspielraum eine positive Korrelation zwischen Leistungsmotivation und Kontrollüberzeugung. Bei hohem Tätigkeitsspielraum ist dieser Zusammenhang jedoch nach den Ausführungen in Kapitel fünf größer, weil ein hoher Tätigkeitsspielraum die Überzeugung, Ereignisse in seinem Arbeitsleben beeinflussen zu können, erhöht und damit das Leistungsmotiv stärker angeregt wird. Im Gegensatz zu den Zusammenhängen zwischen den anderen Variablen wird hier als einzige Ausnahme eine einseitige Beziehung von Kontrollüberzeugung und Leistungsmotivation gesehen. Die Leistungsmotivation per se beeinflusst nicht die Kontrollüberzeugung, weil eine höhere Leistungsmotivation z.B. nicht die Überzeugung erhöht, dass man die Ereignisse in seinem Leben beeinflussen kann. Eine niedrige Leistungsmotivation reduziert auch nicht eine internale Kontrollüberzeugung.

Leistungsmotivation und affektives Commitment

Haase (1997, S. 161) sieht die Leistungsmotivation als einen wichtigen Wirkfaktor für das Commitment der Beschäftigten. Wenn die Organisation der Leistungsmotivbefriedigung dient, dann entwickelt der Beschäftigte eine emotionale Bindung an die Organisation. Sofern es als Wert der Organisation gilt, dass der Begriff der Leistung positiv besetzt ist, und dies mit dem Wertesystem des Beschäftigten übereinstimmt, erhöht sich sein affektives Commitment. Auch wenn die Organisation unabhängig vom tatsächlich erzielten Resultat die Leistungsmotivation von Mitarbeitern als beispielgebend honoriert durch immaterielle (und ggf. auch materielle) Anerkennung, wird dadurch das Commitment gestärkt. Umgekehrt ist es so, dass Mitarbeiter mit hohem affektiven Commitment, leistungsmotivierter werden, wenn Leistungsmotivation ein organisationsimmanenter Bestandteil ist. Internale Kontrollüberzeugung beeinflusst den Zusammenhang zwischen Leistungsmotivation und AC, da internal Kontrollüberzeugte glauben, ihrer Leistungsmotivation entsprechend ihren Arbeitsplatz gestalten zu können. Dies müsste die Bindung zu ihrer Organisation erhöhen, da diese es ihnen ermöglicht, ihre Leistungsmotivation in konkrete Handlungen umzusetzen, für die sie dann wieder eine entsprechende Verstärkung, wie Lob, erhalten.

Affektives Commitment und Kontrollüberzeugung

Eine internale arbeitsbezogene Kontrollüberzeugung der Beschäftigten erzeugt eine positive affektive Reaktion zu der Umgebung, in der sie glauben, Kontrolle ausüben zu können. Daher gilt der "work locus of control as a predictor of affective outcomes related to work" (Hirschfeld & Feild, 2000, S. 793). Hieraus ließe sich zumindest für das affektive Commitment ein positiver Zusammenhang zu einer internalen Kontrollüberzeugung herleiten. Luthans et al. (1987, S. 228) belegten, dass der Locus of Control eine wichtige persönliche Einstellung ist, die OC beeinflusst. Für eine positive Korrelation zwischen der arbeitsbezogenen Kontrollüberzeugung und dem OC von Organisationsangehörigen spricht erstens, dass internal Kontrollüberzeugte Kontrolle über ihr Arbeitsumfeld wahrnehmen. Folglich müssten sich insbesondere Beschäftigte, deren Organisationen ihnen die Kontrolle über ihre Arbeit erlauben, besonders verpflichtet gegenüber ihren Organisationen fühlen (Cheng, 1990, S. 17). Zweitens nehmen Beschäftigte mit hohem Locus of Control mehr Anstellungsalternativen als external Kontrollüberzeugte wahr, so dass sie sich an die Organisation, für die sie sich entschieden haben, mehr binden (Coleman et al., 1999, S. 997). Deshalb entwickeln sie auch mehr Commitment, weil sie sich unter bewusster Wahrnehmung aller Wahlmöglichkeiten für die eine Alternative in dieser Organisation entschieden haben. Drittens unternehmen internal Kontrollüberzeugte eher etwas dagegen, wenn sie mit einer Situation unzufrieden sind. External Kontrollüberzeugte hingegen sehen mehr den Rückzug, d.h. das Verlassen der Organisation, als Alternative. Internal Kontrollüberzeugte suchen dagegen aktiv nach Informationen und nutzen die zusammengetragenen Informationen auch eher für ihre Entscheidungen.

Erlebter Tätigkeitsspielraum und AC sowie Kontrollüberzeugung

Mitarbeiter sind dann überzeugt, einen bedeutsamen Beitrag zum Organisationserfolg zu liefern, wenn sie wissen, dass sie nicht ohne weiteres ersetzbar sind. Wer einen Tätigkeitsspielraum hat und auch ausübt, ist nicht einfach auswechselbar, weil er seinem Arbeitsplatz einen eigenen Stempel aufgedrückt hat, der seiner Persönlichkeit entsprechend zu sinnvollen Arbeitsergebnissen führt. Das Wissen um ihre Bedeutsamkeit verstärkt die internale Kontrollüberzeugung und das affektive Commitment der Beschäftigten. Wenn Mitarbeiter also über beträchtliche Entscheidungsfreiheit im Hinblick auf die Durchführung ihrer Arbeit verfügen, wird erst ein hohes Maß an OC erzeugt (Karst et al., 2000, S. 8).

Ob Angestellte einen vorhandenen Tätigkeitsspielraum wahrnehmen und ausnutzen, hängt wiederum von ihrer internalen Kontrollüberzeugung ab. Je mehr man überzeugt ist, in seiner Organisation Ereignisse beeinflussen zu können, umso stärker entwickelt sich das affektive Commitment. Für external Kontrollüberzeugte ist dagegen der Tätigkeitsspielraum nicht so wichtig, weil sie ohnehin glauben, sie wären von mächtigen Anderen oder vom Zufall abhängig, egal ob sie einen Spielraum ausnutzen oder nicht.

Aus den genannten Zusammenhängen folgt, dass die Variablen „erlebter Tätigkeitsspielraum", „affektives Commitment", „Leistungsmotivation" und „Kontrollüberzeugung" gemeinsam erfasst und in Beziehung zueinander gesetzt werden müssen. Auch das fortsetzungsbezogene Commitment wird mit den anderen Variablen in Verbindung gebracht, jedoch werden die Zusammenhänge anders als bei der Korrelation mit AC ausfallen. Aufgrund dieser Ausführungen und der in den bisherigen Kapiteln dargestellten Theorien sowie aufgrund der Ergebnisse der skizzierten empirischen Studien lassen sich folgende Untersuchungshypothesen bezüglich der Zusammenhänge der zentralen Variablen aufstellen.

1) *Alle vier Variablen korrelieren positiv miteinander.*

2) Der *erlebte Tätigkeitsspielraum* korreliert positiv mit **allen *LMI-Dimensionen*.**

6.2 Hypothesen in Bezug auf unterschiedliche Organisationen und andere Kontextvariablen

Die Kontextmerkmale wurden aufgrund der Arbeiten von Bergler (1993) und der Studie von Haase (1997) aufgenommen. Er schlägt deshalb vor, die Qualität von Commitment in Dienstleistungs- und Produktionsunternehmen sowie in Profit- und Non-Profitorganisationen zu unterscheiden. Haase (1997, S. 112) regt weiter an, bei der Erfassung von Commitment zu unterscheiden, ob dezentrale oder zentralisierte Organisationen bzw. große oder kleine Organisationen untersucht werden. Der moderierende Einfluss des *erlebten Tätigkeitsspielraums* dient als Merkmal für dezentrale Verantwortlichkeiten. Die strukturellen Parameter der objektiven Unternehmensrealität sind in der Wahrnehmung und individuellen Bewertung durch die Organisationsmitglieder mit den zwei Schlüsselkonzepten *„Bewertung des Führungsverhaltens"* und *„Bewertung des Images"* zu berücksichtigen (Haase, 1997, S. 321, vergleiche Kapitel 2.7.1). Weiter wird als Kontextvariable die *erlebte Arbeitsintensität* herangezogen, ob also die Arbeitsbelastung andere Variablen beeinflusst. Außerdem wird der Einfluss der *hierarchischen Position* untersucht. Im Folgenden werden die daraus resultierenden Hypothesen dargestellt.

6.2.1 Ausmaß der Leistungsmotivation, des erlebten Tätigkeitsspielraums und des Commitments in Organisationen des öffentlichen Dienstes und der Privatwirtschaft

In der Literatur gibt es keine Hinweise darauf, dass sich Personen, die sich für oder gegen den öffentlichen Dienst entscheiden, im Ausmaß ihrer Leistungsmotivation unterscheiden oder sich durch das Arbeiten in einer Non-Profit-Organisation die Leistungsmotivation ändert. Die unterschiedliche Vorschriftenfülle und die Abhängigkeit von demokratisch besetzten Gremien könnten sich aber z.B. auf die Leistungsmotivationsdimensionen Flexibilität und Selbständigkeit auswirken, die dann bei den Beschäftigten im öffentlichen Dienst niedriger ausfallen würden. Bei den Berufstätigen hatten Schuler und Prochaska (2001a, S. 34) nur Beschäftigte eines Finanzdienstleistungsunternehmens der öffentlichen Hand einbezogen, so dass die Vergleichsmöglichkeit zur reinen Privatwirtschaft fehlt. Wie sich die Beschäftigung in der öffentlichen Verwaltung oder in der Privatwirtschaft auf die verschiedenen LMI-Dimensionen auswirkt, soll also in dieser Arbeit geklärt werden. Daraus ergibt sich
Hypothese 3: „Die Gesamthöhe der Leistungsmotivation unterscheidet sich nicht zwischen den Beschäftigten im öffentlichen Dienst und den Beschäftigten in der Privatwirtschaft, differiert jedoch in verschiedenen Dimensionen."

Der **Tätigkeitsspielraum** wird im öffentlichen Dienst aufgrund der Fülle vorhandener Richtlinien zum Gesetzesvollzug sowie der Abhängigkeit von Politikern (z.B. Gemeinderats- bzw. Stadtratsmitglieder, Landtags- und Bundestagsabgeordnete) möglicherweise subjektiv eingeschränkter wahrgenommen. Das Unternehmensziel könnte aber in der Privatwirtschaft genauso beschränkend erlebt werden. Ein höherer wahrgenommener Tätigkeitsspielraum in der Privatwirtschaft kann jedoch auch daran liegen, dass sich die zu mehr Selbständigkeit neigenden Mitarbeiter für den öffentlichen Dienst aufgrund der vermeintlich größeren Regelungsdichte nicht so interessieren. Nicht zuletzt sind auch die Behördenleiter oft Politiker, so z.B. die Oberbürgermeister oder waren zumindest vor der Übernahme der Führungsspitze Parteipolitiker, so dass hier Parteien etc.

im Hintergrund mitregieren. Auch in privatrechtlich organisierten Unternehmen, bei denen die öffentliche Hand Gesellschafter ist, sitzen in den Aufsichtsratgremien weit mehr Politiker als in rein privat beherrschten Unternehmen. Im öffentlichen Dienst muss aber ebenso flexibel auf Bürgereingaben und -anregungen reagiert werden und bei Entscheidungen müssen jeweils die Auswirkungen auf die Bürgerschaft vorausgesehen und ggf. individualisierte Lösungen gefunden werden, wie private Betriebe auf ihre Kunden eingehen müssen. Beschäftigte in Kommunen könnten jedoch einen höheren Tätigkeitsspielraum als Arbeitskräfte in Landes- oder Bundesverwaltungen erleben. Dies liegt darin begründet, dass in Kommunalverwaltungen die Beschäftigten *direkter* mit dem Bürger *kommunizieren* müssen. Sie arbeiten dabei in einem weiten Aufgabengebiet, meist in der eigenen *Wohnort*gemeinde und müssen flexibler reagieren können. In Bundes- oder Landesverwaltungen gibt es mehr *gleichartige* Stellen (z.B. Bearbeitung der Lohnsteueranträge, Arbeitsvermittlung), für die dann entsprechende Richtlinien bestehen. Hieraus resultiert

Hypothese 4: „Es bestehen grundsätzlich keine Unterschiede im Erleben des Tätigkeitsspielraums bei Beschäftigten der öffentlichen Hand und der Privatwirtschaft."

Beschäftigte im öffentlichen Dienst könnten ein höheres fortsetzungsbezogenes Commitment haben als Beschäftigte in der Privatwirtschaft. Die Kündigung von Beschäftigten ist in Organisationen der öffentlichen Hand bisher eingeschränkter als in der Privatwirtschaft möglich. Außerdem ist auch kein Risiko der Insolvenz gegeben. Weiter führen die Beamtenpensionen und vor allem die Zusatzversorgung für Angestellte des öffentlichen Dienstes zu einem höheren Einkommen im Alter als bei den in der Privatwirtschaft Angestellten. Insbesondere die Dauer der Organisationszugehörigkeit ist für ein zum Teil erheblich höheres Alterseinkommen entscheidend, so dass ein höheres FC zwangsläufig erscheint. Beim affektiven Commitment wird dagegen kein Unterschied angenommen. Wenn sich ein bestimmter Personenkreis für den öffentlichen Dienst oder ein von öffentlicher Hand beherrschtes Unternehmen interessiert, ist kein Grund vorstellbar, warum diese Beschäftigten nicht auch die Ziele ihrer Organisation internalisieren und sich nicht ebenso ihrem Arbeitgeber aus Überzeugung verbunden fühlen sollten wie Angestellte der Privatwirtschaft. Hier muss man allerdings zwischen den Beschäftigtengruppen im öffentlichen Dienst unterscheiden. Das AC von Beamten könnte höher liegen als das AC von Angestellten im öffentlichen Dienst, da sich Beamte auf ein lebenslanges Arbeitsverhältnis mit dem Staat festgelegt haben. Sie erhalten auch kein Gehalt, sondern eine Alimentation und zu ihrem Arbeitgeber besteht kein Vertragsverhältnis, sondern ein Über-/Unterordnungsverhältnis. Die Beamten fühlen sich *im Idealfall* als Staatsdiener und sollen der Öffentlichkeit ohne Streikrecht und unbestechlich dienen. Die daraus resultierende Hypothese lautet:

Hypothese 5: „Die Beschäftigten des öffentlichen Dienstes haben ein höheres FC als diejenigen in der Privatwirtschaft. Beim Ausmaß des AC besteht dagegen grundsätzlich kein Unterschied."

6.2.2 Der Einfluss der hierarchischen Position in Organisationen des öffentlichen Dienstes und der Privatwirtschaft

Nach Haase (1997, S. 154f.) besteht ein positiver Zusammenhang zwischen hierarchischer Position und AC/FC sowie Leistungsmotivation, weil der Tätigkeitsspielraum mit der Höhe der Position größer wird. Dieser Zusammenhang könnte aber ebenso gut darauf basieren, dass Organisationen diejenigen befördern, die die Organisationsziele internalisiert haben. Auch müssten sich in einer gehobenen Position das höhere Gehalt und ggf. weitere Zusatzleistungen des Arbeitgebers auf den Zusammenhang mit dem FC auswirken. Die Hypothese für die vorliegende Untersuchung lautet daher:

Hypothese 6: „Hierarchische Position und das AC/FC sowie die Leistungsmotivation der Beschäftigten korrelieren in allen Organisationen positiv."

Die Bedeutung des Tätigkeitsspielraums für die Aufgabenerfüllung und für die Persönlichkeitsentwicklung der Individuen wurde erläutert. So wird vermutet, dass Führungskräfte eine höhere Ausprägung aller Variablen zeigen. Zum einen ist das Erreichen einer Führungsposition, also die hierarchische Position, von der Leistungsmotivation der Mitarbeiter abhängig. Zum anderen bedeutet eine höhere hierarchische Position auch einen größeren Tätigkeitsspielraum, womit das Leistungsmotiv wieder stärker angeregt wird und die internale Kontrollüberzeugung weiter bekräftigt wird. Das AC zu der Organisation, die einem die Gelegenheit bietet, in Führungsposition die Organisation mitzugestalten, ist höher als das der Sachbearbeiter mit geringeren Einflussmöglichkeiten. Somit bewerten Führungskräfte auch das Image ihrer jeweiligen Organisation besser, da sie sich als Mitgestalter erleben. Sie beurteilen auch ihre eigenen Führungskräfte besser, weil diese sie wiederum in der Führungsposition akzeptieren. Sie haben auch aufgrund ihres eigenen Informationsvorsprungs als Führungskraft besser Einblick in die Probleme und Schwierigkeiten der nächsthöheren Führungsebene bzw. der Organisationsspitze. Daraus ergibt sich

Hypothese 7: „Führungskräfte haben unabhängig vom Organisationstyp eine höhere Leistungsmotivation als Sachbearbeiter, besitzen ein höheres AC und eine stärkere internale Kontrollüberzeugung, erleben ihren Tätigkeitsspielraum sowie die Arbeitsintensität höher, bewerten das Image ihrer Organisation sowie das Führungsverhalten ihrer Führungskräfte besser."

6.2.3 Der Einfluss des erlebten Tätigkeitsspielraums

Haase (1997, S. 157) sieht generell einen positiven Zusammenhang zwischen Commitment und Tätigkeitsspielraum. Es scheint jedoch wahrscheinlich, dass Personen mit niedriger Leistungsmotivation einen hohen Tätigkeitsspielraum meiden und damit ein niedrigeres AC zu ihrer Organisation entwickeln, wenn diese ihnen einen hohen Tätigkeitsspielraum „aufzwingt". Misserfolgsmeider meiden leistungsthematische Situationen. Sie setzen sich ihre Ziele entweder unerfüllbar hoch oder zu niedrig, so dass sie einen Tätigkeitsspielraum nicht ausnützen können (siehe Kapitel 2). Organisationen, die Mitarbeitern mit wenig Leistungsmotivation dennoch einen überdurchschnittlichen Tätigkeitsspielraum gewähren bzw. dessen Ausfüllung verlangen, überfordern sie bzw. Führungskräfte müssen unterstützend tätig werden. Internal Kontrollüberzeugte haben weniger Grund, Leistungssituationen zu meiden, so dass ihr Leistungsmotiv eher angeregt werden kann. Somit ergeben sich folgende Hypothesen:

*Hypothese 8: „Personen, die einen **niedrigen Tätigkeitsspielraum** erleben, besitzen ein niedrigeres AC, zeigen weniger Leistungsmotivation, haben eine geringere internale Kontrollüberzeugung und bewerten ihre Führungskräfte sowie das Image ihrer Organisation schlechter". und*

*Hypothese 9: „Personen, die einen **überdurchschnittlichen Tätigkeitsspielraum** erleben, aber eine unterdurchschnittliche Leistungsmotivation besitzen, haben ein niedrigeres AC zu ihrer Organisation und bewerten ihre Führungskräfte schlechter".*

6.2.4 Die Bedeutung der internalen Kontrollüberzeugung

Rotters Konzept geht davon aus, dass internal Kontrollüberzeugte sich selbst als Verursacher der Ereignisse in ihrem Leben sehen. Folglich müssten sie weniger ängstlich sein. Neuerungen und Wandel der beruflichen Arbeitswelt dürfte bei ihnen keine hohe Furcht auslösen. Sie müssten daher flexibler sein. Da sie die Folgen ihrer Handlungen kontingent zu ihrem eigenen Verhalten wahrnehmen, müssten sie auch ihre Führungskräfte besser bewerten. Sie lasten ihren Führungskräften nicht alles an, was bei ihrer Tätigkeit an Problemen und Hindernissen auf sie zukommt, sondern werden sich selbst einiges davon zuschreiben. Daher lautet

Hypothese 10: „Internal Kontrollüberzeugte sind furchtloser sowie flexibler und bewerten ihre Führungskräfte besser ".

6.3   Skalen des Gesamtfragebogens zur Hypothesenüberprüfung

Zur Überprüfung der Hypothesen wird ein Fragebogen entwickelt, der aus mehreren Subskalen besteht. Alle Items sind aus dem Anhang ersichtlich.

Commitment-Skalen von Allen und Meyer (1990) in der deutschen Übersetzung von Schmidt et al. (1998)

Die Studie stützt sich auf die Einteilung von Allen und Meyer (1990), weil ihr Konzept die Vielschichtigkeit eines Individuums am ehesten erfasst und die beiden Forscher zu den einzelnen OC-Dimensionen passende valide Messinstrumente entwickelt haben (s. Kapitel 2.1). Die deutsche Übersetzung von Schmidt et al. (1998) weist ähnlich zufriedenstellende psychometrische Eigenschaften des deutschen Fragebogens wie die englische Originalversion auf. Das einzige

Manko der deutschen Übersetzung (Schmidt et al., 1998, Anhang A) gegenüber der englischen Originalversion ist, dass in den deutschen Items immer von "Betrieb" gesprochen wird, obwohl die Originalitems von Allen und Meyer (1990, S. 6f.) durchgängig den Begriff "organization" verwenden. Daher wurde das Wort "Betrieb" durch "Organisation" ersetzt.

Von den Commitment-Skalen wurden nur zwei verwendet, weil zum einen Allen und Meyer (1990) selbst auf die bei affektivem und normativem OC gleichartigen Korrelationen mit verschiedenen abhängigen und unabhängigen Variablen hingewiesen haben (so auch Coleman et al., 1999, S. 996). Zudem haben auch andere Wissenschaftler auf die Anwendung der NC-Skala verzichtet, weil noch keine präzise Operationalisierung der Bedingungen von NC vorlägen (so Haase, 1997, S. 138). Das normative Commitment wird daher in dieser Studie nicht erfasst. Beispiel-Items für die Skala zur Erfassung des *affektiven Commitments* sind:

- Probleme der Organisation beschäftigen mich häufig so, als seien sie meine eigenen.
- Ich empfinde mich nicht als „Teil der Familie" meiner Organisation.

Beispiel-Item zur Erfassung *fortsetzungsbezogenen* Commitments:
„Es wäre nicht mit zu vielen Nachteilen für mich verbunden, wenn ich momentan meine Organisation verlassen würde."

Zwei Items der FC-Skala ("In meinem Betrieb zu bleiben, entspricht sowohl der Notwendigkeit als auch meinen Wünschen." und "Eine der wenigen ernsthaften Folgen eines Betriebswechsels wäre der Mangel an tatsächlichen Beschäftigungsalternativen.") wurden nicht verwendet, weil sie von mehreren Befragten in der Studie von Ammon (2002) für unverständlich gehalten wurden.

LMI-Skala von Schuler und Prochaska (2001a)
Die Verwendung des LMI wurde bereits ausführlich in Kapitel 3 begründet. Es gibt eine Gesamtskala Leistungsmotivation, die sich aus 17 Dimensionen zusammensetzt. Beispiel-Items finden sich in Kapitel 3.6.4.

- Beharrlichkeit - BE
- Dominanz - DO
- Engagement – EN
- Erfolgszuversicht - EZ
- Flexibilität - FX
- Flow - FL
- Furchtlosigkeit - FU
- Internalität - IN
- Kompensatorische Anstrengung - KA
- Leistungsstolz - LS
- Lernbereitschaft - LB
- Schwierigkeitspräferenz - SP
- Selbständigkeit - SE
- Selbstkontrolle - SK

- Statusorientierung - ST
- Wettbewerborientierung - WE
- Zielsetzung - ZS

Da der LMI mit zehn Items schon die Internalität erfasst, wurde auf die Erfassung der **arbeitsbezogenen Kontrollüberzeugung** mit der zu favorisierenden Skala WLCS von Spector (1998) verzichtet. Zum einem sollten alle Dimensionen des LMI verwendet werden, um die Vergleichbarkeit zu den Normierungen Schulers und Prochaskas (2001a) herzustellen. Zum anderen durfte der Fragebogen aus Zeit- und Akzeptanzgründen der Probanden nicht länger werden. Zudem hätte die offensichtliche Wiederholung noch mehr ähnlicher Fragen die Fragebogenausfüller verunsichert. Außerdem scheint die Skala „Internalität" das Gleiche zu erfassen wie die WLCS. Die Kontrollüberzeugung wird also in dieser Studie über die Dimension „Internalität" des LMI operationalisiert.

FIT-Skala von Richter, Hemmann, Merboth, Fritz, Hänsgen und Rudolf
Der FIT ist ein **F**ragebogen zum Erleben von Arbeits**i**ntensität und **T**ätigkeitsspielraum, entwickelt von Richter et al. (2000). Der Fragebogen thematisiert „vielfältig einzusetzende Fähigkeiten", „Neues dazu lernen müssen", „an neuen Lösungen teilnehmen", „selbständiges Planen und Einteilen", „unter Zeitdruck und schwierig zu erfüllende Tätigkeiten" (Richter et al., 2000, S. 133). Die Begründung für die Auswahl dieser Skala zur Messung des Tätigkeitsspielraums sowie Beispiel-Items finden sich in Kapitel 5.5. Die Likert-Skalierung der FIT-Items wurde den Ausprägungen der LMI-Skala und der OC-Skala angepasst und auch von 1 – 7 likert-skaliert, obwohl sie in der Version von Richter et al. (2000, S. 139) nur von 1 - 4 likert-skaliert sind. Die gleichmäßige Skalierung wird allgemein als vorteilhaft eingestuft, weil die Befragten dann mit diesem Antwortmodus vertraut sind (Jakoby & Jacob, 1999, S. 65). Der FIT unterteilt sich in die Skalen „erlebter **Tätigkeitsspielraum**" und „erlebte **Arbeitsintensität**".

Skalen zur Erfassung weiterer Variablen

Führungsverhalten-Items von Haase (1997)
Es wurde im Gegensatz zu den in Kapitel 2.7.2.2 beschriebenen umfassenden Items zur Charakterisierung einer Organisation nur das unmittelbare Führungsverhalten gegenüber den Mitarbeitern abgefragt. Diese Items verwendete Haase (1997) auch in seiner bereits vorgestellten Studie, die Wörter „Mein Vorgesetzter" wurden von jedoch ersetzt durch „Meine Führungskraft". Beispiel-Items: „Meine Führungskraft hält öfter Informationen zurück und informiert mich nicht über alles." Und „Meine Führungskraft hört sich auch öfter meine Meinung / meine Vorschläge an."

Unternehmensimage-Items von Haase (1997)
Diese Skala erfasst die individuellen Bewertungen und Interpretationen der Mitarbeiter vom Image ihrer Organisation. Sie besteht in dieser Untersuchung aus drei Items, die von Haases Studie (1997) übernommen wurden. Die drei Items lauten:

„Die Repräsentation unserer Organisation in der Öffentlichkeit ist gut."
„Meine Organisation ist denen in vergleichbaren Bereichen tätigen Organisationen überlegen."
„Meine Organisation genießt in der Öffentlichkeit hohes Ansehen."

6.4 Beschreibung des Untersuchungsverfahrens

Die Studie war darauf abgestellt, dass die Teilnehmenden nicht nur aus *einer* privatrechtlichen Firma und aus *einer* Behörde kamen, um keine organisationsspezifischen Untersuchungsergebnisse zu produzieren. Daher wurden je 1 - 15 Fragebogen Freunden, Kollegen und Bekannten übergeben, die die Bögen selbst ausfüllten bzw. die übrigen in ihren Betrieben oder im Freundeskreis verteilten. Insgesamt wurden 280 Bögen ausgegeben. Es wurde ausdrücklich darauf hingewiesen, dass die Fragebogen nur von derzeit abhängig Beschäftigten ausgefüllt werden sollten. Dennoch konnte nicht verhindert werden, dass 5 Personen als Selbständige den Bogen ausfüllten. Als Rückmeldung kam von ca. 20 Multiplikatoren, dass ihnen gegenüber bekundet wurde, das Ausfüllen hätte Spaß gemacht. Zwei Personen gaben den Bogen nur zur Hälfte ausgefüllt wieder ab, weil sie keine Lust hätten, mehrfach ähnliche Fragen zu beantworten. Drei Teilnehmer bemängelten, dass sie für die Teilnahme keine Belohnung erhielten. Viele von denen, die eine persönliche Rückmeldung gaben, wiesen auf die sich ihrer Meinung nach wiederholenden gleichen Fragen hin. Einige beantworteten deswegen nicht vollständig ihren Fragebogen. Die übrigen vermuteten hinter den ähnlichen Fragen „Kontrollfragen", um Widersprüche aufzudecken. Die Rückmeldungen ergaben weiter, dass das Thema als sehr spannend empfunden wird, gerade auch die Fragestellung, ob sich signifikante Unterschiede bei einer nach öffentlichem Dienst und Privatwirtschaft getrennten Auswertung ergeben. Dies zeigt sich auch daran, dass 120 Befragte ihren Namen angegeben haben und nach Abschluss der Dissertation eine Analyse zugesandt haben möchten. Von den Teilnehmenden, die ihren Namen vermerkt haben, sind mir 49 entweder persönlich oder namentlich bekannt. Der hohe Grad der namentlichen Angabe ist auch unter dem Gesichtspunkt sehr bemerkenswert, dass spezielle Fragen zur Organisation und zum Führungsverhalten in der Organisation gestellt wurden.

Die Multiplikatoren kamen z.B. aus dem öffentlichen Kommunaldienst, aus verschiedenen Kliniken, aus unterschiedlichen Kirchengemeinden, aus einem mittelständischen Betrieb der Unterhaltungselektronik, aus einer Krankengymnastikpraxis und aus einem großen Technik produzierenden Unternehmen. Da sie die Bögen in ihrem Betrieb, aber auch in ihrem Bekanntenkreis verteilten, kamen die Teilnehmenden aus den verschiedensten Organisationen. Jeder Multiplikator erhielt Kuverts, in die die Ausfüllenden ihre Fragebogen einkuvertieren und die Umschläge zukleben sollten. Zudem bekamen alle noch eine Anzahl frankierter und adressierter Briefumschläge für diejenigen, die den Fragebogen per Post ganz anonym zurückschicken wollten. Insgesamt gab es einen Rücklauf von 220 ausgefüllten Bögen, von denen 20 einzeln per Post an mich geschickt wurden. Die anderen wurden von den Multiplikatoren eingesammelt und mir direkt übergeben oder in einem großen, von mir vorfrankierten Umschlag an mich zurückgeschickt, worin die Fragebogen offen und nur selten in verschlossenen einzelnen Kuverts lagen.

Die Rücklaufquote beträgt somit 75 %. Der Zeitpunkt der Abgabe der Fragebogen wurde nicht kontrolliert, nachdem eine erst kürzlich durchgeführte Studie von Borg (2000) keine Unterschiede zwischen Früh- und Spätantwortern feststellte. Früh- und Spätantworter unterscheiden sich in schriftlichen Umfragen bezüglich ihrer Meinungen und Einstellungen nicht. Insbesondere sind Frühantworter weder zufriedener als Spätantworter, noch haben sie ein höheres Commitment zur Organisation (Borg, 2000, S. 17). Angesichts des wirklich sehr umfangreichen Fragebogens ist der Rücklauf von 220 Bögen umso erstaunlicher. 209 Bögen wurden in die Ergebnisermittlung bei der Einzel-Item-Auswertung einbezogen. Bei der Skalenauswertung wurden jedoch nur 204 ausgefüllte Fragebogen berücksichtigt, weil 5 Personen angaben, keine Führungskraft über sich zu haben. Bei den 11 gar nicht gewerteten Fragebogen waren entweder einzelne Seiten nicht ausgefüllt oder es waren mehr als zwei Fragen pro Skala nicht angekreuzt oder sie kamen erst nach „Redaktionsschluss". Nach Schuler und Prochaska (2001a, S. 21f.) dürfen fehlende Antworten durch den Mittelwert der übrigen Items dieser Skala ersetzt werden; bei mehr als zwei fehlenden Antworten darf die Dimension nicht ausgewertet werden. Diese Vorgehensweise wird in dieser Studie bei allen LMI-Skalen berücksichtigt. Bezüglich der Skalen Commitment, Tätigkeitsspielraum, Arbeitsintensität und Führungsverhalten wurden zur Korrelationsberechnung nur Fragebogen berücksichtigt, bei denen nicht mehr als eine Antwort fehlte. Die fehlende Antwort wurde auch hier durch den Mittelwert der übrigen Items dieser Skala ersetzt. Bei den drei Image-Items mussten alle drei angekreuzt worden sein, um in die Berechnungen miteinbezogen werden zu können.

Bei der **Auswertung** wurden außerdem die Items Nrn. 1, 7, 9, 11, 22, 23, 25, 28, 32, 33, 34, 37, 38, 47, 49, 50, 53, 56, 57 58, 60, 61, 62, 66, 70, 71, 73, 76, 78, 79, 83, 87, 88, 92, 97, 98, 99, 100, 109, 111, 112, 113, 115, 120, 122, 131, 136, 140, 144, 153, 162, 164, 165, 175, 176, 179, 180, 181, 185, 191, 196, 200 und 206 invers gewertet, da immer die höhere Punktzahl eine höher ausgeprägte Eigenschaft darstellen muss. Beispiele: Wo die Aussage "Ich empfinde mich nicht als 'Teil der Familie' meines Betriebes." voll abgelehnt und die 1 ankreuzt war, wurde dieses Item mit 7 Punkten gerechnet, weil es hohes AC bedeutet. Wenn die Aussage „Bei neuen Aufgaben habe ich oft Angst, etwas falsch zu machen." als vollständig zutreffend mit 7 gekennzeichnet war, wurde nur ein Punkt vergeben, weil es auf eine geringe Furchtlosigkeit, also hohe Furcht, hinweist.

Die Daten wurden mit MS Excel-2000 erfasst und dann in SPSS transferiert. Alle statistischen Berechnungen erfolgten mit SPSS (Versionen 11.0 und 11.5).

7. Ergebnis der Fragebogenauswertung

Zunächst wird die Gesamtstichprobe dargestellt und analysiert. Danach werden die Hypothesen zur Gesamtstichprobe überprüft. Anschließend erfolgt die Hypothesenüberprüfung in Bezug auf unterschiedliche Organisationen und andere Kontextvariablen. Den Abschluss bildet ein Kapitel zu den Grenzen der Untersuchung und zum Erkenntniswert der Studie. Für jedes Item des Fragebogens wurden die Item-Kennwerte berechnet (siehe Anhang).

7.1 Stichprobe

In den beiden folgenden Abschnitten werden die Zusammensetzung der Stichprobe, deren Mittelwerte und Vergleichsstichproben dargestellt und analysiert.

7.1.1 Zusammensetzung

Die Analyse der Ausprägungen und Zusammenhänge der untersuchten Variablen erfolgt auf der Grundlage einer Befragung von 204 Beschäftigten unterschiedlicher Organisationen des öffentlichen Dienstes und der Privatwirtschaft. 55,9 % der Befragten sind Frauen. 51,5 % der Untersuchungsteilnehmer sind zwischen 31 und 45 Jahren alt, knapp 50 % haben Abitur und 28 % sind Führungskräfte. Von den Befragten sind 77,9 % Angestellte, 17,7 % Beamte sowie 4,4 % Arbeiter. 52 % sind in Organisationen mit mehr als 2000 Beschäftigten tätig. Mehr als die Hälfte der Studienteilnehmer (51,5 %) sind länger als 10 Jahre bei ihrer Organisation beschäftigt. Vollzeitbeschäftigt sind 75,5 % der Teilnehmer. 51,5 % der Befragten arbeiten im öffentlichen Dienst. Die genaue Zusammensetzung der Stichprobe - getrennt nach öffentlichem Dienst und Privatwirtschaft - sieht wie folgt aus (3 Personen machten keine Angaben darüber, welchem Bereich ihre Organisation zuzurechnen ist):

Tabelle 7: Geschlecht

Ge-schlecht	Häufigkeit		Prozent	
	Privatwirt-schaft	Öff. Dienst	Privatwirt-schaft	Öff. Dienst
Frauen	46	66	47,9 %	62,9 %
Männer	50	39	52,1 %	37,1 %
Gesamt	96	105	100,0 %	100,0 %

Tabelle 8: Alter

Alter	Häufigkeit		Prozent	
	Privat-wirt-schaft	Öff. Dienst	Privat-wirtschaft	Öff. Dienst
unter 20 J	2	0	2,1 %	0,0 %
21 - 30 J	23	13	24,0 %	12,4 %
31 - 45 J	45	60	46,9 %	57,1 %
46 - 60 J	25	31	26,0 %	29,5 %
über 60 J	1	1	1,0 %	1,0 %
Gesamt	96	105	100,0 %	100,0 %

Tabelle 9: Schul-/Bildungsabschlüsse

Bildungsabschluss	Häufigkeit		Prozent	
	Privat-wirtschaft	Öff. Dienst	Privat-wirtschaft	Öff. Dienst
Ohne Abschluss	1	0	1,0 %	0,0 %
Hauptschulab-schluss	22	11	22,9 %	10,5 %
mittlere Reife	31	35	32,3 %	33,3 %
(Fach-)Abitur	17	11	17,7 %	10,5 %
Studium	24	48	25,0 %	45,7 %
Ohne Angabe	1	0	1,0 %	0,0 %
Gesamt	96	105	100,0 %	100,0 %

Tabelle 10: Berufsgruppen

Berufs-gruppe	Häufigkeit		Prozent	
	Privat-wirt-schaft	Öff. Dienst	Privat-wirtschaft	Öff. Dienst
Arbeiter	7	2	7,3 %	1,9 %
Angestellte	89	67	92,7 %	63,8 %
Beamte	0	36	0,0 %	34,3 %
Gesamt	96	105	100,0 %	100,0 %

Tabelle 11: Funktion

Funktion	Häufigkeit		Prozent	
	Privat-wirtschaft	Öff. Dienst	Privat-wirtschaft	Öff. Dienst
Zuarbeiter	5	8	5,2 %	7,6 %
mittlerer SB	23	23	24,0 %	21,9 %
höherer SB	16	21	16,7 %	20,0 %
untere FK	11	9	11,5 %	8,6 %
mittlere FK	12	13	12,5 %	12,4 %
höhere FK	5	6	5,2 %	5,7 %
Sonstige	23	23	24,0 %	21,9 %
Ohne Angabe	1	2	1,0 %	1,9 %
Gesamt	96	105	100,0 %	100,0 %

43 von den „Sonstigen" machten zu ihren Berufen folgende Angaben:
Journalist, Aushilfe, Auszubildende (4x), freigestellte/r Personalrat/-rätin (2x), Projektleiter, Physiotherapeut/in (5x), customer support, Lehrkraft (8x), EDV-Entwickler, Lokführer, Sicherheitsservice, Sekretärin (2x), Angestellte, Außendienstleiter, Außendienst, Fernfahrer, Kraftfahrer, Softwareentwickler, Gleichstellungsbeauftragte, Ingenieurbau, Krankenpfleger, Kinderpfleger, Konstrukteur, Facharbeiter (2x), Facharzt, Kirchenmusiker. Die restlichen „sonstigen" Befragten haben nichts angegeben.

Rechtsform (R) - Zugehörigkeit der Organisation zum öffentlichen Dienst/zur Privatwirtschaft:

• Kommunalverwaltung: 62 (30,4 %)
• Landes-/Bundesbehörde: 20 (9,8 %)
• andere öffentliche Organisation: 23 (11,3 %), von diesen 23 Befragten machten 17 genauere Angaben: Krankenhaus (4x), Kirche (4x), Reha-Einrichtung, Universität, Schule (3x), AWO (2x), Sparkasse (2x)
• Betrieb (zu mehr als 50 % in öffentlicher Hand): 4 (2,0 %)

- Betrieb (zu mehr als 50 % in privater Hand): 5 (2,5 %)
- Betrieb (zu 100 % in privater Hand): 87 (42,5 %)
- Keine Angabe: 3 (1,5 %)

Tabelle 12: Voll-/Teilzeitbeschäftigung

| | Häufigkeit | | Prozent | |
	Privat-wirt-schaft	Öff. Dienst	Privat-wirt-schaft	Öff. Dienst
Teilzeitkraft	20	27	20,8 %	25,7 %
Vollzeitkraft	76	77	79,2 %	73,3 %
Ohne Angabe	0	1	0,0 %	1,0 %
Gesamt	96	105	100,0 %	100,0 %

7.1.2 *Mittelwerte und Vergleichsstichprobenprüfungen*

Tabelle 13 zeigt die Ergebnisse für die Gesamtstichprobe dieser Studie und LMI-Vergleichswerte einer Studie von Schuler und Prochaska (2001a, S. 158). Die erzielten Mittelwerte und Standardabweichungen dieser Studie werden mit den von Schuler und Prochaska (2001a, S. 158) bei ihrer Stichprobe „Berufstäti-ge" ermittelten Ergebnissen verglichen, um beurteilen zu können, ob die Stich-probe dieser Studie ungewöhnliche Abweichungen zeigt (Abbildung 5).

Der LMI-Wert der Gesamtstichprobe ist bei der vorliegenden Studie um knapp 11 Punkte höher als bei der Stichprobe von Schuler und Prochaska (2001a). Hinsichtlich der einzelnen LMI-Dimensionen bestehen im Wesentlichen nur ge-ringfügige Unterschiede. Dominanz und Flow-Erleben liegen allerdings in der vorliegenden Untersuchung um knapp 5, Engagement um 4 Punkte höher und Internalität um 4 Punkte niedriger.

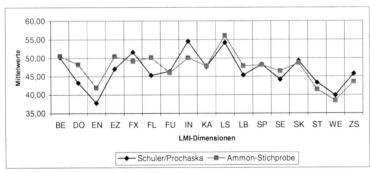

Abbildung 5: Mittelwerte der LMI-Dimensionen

Tabelle 13: Mittelwerte – Gesamtstichprobe

Skala	Max. erreichbare Punktzahl	Minimum	Maximum	Mittelwert	SD	Mittelwert	SD
				Stichprobe dieser Studie N = 204		Werte der Berufstätigen (N=166) bei Schuler & Prochaska (2001a)	
AC	56	12	56	36,53	8,57		
FC	42	10	42	28,25	7,65		
OC	98	27	92	64,77	12,88		
TS	49	14	48	37,08	6,68		
IT	42	10	41	26,03	6,28		
FV	63	10	62	38,50	11,89		
IM	21	3	21	12,30	4,12		
LM	1190	573	1134	804,56	93,64	793,74	87,42
LMI-Dimensionen							
BE	70	27	70	50,48	8,84	50,17	7,58
DO	70	25	69	48,24	9,13	43,21	8,38
EN	70	17	68	41,86	10,58	37,77	8,10
EZ	70	33	69	50,36	7,68	47,04	8,14
FX	70	32	68	49,14	7,71	51,57	7,14
FL	70	29	70	50,10	8,60	45,31	9,19
FU	70	19	69	46,01	11,30	46,38	9,47
IN	70	29	70	50,05	7,82	54,55	6,54
KA	70	14	70	47,87	9,54	47,62	8,61
LS	70	34	70	56,02	7,46	54,16*	8,38
LB	70	25	68	47,83	8,05	45,34	7,86
SP	70	11	69	48,13	9,68	48,27	9,65
SE	70	28	66	46,45	8,61	44,15	7,77
SK	70	24	70	48,68	8,31	49,25	7,57
ST	70	13	70	41,41	11,36	43,32	9,92
WE	70	13	70	38,40	11,13	39,83	11,20
ZS	70	23	68	43,53	8,34	45,79	8,27

* Schuler und Prochaska (2001a, S. 158f.) gaben hier 45,16 an. Betrachtet man jedoch die dort ermittelten Werte für Frauen (54,20) und Männer (54,12), muss der Mittelwert somit 54 statt 45 lauten, also ein Druckfehler dort vorliegen.

Die Differenzen bei der Dominanz und beim Engagement sind möglicherweise auf einen unterschiedlich hohen Anteil an Führungskräften bei den Stichproben zurückzuführen. In dieser Studie beträgt der Anteil 28 %. Ob die hierarchische Position von Schuler und Prochaska (2001a) überhaupt erfasst wurde, ist aus deren Manual nicht ersichtlich. Weitere Gründe für Abweichungen könnten sein, dass die befragten Berufstätigen bei Schuler und Prochaska (2001a) nur zwischen 20 und 37 Jahren alt waren und das Durchschnittsalter 23,5 Jahre betrug. Die vorliegende Studie zeigt dagegen eine ausgewogenere Altersverteilung (17,7 % sind zwischen 20 und 30, 51,6 % zwischen 31 und 45 und 28,7 % zwischen 46 und 60 Jahren alt), die mehr der Altersverteilung aller Beschäftigten in Deutschland entspricht.

Die zwar geringe Differenz von 11 Punkten beim Gesamt-LMI-Wert zwischen den Stichproben dieser Studie und der von Schuler und Prochaska (2001a) muss dennoch weiter hinterfragt werden, da die beiden Forscher deutliche Geschlechtsunterschiede feststellten und darauf auch ihre Stanine-Tabellen aufbauten. Der Wert der Gesamt-Leistungsmotivation für die Männer-Stichprobe in der vorliegenden Studie ($\bar{x}$ = 819,01) entspricht nahezu den Untersuchungsergebnissen von Schuler und Prochaska (2001a, S. 159), die $\bar{x}$ = 820,01 für männliche Berufstätige ermittelten. Der in dieser Studie für die Gesamtstichprobe der Frauen errechnete Mittelwert von $\bar{x}$ = 793,15 liegt allerdings 20 Punkte höher als in der Untersuchung von Schuler und Prochaska (2001a, S. 159), die einen Mittelwert von $\bar{x}$ = 773,11 bei berufstätigen Frauen fanden. Zur Klärung der Differenz könnte der Anteil der Akademikerinnen (hier 28,9 %) und der weiblichen Führungskräfte (hier 18,7 %) beitragen, da der Prozentsatz bei Schuler und Prochaska (2001a) möglicherweise geringer war (dort ist nur für die Gesamtstichprobe die Verteilung der Bildungsabschlüsse abgedruckt und die Funktion als Sachbearbeiter oder Führungskraft nicht ausgewiesen).

Die Gesamt-Leistungsmotivation ist in dieser Studie bei den Frauen insgesamt um 26 Punkte signifikant niedriger als bei Männern. 41 der 48 in dieser Studie untersuchten Teilzeitbeschäftigten sind allerdings Frauen. Berechnet man die Leistungsmotivation getrennt nur für die Gruppe der Vollzeitbeschäftigten ergeben sich näher zusammen liegende Mittelwerte für Männer ($\bar{x}$ = 816,45) und Frauen ($\bar{x}$ = 805,93). Die Differenz von 10,52 zwischen weiblichen und männlichen Vollzeit-Berufstätigen ist sehr gering und nicht signifikant (T-Test ergibt .47). Eine Analyse der einzelnen LMI-Dimensionen bei Vollzeitkräften, getrennt berechnet für Männer und Frauen, zeigt signifikante Unterschiede nur bei den LMI-Dimensionen Dominanz, Flexibilität und Furchtlosigkeit (Tabelle 14).

Tabelle 14: Signifikante Mittelwertunterschiede bei vollzeitbeschäftigten Frauen und Männern

Skala	Geschlecht	N	Mittel-wert	Stan-dardab-weichung	Sig-nifi-kanz
DO	VZ-Frauen	71	46,89	9,227	,040
	VZ-Männer	83	49,93	8,978	
FX	VZ-Frauen	71	47,58	8,099	,031
	VZ-Männer	83	50,31	7,459	
FU	VZ-Frauen	71	43,90	11,732	,012
	VZ-Männer	83	48,57	10,927	

Entsprechend den angenommenen Geschlechtsunterschieden zwischen nach Macht strebenden furchtlosen Männern und sozialere Einstellungen zeigenden ängstlicheren Frauen sind die Männer dieser Studie also um 3 Punkte dominanter, um 4,6 Punkte furchtloser und außerdem im Mittel um 2,7 Punkte flexibler. Ob Frauen ggf. wegen aufzuziehender Kinder geringer flexibel sind, müsste in einer weiteren Befragung geprüft werden.

Fazit: Die Männer-Stichproben dieser Studie und der von Schuler und Prochaska (2001a) unterscheiden sich nicht. Die Frauen-Stichprobe dieser Studie zeigt einen höheren LMI-Wert, der möglicherweise auf einen höheren Akademikerinnen- oder Führungskräfte-Anteil zurückzuführen ist. Bei Vollzeitkräften gibt es in *dieser* Studie keine signifikanten Geschlechtsunterschiede bei der Gesamt-Leistungsmotivation. Männer sind aber etwas dominanter, furchtloser und flexibler.

Interne Konsistenz
Die interne Konsistenz wird erfasst, um zu überprüfen, ob durch die Durchführungssituation der vorliegenden Studie Auswirkungen auf die Messinstrumente bezüglich deren Zuverlässigkeit entstanden sind. Eine Reliabilitätsanalyse ergibt folgende Konsistenzkoeffizienten (Tabelle 15).

Tabelle 15: Reliabilität – interne Konsistenz

Skala	Cronbachs Alpha α	
	in dieser Studie	in anderen Studien, die gleiche Skalen verwendeten
AC	.75	$\alpha = .76$ bei Schmidt et al. (1998, S. 99)
FC	.73	$\alpha = .76$ bei Schmidt et al. (1998, S. 99)
LMI-Gesamtskala	.95	$\alpha = .88$ bis $\alpha = .90$ je nach Stichprobe bei Schuler und Prochaska (2001a, S. 38)
Internale Kontrollüberzeugung	.68	identisch mit Schuler und Prochaska (2001a, S. 38)
Tätigkeitsspielraum	.73	$\alpha = .75$ bei der Stichprobe einer Bauunternehmung von Richter et al. (2000, S. 133)
Arbeitsintensität	.69	$\alpha = .73$ bei Richter et al. (2000, S. 133)
Bewertung Führungsverhalten	.87	kein Vergleich vorhanden
Imagebewertung	.77	kein Vergleich vorhanden

Die mit anderen empirischen Studien übereinstimmenden Cronbachs Alpha-Werte zeigen, dass kein Effekt der Durchführungssituation (Ausfüllen der Bögen durch die Studienteilnehmer zu Hause) zu konstatieren ist.

7.2 Überprüfung der Hypothesen zur Gesamtstichprobe

Zuerst werden die Hypothesen zu den Zusammenhängen zwischen Leistungsmotivation, Commitment, internaler Kontrollüberzeugung und subjektivem Tätigkeitsspielraum überprüft. Anschließend erfolgt eine multivariate Analyse.

Die Korrelationen der Variablen bei der Gesamtstichprobe ergeben sich aus Tabelle 16. Im Folgenden werden die Hypothesen, die sich auf die Gesamtstichprobe beziehen, behandelt.

Tabelle 16: Korrelationen der Variablen – Gesamtstichprobe

	AC	TS	LMoIN
IN	.24**	.30**	.37**
AC		.32**	.26**
TS			.44**

** Die Korrelation ist auf dem Niveau von $p \leq 0.01$ hochsignifikant.
* Die Korrelation ist auf dem Niveau von $p \leq 0.05$ signifikant.

Hypothese 1 „*Alle vier Variablen korrelieren positiv miteinander*" trifft somit zu.

Diese Zusammenhänge lassen sich wie folgt erklären.

Der Zusammenhang von AC und Leistungsmotivation
AC korreliert positiv mit der Leistungsmotivation (r = .26**). Wie bereits in Kapitel 6.1 erläutert, entwickelt der Beschäftigte eine emotionale Bindung zur Organisation, wenn die Organisation der Leistungsmotivbefriedigung dient. Mitarbeiter mit hohem AC engagieren sich eher für die Organisation und ihr Leistungsmotiv wird leichter angeregt.

Der Zusammenhang zwischen erlebtem Tätigkeitsspielraum und AC
AC hängt darüber hinaus positiv mit dem erlebten Tätigkeitsspielraum zusammen (r = .32**). Büssing und Glaser (1991) ermittelten dagegen nur einen Zusammenhang zwischen Tätigkeitsspielraum und affektivem Commitment in Höhe von r = .19*. Hingegen berechneten Schmidt et al. (1998, S. 101) eine Korrelation von r = .31** zwischen AC und Anforderungsvielfalt, die ein wesentlicher Bestandteil der dieser Studie zugrundliegenden Definition des erlebten Tätigkeitsspielraums ist. Aufgrund der Erläuterungen in Kapitel 6.1 entspricht der hier gefundene höhere Zusammenhang den dieser Studie zugrunde liegenden theoretischen Überlegungen. Ein hoher Tätigkeitsspielraum erhöht nämlich grundsätzlich das affektive Commitment, weil man sich nur mit Freiheitsgraden in der Aufgabenbearbeitung bedeutsam und unersetzbar empfinden kann und sich mit vielfältigen Anforderungen auseinander setzen muss. Somit fühlt man sich emotional zur Organisation gebunden, die einem die Spielräume gewährt, seine eigenen Ziele mit denen der Organisation in Einklang zu bringen.

Der Zusammenhang der internalen Kontrollüberzeugung zur Leistungsmotivation sowie zum Tätigkeitsspielraum
Internal Kontrollüberzeugte haben subjektiv einen größeren **Tätigkeitsspielraum** (r = .30**) und zeigen eine höhere **Leistungsmotivation** (LMoIN: r = .37**). Der positive Zusammenhang zwischen internaler Kontrollüberzeugung und erlebtem Tätigkeitsspielraum lässt sich, wie in Kapitel 6.1 dargelegt, damit erklären, dass internal Kontrollüberzeugte eher als external Kontrollüberzeugte Spielräume erkennen, weil sie sich als Verursacher der Folgen ihrer Handlungen wahrnehmen. Die positive Korrelation zwischen internaler Kontrollüberzeugung und Leistungsmotivation folgt daraus, dass ein Erfolgsmotiv dann eher angeregt werden kann, wenn man davon überzeugt ist, mit seinen Handlungen die gesteckten Ziele erreichen zu können.

Die Korrelation erlebter Tätigkeitsspielraum und Leistungsmotivation
Die bereits theoretisch dargelegte Bedeutsamkeit des Tätigkeitsspielraums zeigt sich auch empirisch insofern, als dieser von allen Variablen mit der Leistungsmotivation am höchsten korreliert (r = .44**, siehe Tabelle 16). Nur in einer Ar-

beitssituation mit Freiheitsgraden kann ein Leistungsmotiv angeregt und weiterentwickelt werden (vergleiche ausführlich Kapitel 6.1).

Hypothese 2 enthält die Vermutung, dass aufgrund der Definition von Leistungsmotivation als übergreifendes Persönlichkeitsmerkmal das Kontext-Merkmal „erlebter Tätigkeitsspielraum" mit jeder einzelnen LMI-Dimension positiv korreliert. Tabelle 17 listet die Ergebnisse auf:

Tabelle 17: Korrelationen des erlebten Tätigkeitsspielraums mit den einzelnen LMI-Skalen

	BE	DO	EN	EZ	FX	FL	FU	IN	KA	LS	LB	SP	SE	SK	ST	WE	ZS
TS	.30**	.56**	.23**	.38**	.31**	.21**	.32**	.30**	.00	.15*	.46**	.34**	.28**	.17*	.27**	.08	.27**

** Die Korrelation ist auf dem Niveau von p ≤ 0.01 hochsignifikant.
* Die Korrelation ist auf dem Niveau von p ≤ 0.05 signifikant.

Vollkommen unabhängig vom erlebten Tätigkeitsspielraum zeigt sich jedoch die LMI-Dimension *kompensatorische Anstrengung*. Auch zwischen *Tätigkeitsspielraum* und *Wettbewerbsorientierung* besteht kein signifikanter Zusammenhang. Alle anderen 15 Dimensionen korrelieren dagegen positiv mit dem Tätigkeitsspielraum. Die höchste Korrelation des subjektiven Tätigkeitsspielraums zeigt sich zur *Dominanz* (r = .56**). Dies ist die höchste von allen Korrelationen, die bei der Gesamtstichprobe zwischen den zentralen Variablen dieser Studie untereinander und zu den einzelnen LMI-Skalen ermittelt wurden. Es sei an die in Kapitel 5 beschriebene Theorie von Mehrabian und Russell (1974) erinnert, wonach Dominanz ein entscheidender Faktor für die Appetenz hin zu einem Umweltbereich ist. Ein hoher subjektiver Tätigkeitsspielraum wird also die Annäherung an die Arbeitsumwelt sehr stark forcieren. Dabei entsteht eine Wechselwirkung: Dominante Personen erhalten eher einen größeren Tätigkeitsspielraum und ein erweitert erlebter Tätigkeitsspielraum kann zu einer dominanteren Einstellung führen. Die nächsthöhere Korrelation (r = .46**) besteht zur *Lernbereitschaft*. Auch hier muss von einer Interaktion der Variablen ausgegangen werden. Wer lernbereit ist, erhält mehr Tätigkeitsspielraum und wer einen höheren Spielraum erlebt, ist bereiter (oder gezwungener), dazuzulernen. Weitere hochsignifikante Zusammenhänge zwischen erlebtem Tätigkeitsspielraum und den übrigen LMI-Skalen liegen zwischen r = .21** und r = .38**.

Insgesamt ergibt sich daraus, dass ein erweitert erlebter Tätigkeitsspielraum die wichtigste positive Zusammenhangsvariable zur Leistungsmotivation und deren Dimensionen darstellt.

Dass kompensatorische Anstrengung und erlebter Tätigkeitsspielraum unabhängig voneinander sind, hängt mit der dahinterstehenden Definition zusammen. Das klassische Merkmal von Mitarbeitern mit einem aktivem Misserfolgsmotiv ist deren kompensatorische Anstrengung (s. Kapitel 3.2.3), die völlig unabhängig vom erlebten Tätigkeitsspielraum zur Misserfolgsvermeidung aufgewendet wird.

Hypothese 2 *„Der erlebte Tätigkeitsspielraum korreliert positiv mit allen LMI-Dimensionen"* trifft nicht voll zu, da die *kompensatorische Anstrengung* keinen und die *Wettbewerbsorientierung* keinen signifikanten Zusammenhang zum Tätigkeitsspielraum aufweisen.

Angesichts der gegenseitigen positiven Korrelationen ist zu prüfen, ob eine komplexe Hintergrundvariable als Prädiktor den Variablen zugrunde liegt. Eine Faktorenanalyse ergibt, dass 49 % der Gesamtvarianz von Komponente 1 erklärt wird (Tabelle 18), die auf alle vier Variablen ähnlich hoch lädt, etwas höher jedoch auf den Tätigkeitsspielraum und die Leistungsmotivation (Tabelle 19). Die Hintergrundvariable erklärt jeweils 56 % der Varianz beim Tätigkeitsspielraum und bei der Leistungsmotivation sowie 37 % bzw. 44 % bei den beiden anderen Variablen. Diesen Faktor könnte man als „eigene Bedeutsamkeit" bezeichnen, d.h. als die Einschätzung der eigenen Person und der beruflichen Leistung als bedeutsam für das eigene Leben, für die Organisation und für andere Personen.

Tabelle 18: Erklärte Gesamtvarianz

	Anfängliche Eigenwerte			Summen quadrierte Faktorladungen für Extraktion		
Komponente	Gesamt	% der Varianz	Kumulierte %	Gesamt	% der Varianz	Kumulierte %
1	**1,97**	**49,22**	49,22	1,96	49,22	49,22
2	,78	19,66	68,89			
3	,70	17,56	86,45			
4	,54	13,55	100,00			

Extraktionsmethode: Hauptkomponentenanalyse.

Tabelle 19: Korrelation der eigenen Bedeutsamkeit mit den zentralen Variablen

Variable	Komponente 1
AC	.61
TS	.75
IN	.67
LMOIN	.75

Extraktionsmethode: Hauptkomponentenanalyse.

Die Komponente „eigene Bedeutsamkeit" lässt sich insbesondere daraus schließen, dass dieser extrahierte Faktor nur mit 9 von den 209 Items des Fragebogens höher als r = .50** korreliert. Die Items lauten:

„Diese Organisation hat eine große persönliche Bedeutung für mich."
„Ich fühle mich emotional nicht sonderlich mit der Organisation verbunden." (invers gewertet)
„Ich habe mir vorgenommen, es beruflich weit zu bringen."
„Ich bin überzeugt davon, dass ich es beruflich zu etwas bringen werde."
„Es ist mir sehr wichtig, eine verantwortungsvolle Position zu erreichen."
„An meinem Arbeitsplatz habe ich die Möglichkeit, an der Erarbeitung neuer Lösungen teilzunehmen."
„Ich bin zuversichtlich, dass meine Leistung die Anerkennung anderer finden wird."
„Ich muss bei meiner Arbeit viele selbständige Entscheidungen treffen."

„Ich setze mich auch gegen Widerstände durch."

Wenn die Organisation eine große Relevanz für einen selbst hat, fühlt man sich auch bedeutsam für die Organisation (Gesetz der Reziprozität, vgl. Sader, 1996, S. 96f.). Wer eine emotionale Bindung eingeht, fühlt sich genauso wichtig für das Bindungsobjekt. Wer sich mit seiner beruflichen Tätigkeit bedeutsam für die Organisation und für die Kollegen empfindet, ist zugleich auch leistungsmotiviert und erlebt einen größeren Tätigkeitsspielraum. Diese Zusammenhänge verdeutlicht Abbildung 6.

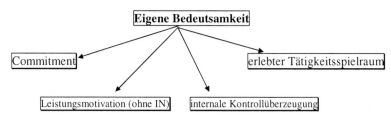

Abbildung 6: Eigene Bedeutsamkeit

Die eigene Bedeutsamkeit übt also großen Einfluss auf die Leistungsmotivation und den erlebten Tätigkeitsspielraum aus und bestimmt etwas weniger das AC und die internale Kontrollüberzeugung. Im Unterschied zu den Konzepten der internalen Kontrollüberzeugung, der Widerstandsfähigkeit (Hardiness-Konzept von Kobasa, 1979), der Selbstwirksamkeit (Bandura, 1997) und des Kohärenzsinns von Antonovsky (1987) hat die „eigene Bedeutsamkeit" eine zusätzliche soziale Komponente. Man fühlt sich nicht nur für sich selbst und die Ereignisse, die einem selbst passieren, bedeutsam. Darüber hinaus möchte man Verantwortung für andere übernehmen und es beruflich weit bringen. Man ist überzeugt davon, dass man für die Organisation, seine Kollegen und seine Mitarbeiterinnen und Mitarbeiter ebenso bedeutsam ist. Wer eine hohe „eigene Bedeutsamkeit" empfindet, meint zu wissen, wie wichtig er bzw. sie für andere ist und dass andere einen auch als bedeutend wahrnehmen.

7.3 Hypothesenüberprüfung in Bezug auf unterschiedliche Organisationen und andere Kontextvariablen

Wie bereits in Kapitel 2 und insbesondere in Kapitel 6.2.1 erläutert, hat Haase (1997) als Kontextvariablen zur Charakterisierung einer Organisation deren Ziele (Profit-/Non-Profit-Organisation, hier unterschieden nach öffentlicher Dienst oder Privatwirtschaft), deren Größe, die Zentralität, hier operationalisiert über die Höhe des „erlebten Tätigkeitsspielraums", die „Bewertung des Führungsverhaltens" und die „Bewertung des Images" als Variablen vorgeschlagen, die Leistungsmotivation, Commitment und Kontrollüberzeugung beeinflussen. Es wird also zunächst untersucht, ob die Organisation, insbesondere ihre Zugehörigkeit zur Privatwirtschaft oder zum öffentlichen Dienst, unterschiedliche Effekte auf die Korrelationsergebnisse und Mittelwerte hat. In den anschließenden Abschnitten wird der Einfluss weiterer Kontextvariablen untersucht.

7.3.1 Ausmaß der Leistungsmotivation, des erlebten Tätigkeitsspielraums und des Commitments im öffentlichen Dienst und in der Privatwirtschaft

Tabelle 20 zeigt die Mittelwerte der Studienteilnehmer, getrennt nach der Zugehörigkeit zum öffentlichen Dienst oder zur Privatwirtschaft.

Tabelle 20: Mittelwerte öffentlicher Dienst und Privatwirtschaft

	öD Mittelwerte N = 105	PW Mittelwerte N = 96	Signifikanz
AC	35,70	37,48	,142
FC	29,73	26,60	,004
TS	36,83	37,47	,500
IT	26,06	25,92	,875
FV	36,97	39,96	,075
IM	10,83	13,90	,000
LM	*800,54*	*808,83*	*,534*
BE	49,24	52,02	**,026**
DO	48,15	48,46	,813
EN	41,47	42,34	,561
EZ	49,90	50,88	,372
FX	48,85	49,44	,591
FL	49,54	50,46	,452
FU	46,63	45,73	,573
IN	50,14	50,03	,919
KA	48,90	46,61	,090
LS	55,41	56,48	,310
LB	48,45	47,10	,237
SP	48,03	48,15	,932
SE	46,21	46,81	,623
SK	48,88	48,59	,810
ST	40,64	42,00	,394
WE	37,20	39,68	,118
ZS	42,91	44,05	,336

Beim Gesamt-LMI-Wert besteht zwischen den Beschäftigten des öffentlichen Dienstes und der Privatwirtschaft keine signifikante Abweichung. Ein signifikanter Mittelwertunterschied ergibt sich nur bei der *Beharrlichkeit*. Diese Differenz ist allerdings ausschließlich auf den Anteil der im sonstigen öffentlichen Dienst, also nicht in Kommunen, Beschäftigten zurückzuführen, denn ein Vergleich zwischen den in 100 % privatwirtschaftlichen Betrieben und den in Kommunen Beschäftigten belegt keine signifikante Abweichung mehr (Tabelle 21). Bei diesem Vergleich zwischen Kommunen und Privatwirtschaft wurden die Angestellten der privatwirtschaftlichen Betriebe, deren Gesellschafter u.a. auch die öffentliche Hand ist, nicht mit einbezogen. Damit sollen Organisationen ausgeschlossen werden, auf die Gemeinde-/Stadtratsmitglieder, die zugleich im Aufsichtsrat der GmbH/AG sitzen, oder der (Ober-) Bürgermeister, der die Kommune in der Gesellschafterversammlung vertritt, Einfluss haben.

Da sich die Stichprobe des öffentlichen Dienstes zusammensetzt aus 62 Beschäftigten bei Städten und Gemeinden sowie 43 Mitarbeitern des sonstigen öffentlichen Dienstes, sollte zunächst der sonstige öffentliche Dienst herausgerechnet werden. Kommunalverwaltungen weisen nämlich Besonderheiten gegenüber dem übrigen öffentlichen Dienst auf. So ist zunächst in jeder Kommune ein Gemeinde- bzw. Stadtrat als oberste Dienstbehörde vorhanden, und die Beschäftigten stehen daher mit dem direkten demokratischen Element unmittelbarer in Verbindung.

Tabelle 21: Mittelwerte – Beschäftigte bei Kommunen und in 100 % privaten Betrieben

Variablen	Kommunen	Privatwirtschaft 100 %	Signifikanz
	N = 62	N = 87	
AC	37,31	37,47	,903
FC	31,42	26,17	,000
TS	37,15	37,47	,774
IT	25,92	25,69	,830
FV	36,53	39,63	,115
IM	10,79	13,80	,000
LM	*819,21*	*810,24*	*,572*
BE	50,65	52,15	,304
DO	48,92	48,40	,742
EN	42,87	42,72	,933
EZ	51,10	51,08	,990
FX	49,31	49,43	,927
FL	50,94	50,41	,713
FU	47,87	45,95	,292
IN	50,58	50,08	,714
KA	49,81	46,52	**,036**
LS	56,35	56,45	,938
LB	49,65	47,11	,060
SP	49,34	48,15	,462
SE	47,63	46,86	,588
SK	49,73	48,93	,566
ST	42,53	41,98	,764
WE	38,53	39,68	,547
ZS	43,42	44,33	,507

Hinzu kommt, dass Bürger leichter ihren (Ober-)Bürgermeister und ihre gewählten Stadtratsmitglieder ansprechen und sie auf Beschwerden oder Missstände hinweisen als sie es bei der eher anonymen Behördenleitung einer Landes- oder Bundesbehörde tun würden. Außerdem sind für die Kommunal-Beschäftigten ihre Kunden oft die Bürgerinnen und Bürger der Kommune, in der sie auch wohnen. Die Mitarbeiterinnen und Mitarbeiter der Gemeinden stehen somit direkt im Blickpunkt der Öffentlichkeit und ihrer Mitbürger. Auch engagiert man sich unter Umständen eher für die Stadt, zu der man auch selbst als Bürger eine Bindung hat. Die einzige signifikante Abweichung zwischen Beschäftigten der Kommunen und 100 % privaten Betrieben ergibt sich bei der *kompensatorischen*

Anstrengung, für die die bei den Kommunen Beschäftigten im Mittel 3 Punkte mehr vergeben haben (Tabelle 21).

Tabelle 22 zeigt, dass bezüglich des erlebten Tätigkeitsspielraums zwischen verschiedenen Bereichen des öffentlichen Dienstes keine signifikante Differenz besteht. Eine getrennte Berechnung nur für die Beschäftigten bei Landes- oder Bundesbehörden (N = 20) ergibt einen Tätigkeitsspielraum in Höhe von 36,00 (ohne Tabelle), womit sich also die Hypothese, dass der Tätigkeitsspielraum bei Kommunen höher erlebt wird, nicht bestätigt. Bei der Leistungsmotivation, dem affektiven und fortsetzungsbezogenen Commitment liegen dagegen signifikante Unterschiede zwischen dem Personal von Kommunen und anderen Behörden vor. Diese Differenzen überraschen umso mehr als der Führungskräfteanteil bei den Kommunalbeschäftigten (27 %) etwa dem des sonstigen öffentlichen Dienstes (26 %) entspricht.

Tabelle 22: Mittelwerte – Beschäftigte Kommunen - sonstiger öffentlicher Dienst

Variablen	Kommunen	sonstiger öffentlicher Dienst	Signifikanz
	N = 62	N = 43	
AC	37,31	33,37	**,033**
FC	31,42	27,30	**,006**
TS	37,15	36,37	,563
IT	25,92	26,26	,790
FV	36,53	37,60	,657
IM	10,79	10,88	,909
LM	*819,21*	*773,63*	*,018*
BE	50,65	47,21	**,049**
DO	48,92	47,05	,266
EN	42,87	39,44	,083
EZ	51,10	48,19	,059
FX	49,31	48,19	,447
FL	50,94	47,53	**,046**
FU	47,87	44,84	,188
IN	50,58	49,51	,474
KA	49,81	47,58	,256
LS	56,35	54,05	,116
LB	49,65	46,72	,076
SP	49,34	46,14	,092
SE	47,63	44,16	**,038**
SK	49,73	47,65	,242
ST	42,53	37,91	**,045**
WE	38,53	35,28	,146
ZS	43,42	42,19	,464

Die nicht bei Kommunen Beschäftigten im öffentlichen Dienst haben durchschnittlich 45,5 Punkte weniger für die Leistungsmotivation vergeben als die kommunal Beschäftigten (Abbildung 7) und 36,57 Punkte weniger als die Angestellten in der Privatwirtschaft. Zu berücksichtigen ist dabei aber, dass sich der sonstige öffentliche Dienst (d.h. ohne Kommunen) sehr heterogen zusammensetzt, z.B. sind Schulen, Kliniken, Universitäten, Landes- und Bundesbehörden enthalten. Eine getrennte Analyse nur der bei Landes- und Bundesbehörden Beschäftigten (N = 20) belegt aber, dass auch deren Leistungsmotivation in Höhe von $\bar{x}$ = 779,55 (ohne Tabelle) dem Durchschnitt des sonstigen öffentlichen Dienstes entspricht und nicht signifikant höher liegt. Eine Analyse der LMI-Dimensionen zeigt, dass sich signifikante Abweichungen auf vier Skalen konzentrieren, nämlich auf die *Beharrlichkeit, Statusorientierung, Selbständigkeit* und das *Flow-Erleben*. Selbständige wollen lieber selbst Verantwortung übernehmen als die Weisungen anderer entgegennehmen zu müssen. In Landes- und Bundesbehörden, worunter auch Lehrkräfte und Ärzte an Uni-Kliniken sowie Angestellte von Universitäten zählen, ist aber die Selbständigkeit durch Richtlinien stärker eingeschränkt. Die Zentrale der Behörden hat ihren Sitz meist nicht am Ort, sondern in den Hauptstädten des Bundes und des Landes. Der Gesetzes- oder Aufgabenvollzug geschieht durch rechtlich abgesicherte allgemeine Dienstanweisungen und ein zentralisiertes Führungssystem. Das zur Verfügung stehende Budget wird von der Zentrale vorgegeben. Das Einhalten von zentralen Richtlinien und der reine Gesetzesvollzug bremsen somit zum Teil auch eine beharrliche Aufgabenbewältigung (Beharrlichkeit). Das lange Warten auf Beförderungen in staatlichen Behörden, die gerade bei Lehrkräften, Ärzten, wissenschaftlichen Mitarbeitern und ebenso bei den Beschäftigten im Verwaltungsbereich viele Jahre dauern kann und für die wiederum genaue Vorgaben bestehen (z.B. bestimmte Dauer im Staatsdienst oder Übernahme bestimmter Zusatzaufgaben), verringern dann die Statusorientierung. Von Ministerien und anderen größeren staatlichen Verwaltungen wird sogar vorgegeben, wie viele Punkte die Beschäftigten im Durchschnitt in ihren Beurteilungen bekommen dürfen (oft sogar nach der Gaußschen Normalkurve). Dieses Verfahren soll zum einen verhindern, dass bei den Beschäftigten „zu große Erwartungen hinsichtlich einer Beförderung entstehen, andererseits werden hierdurch offensichtliche Leistungsunterschiede zwischen verschiedenen Behörden oder Gerichten vertuscht." (Weigert, 2004, S. 80)[2]. Beim Flow-Erleben beschäftigt man sich unter Ausblendung aller Ablenkungen mit einer Aufgabe. Auch dies kann durch das Einhalten von Verwaltungsvorschriften eingeschränkt werden. So lassen sich die Differenzen mit der unterschiedlichen Zentralität und Hierarchisierung erklären. Dieses Ergebnis muss aber anhand einer erweiterten Stichprobe aus größeren staatlichen Behörden überprüft werden.

Es wurde angenommen, dass Beschäftigte im öffentlichen Dienst ein höheres **fortsetzungsbezogenes Commitment** haben als Beschäftigte in der Privatwirtschaft, beim **affektiven Commitment** dagegen kein Unterschied besteht. Dies ist vollkommen zutreffend bei dem Vergleich zwischen Angestellten von 100 % Privaten gehörenden Betrieben und den bei Kommunen Beschäftigten (Tabelle 21). Das AC liegt bei beiden Gruppen bei 37 Punkten, das FC ist dagegen bei den Mitarbeiterinnen und Mitarbeitern der Kommunen um 5 Punkte höher als

---

[2] Weigert war Vorsitzender Richter des Bayer. Verwaltungsgerichtshofes und dort auch mit beamtenrechtlichen Konkurrentenklagen befasst.

bei denen in privatwirtschaftlichen Betrieben. Auch beim Vergleich zwischen Privatwirtschaft und öffentlichem Dienst allgemein (Tabelle 20) zeigt das AC keine signifikanten Unterschiede. Das FC der im sonstigen öffentlichen Dienst Beschäftigten (27,30; Tabelle 22) ist hingegen nicht signifikant höher als das der Angestellten der Privatwirtschaft (26,60; Tabelle 20).

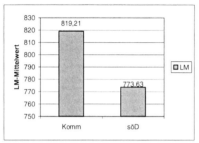

Abbildung 7: LMI-Mittelwert bei Beschäftigten in Kommunen und im sonstigen öffentlichen Dienst

Für das höhere FC des kommunalen Personals könnte sprechen, dass sonstige im öffentlichen Dienst Beschäftigte von Behörde zu Behörde versetzt werden können, während Kommunalbeschäftigte grundsätzlich in der Kommune bleiben dürfen.

Das **AC** der nicht bei Kommunen, aber im sonstigen öffentlichen Dienst, Beschäftigten liegt ebenso wie das FC signifikant durchschnittlich um 4 Punkte niedriger als das der kommunal Beschäftigten (Abbildung 8). Noch etwas geringer fällt das AC aus, wenn man nur die Teilnehmenden betrachtet, die bei Landes- oder Bundesbehörden beschäftigt sind ($\bar{x}$ = 32,70, ohne Tabelle). Ein Argument für das höhere AC der kommunal Beschäftigten ist deren größere Verbundenheit zu einer Kommune mit ihrer Allzuständigkeit für ihre Bevölkerung. Dies gilt insbesondere für kreisfreie Städte, die auf ihrem Stadtgebiet nahezu alle Aufgaben für ihre Bürgerinnen und Bürger erledigen, von der Wasserversorgung bis zur Kfz-Zulassung und Baugenehmigungserteilung. 60 der 62 bei Kommunen beschäftigten Teilnehmer stammen aus kreisfreien Städten, da sie aus Kommunalverwaltungen mit über 1000 Mitarbeitern kommen, die es nur bei kreisfreien Städten gibt.

Die Gruppe der Beschäftigten in privatwirtschaftlichen Betrieben, die zum Teil in öffentlicher Hand sind (z.B. eine GmbH, bei der ein Bundesland oder eine Kommune mit einem bestimmten Anteil Gesellschafter ist), kann nicht zum Vergleich herangezogen werden, da nur 9 Befragte aus entsprechenden Organisationen stammen.

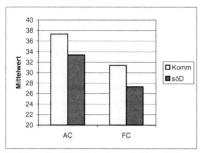

Abbildung 8: AC/FC-Mittelwerte bei Beschäftigten in Kommunen und im sonstigen öffentlichen Dienst

Tabelle 23: Mittelwerte – Führungskräfte öffentlicher Dienst und Privatwirtschaft

Variablen	öD Mittelwert N = 28	PW Mittelwert N = 28	Signifikanz
AC	38,82	39,68	,653
FC	29,75	27,57	,304
TS	40,29	41,46	,305
IT	28,64	29,00	,810
FV	40,07	40,93	,801
IM	12,29	14,39	,053
LM	*856,64*	*859,75*	*,910*
BE	51,82	54,25	,307
DO	54,07	56,86	,110
EN	47,43	49,14	,538
EZ	52,86	53,79	,654
FX	50,75	52,43	,403
FL	51,07	51,68	,798
FU	52,00	47,93	,172
IN	53,46	50,50	,112
KA	49,86	48,54	,580
LS	57,57	57,61	,985
LB	51,54	51,00	,790
SP	50,54	51,07	,815
SE	48,50	49,79	,574
SK	50,36	50,07	,908
ST	47,25	46,21	,717
WE	41,07	42,18	,709
ZS	46,50	46,71	,930

Immer wieder spricht man davon, dass Führungskräfte aus der Privatwirtschaft im öffentlichen Dienst gebraucht werden. Zu klären wäre daher, ob sich die Führungskräfte im öffentlichen Dienst von den Führungskräften der Privatwirtschaft unterscheiden. Bei den Führungskräften in privatwirtschaftlichen Organisationen und im öffentlichen Dienst (Tabelle 23) gibt es jedoch überhaupt keine signifikanten Differenzen. Die Mittelwerte liegen außerdem deutlich über den Durchschnittswerten der jeweiligen Teilstichproben „öffentlicher Dienst" und „Privatwirtschaft". Die Führungskräfte in der Privatwirtschaft bewerten das **Image** ihres Betriebes allerdings mit 14,39 um 2 Punkte höher als die Führungskräfte des öffentlichen Dienstes. Aber auch diese Abweichung ist nicht mehr auf dem 5 %-Niveau signifikant, während alle anderen Differenzen, selbst die um 4,1 Punkte höhere Furchtlosigkeit und um 3 Punkte höhere **Internalität** der Führungskräfte in der öffentlichen Verwaltung, nicht in die Nähe des 5 %-Signifikanzniveaus kommen.

Fazit
Hypothese 3 *„Die Gesamthöhe der **Leistungsmotivation** unterscheidet sich nicht zwischen den Beschäftigten im öffentlichen Dienst und den Beschäftigten in der Privatwirtschaft, differiert jedoch in verschiedenen Dimensionen."* wird nur teilweise bestätigt:
- Das Ausmaß der Leistungsmotivation unterscheidet sich nicht zwischen den Beschäftigten der 100 % privatwirtschaftlichen Betriebe und der Kommunen.
- Die Gesamthöhe der Leistungsmotivation unterscheidet sich auch nicht zwischen den Führungskräften aller privatwirtschaftlichen Betriebe und denen des öffentlichen Dienstes insgesamt.
- Unzutreffend ist die Hypothese jedoch für die Beschäftigten des sonstigen öffentlichen Dienstes, also ohne Kommunen, deren Leistungsmotivation deutlich niedriger ausfällt als die der kommunal oder privatwirtschaftlich Beschäftigten.
- Die Annahme, dass einzelne Leistungsmotivationsdimensionen der Beschäftigten in der Privatwirtschaft und im öffentlicher Dienst differieren, konnte nur teilweise bestätigt werden. Insbesondere unterscheidet sich die LMI-Dimension *Flexibilität* nicht, die LMI-Skala *Selbständigkeit* fällt sogar um knapp einen Punkt niedriger in der Privatwirtschaft aus. Bei einem Vergleich zwischen Beschäftigten von 100 % privaten Betrieben und Kommunen ergibt sich eine signifikante Differenz nur bei der Skala *kompensatorische Anstrengung*. Angehörige des sonstigen öffentlichen Dienstes, die also nicht bei Kommunen beschäftigt sind, zeigen dagegen signifikante Abweichungen nach unten bei den Skalen *Beharrlichkeit*, *Flow-Erleben*, *Selbständigkeit* und *Statusorientierung* im Vergleich zum kommunalen und privatwirtschaftlichen Personal. Dies könnte auf zentralistische und hierarchisierte Strukturen mit starkem Befolgen von Dienstanweisungen zurückzuführen sein.
- Die einzelnen LMI-Dimensionen unterscheiden sich bei den Führungskräften des öffentlichen Dienstes und der Privatwirtschaft nicht.

Die Hypothese 4 *„Es bestehen grundsätzlich keine Unterschiede im Erleben des Tätigkeitsspielraums zwischen Beschäftigten der öffentlichen Hand und der Privatwirtschaft."* wird bestätigt. Es bestehen weder zwischen der Privatwirtschaft und dem öffentlichen Dienst allgemein noch zwischen den kommunal und den in 100 % privaten Betrieben Beschäftigten signifikante Unterschiede beim Erleben des Tätigkeitsspielraums.

Die Hypothese 5 „*Die Beschäftigten des öffentlichen Dienstes haben ein höhe-res FC als diejenigen in der Privatwirtschaft. Beim Ausmaß des AC besteht da-gegen grundsätzlich kein Unterschied.*" wird nur teilweise bestätigt:
- Die Beschäftigten der Kommunen haben zwar ein signifikant höheres FC als die Angestellten der Privatwirtschaft. Dies gilt aber nicht für Füh-rungskräfte des öffentlichen Dienstes, da deren FC nicht signifikant von den Führungskräften der Privatwirtschaft abweicht. Auch das FC der Be-schäftigten des sonstigen öffentlichen Dienstes differiert nicht von dem der Angestellten der Privatwirtschaft.
- Beschäftigte der Privatwirtschaft und des öffentlichen Dienstes zeigen zwar ein nicht signifikant voneinander differierendes AC. Das AC der Be-schäftigten des sonstigen öffentlichen Dienstes weicht dagegen signifikant vom AC der Beschäftigten der Kommunen und der Privatwirtschaft ab, es liegt nämlich um 4 Punkte niedriger.

7.3.2 Der Einfluss der hierarchischen Position in Organisationen des öffent-lichen Dienstes und der Privatwirtschaft

Zunächst werden die Zusammenhänge zwischen hierarchischer Position und AC/FC sowie Leistungsmotivation ermittelt, die sich aus Tabelle 24 ergeben. Eine getrennte Berechnung erfolgt auch noch für den öffentlichen Dienst und die Privatwirtschaft. Studienteilnehmer, die weder Sachbearbeiter noch Füh-rungskraft, sondern „Sonstige Funktion", worunter u.a. Auszubildende, Journa-listen, Ärzte und Lehrkräfte fallen, angekreuzt hatten, sind in dieser Berechnung nicht enthalten, da sie keiner hierarchischen Position zugeordnet werden kön-nen. Hier ist zu bedenken, dass es sich um eine Selbsteinschätzung der hierar-chischen Position durch die Studienteilnehmer handelt, die durchaus von der Sichtweise der Organisation, in der sie arbeiten, abweichen kann.

Tabelle 24: Korrelationen – Hierarchische Position mit AC, FC und Leistungsmotivation

Vari-able	Hierarchische Position			Kontrolle Organisa-tionsgrö-ße	Kontrolle Alter	Kontrolle Schulbildung
	Gesamtstich-probe N = 154	Öffentlicher Dienst N = 80	Privatwirt-schaft N = 72			
AC	.21**	.26*	.19	.23	.20	.19
FC	-.00	-.08	.08	-.01	-.04	-.03
LM	.36**	.41**	.30*	.35	.35	.35

** Korrelationswert ist hochsignifikant, $p \leq 0.01$.

Zur Überprüfung, ob andere Variablen den Zusammenhang beeinflussen, wird deren Einfluss kontrolliert. Die Korrelationen zwischen hierarchischer Position und den drei anderen Variablen bleiben auch bei Kontrolle der Organisations-größe, des Alters und der Schulbildung nahezu gleich hoch.

Entgegen der in Kapitel 6.2 geäußerten Hypothese korrelieren nur hierarchische Position und AC positiv. Zwischen FC und erreichter Position besteht dagegen vollkommene Unabhängigkeit. Für Führungskräfte ist also die emotionale Bin-dung an die Organisation wichtiger als der Erhalt getätigter Investitionen.

Tabelle 25: Mittelwerte – Vergleich Sachbearbeiter und Führungskräfte

Variablen	Funktion	N	Mittel-wert	Standard-abwei-chung	Signifi-kanz
AC	Sachbearbeiter	96	35,49	9,105	,016
	Führungskräfte	56	38,96	7,296	
FC	Sachbearbeiter	96	28,02	7,734	,587
	Führungskräfte	56	28,73	7,838	
TS	Sachbearbeiter	96	35,50	6,723	,000
	Führungskräfte	56	40,84	4,272	
IT	Sachbearbeiter	96	24,49	6,254	,000
	Führungskräfte	56	28,79	5,450	
FV	Sachbearbeiter	96	37,35	11,811	,142
	Führungskräfte	56	40,36	12,614	
IM	Sachbearbeiter	96	11,76	4,144	,016
	Führungskräfte	56	13,45	4,098	
LM	Sachbearbeiter	96	788,01	79,545	,000
	Führungskräfte	56	859,71	99,461	
LMI-Dimension					
BE	Sachbearbeiter	96	50,48	8,961	,122
	Führungskräfte	56	52,82	8,959	
DO	Sachbearbeiter	96	46,00	8,684	,000
	Führungskräfte	56	55,55	6,511	
EN	Sachbearbeiter	96	39,30	9,189	,000
	Führungskräfte	56	48,18	10,335	
EZ	Sachbearbeiter	96	49,97	7,296	,010
	Führungskräfte	56	53,23	7,659	
FX	Sachbearbeiter	96	48,54	7,607	,019
	Führungskräfte	56	51,55	7,447	
FL	Sachbearbeiter	96	49,66	8,810	,207
	Führungskräfte	56	51,54	8,815	
FU	Sachbearbeiter	96	45,16	11,169	,010
	Führungskräfte	56	50,05	11,005	
IN	Sachbearbeiter	96	49,16	8,368	,030
	Führungskräfte	56	52,05	6,869	
KA	Sachbearbeiter	96	47,67	9,824	,405
	Führungskräfte	56	49,00	8,908	
LS	Sachbearbeiter	96	54,73	7,498	,009
	Führungskräfte	56	57,91	6,476	
LB	Sachbearbeiter	96	46,42	7,093	,000
	Führungskräfte	56	51,52	7,599	
SP	Sachbearbeiter	96	47,51	9,332	,024
	Führungskräfte	56	50,96	8,485	
SE	Sachbearbeiter	96	46,43	8,404	,057
	Führungskräfte	56	49,14	8,460	
SK	Sachbearbeiter	96	48,93	7,827	,360
	Führungskräfte	56	50,21	9,131	
ST	Sachbearbeiter	96	39,00	11,097	,000
	Führungskräfte	56	47,23	9,800	
WE	Sachbearbeiter	96	36,61	10,637	,004
	Führungskräfte	56	41,84	10,810	
ZS	Sachbearbeiter	96	42,46	7,272	,001
	Führungskräfte	56	46,91	8,632	

Auch die Leistungsmotivation und hierarchische Position korrelieren (r = .36**). Hier bedarf es der Überprüfung, ob sich der Unterschied zwischen Führungs- und Sachbearbeiterpositionen auf alle LMI-Dimensionen bezieht oder nur auf einige beschränkt ist. In Tabelle 25 sind die Ergebnisse getrennt nach Führungskräften und Sachbearbeitern aufgelistet. Zuarbeiter (N = 12) sowie Sachbearbeiter (N = 84) haben nahezu identische Mittelwerte und wurden daher zu einer Gruppe zusammengefasst. Hervorzuheben ist das um 3,5 signifikant höhere affektive Commitment der Führungskräfte, das sich bereits bei der Korrelation mit der hierarchischen Position abgezeichnet hat. Wie bereits in Kapitel 6.2 erläutert, vermutet Haase (1997, S. 154f.), dass ein positiver Zusammenhang zwischen hierarchischer Position und AC/FC auf einen höheren Tätigkeitsspielraum der Führungskräfte zurückzuführen ist. Es überrascht daher nicht, dass Führungskräfte höchstsignifikant ihren Tätigkeitsspielraum um 5,4 größer als die Sachbearbeiter empfinden. Somit hat sich die Vermutung Haases (1997) auch empirisch bestätigt, wobei das höhere AC der Führungskräfte zusätzlich davon abhängen kann, dass die Organisation diejenigen zu Führungskräften macht, die deren Ziele internalisiert haben. Außerdem fällt die internale Kontrollüberzeugung um 2,8 Punkte signifikant höher aus. Hier ist von einer Wechselwirkung auszugehen. Aufgrund höherer Internalität traut man sich eine Führungsposition zu und das Erreichen dieser Funktion verstärkt dann wieder die internale Kontrollüberzeugung. Die **Leistungsmotivation** der Führungskräfte ist um 69 Punkte höher als die der Sachbearbeiter. Die „Gruppe der Sonstigen" hat sogar eine um 82 Punkte (hochsignifikant) niedrigere Leistungsmotivation im Vergleich zu den Führungskräften (ohne Tabelle). Wenn man annimmt, dass sich Leistungsmotivation im Wesentlichen schon im Kindergartenalter ausbildet, muss davon ausgegangen werden, dass Beschäftigte mit hoher Leistungsmotivation auch eher Führungspositionen erreichen, sich die Leistungsmotivation also nicht erst durch die Führungsposition ausbildet.

In einer Führungsposition kann aber das Leistungsmotiv stärker angeregt werden, weil diese auch mit mehr Tätigkeitsspielraum verbunden ist, so dass Funktion (in der Form des höheren Tätigkeitsspielraums) und Leistungsmotivation interagieren. Es bedarf daher der Analyse, auf welche LMI-Dimensionen sich diese Leistungsmotivationsunterschiede zwischen Führungskräften und Sachbearbeiter zurückführen lassen. In allen Skalen haben die Sachbearbeiter geringere Mittelwerte als die Führungskräfte (vergleiche Abbildung 9).

Die niedrigere Leistungsmotivation zeigt sich aber besonders zum einen bei den Dimensionen **Dominanz**, **Engagement** und **Statusorientierung** (die höchstsignifikante Differenz ist jeweils größer als 8 Punkte). Zum anderen sind die Führungskräfte höchstsignifikant **lernbereiter** sowie hochsignifikant **furchtloser** und **wettbewerbsorientierter**. Die Abweichung beträgt jeweils 5 Punkte. Tabelle 17 hat gezeigt, dass der erlebte Tätigkeitsspielraum (mit Ausnahme der Wettbewerbsorientierung) mit den anderen fünf LMI-Dimensionen positiv korreliert, sogar relativ hoch mit Dominanz (r = .56**), Furchtlosigkeit (r = .32**) und Lernbereitschaft (r = .46**). Der Tätigkeitsspielraum der Führungskräfte erweist sich also auch bei den gegenüber den Sachbearbeitern erhöhten Werten als besonders bedeutsam.

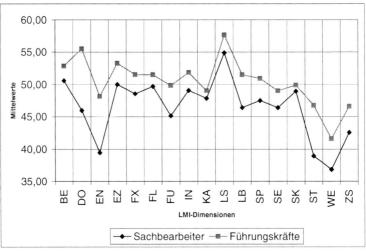

Abbildung 9: LMI-Mittelwerte der Sachbearbeiter und Führungskräfte

Die einer Führungskraft klassisch zugeschriebenen Motive der höheren Dominanz sowie Statusorientierung lassen sich also eindeutig belegen. Ein wichtiges Merkmal von Führungskräften scheint auch die höhere Furchtlosigkeit zu sein, denn die Skalen Furchtlosigkeit und Wettbewerbsorientierung/Statusorientierung sind voneinander unabhängig (die Korrelation beträgt r = .00/.08), d.h. auch furchtsame Menschen können wettbewerbsorientiert sein, erhalten aber dennoch weniger Führungspositionen. Hinzu kommt aber auch, was man von einer Führungskraft erwartet, dass sie sehr engagiert und lernbereit ist. Die **Arbeitsintensität** wird von den Führungskräften höchstsignifikant um 4 Punkte höher erlebt. Ebenso wird das **Image** durch die Führungskräfte signifikant besser bewertet, vermutlich weil sie sich selbst maßgeblich an der Imagebildung beteiligt sehen.

Es bedarf noch der Prüfung, ob diese Differenzen zwischen Führungskräften und Sachbearbeitern aufgrund ggf. unterschiedlicher (Schul-)Bildung zustande kommen.

Tabelle 26: Korrelationen – Schul-/Bildungsabschlüsse

	AC	LM	IN	TS	IT	FV	IM
S	.03	.06	-.03	.25**	.05	.02	-.20**

	BE	DO	EN	EZ	FX	FL	FU	KA	LS	LB	SP	SE	SK	ST	WE	ZS
S	-.02	.20**	.00	.01	.11	-.10	.27**	-.09	-.09	.25**	.03	.01	-.13	.11	.00	.06

** Die Korrelation ist auf dem Niveau von p ≤ 0.01 hochsignifikant.

Tabelle 26 belegt aber, dass Leistungsmotivation und Schulbildung nicht zusammenhängen. Eine höhere Bildung ist also offensichtlich nicht vom Leistungsmotiv, operationalisiert über die LMI-Skala, abhängig. Dies ist ein interessantes Ergebnis, das im Zusammenhang mit der gefundenen deutlich höheren Leistungsmotivation der Führungskräfte (s. voriges Kapitel) auch zeigt, dass die LMI-Skala für die Bewertung der Leistungsmotivation in Arbeitsorganisationen gut geeignet ist. Bei Prüfung, ob die in Tabelle 26 gefundenen Korrelationen zwischen Schulbildung und Dominanz/Furchtlosigkeit/Lernbereitschaft/Tätigkeitsspielraum mit der hierarchischen Position zusammenhängen, ergibt sich, dass die Dominanz nicht mehr mit der Schulbildung korreliert (Tabelle 27).

Tabelle 27: Partielle Korrelation bei Kontrolle der hierarchischen Position

	DO	FU	LB	TS
Bildung	-.01	.25**	.16**	.12

** Die Korrelation ist auf dem Niveau von p ≤ 0.01 hochsignifikant.

Die Schulbildung beeinflusst bei Kontrolle der hierarchischen Position also signifikant nur die LMI-Dimension Furchtlosigkeit (r = .25**) und in niedrigem Maße auch die Lernbereitschaft (r = .16**). Zwischen Schulbildung und Tätigkeitsspielraum besteht kein signifikanter Zusammenhang mehr. Eine höhere Bildung führt also nicht zwangsläufig zu einem höher erlebten Tätigkeitsspielraum. Die erheblich geringeren Unterschiede zwischen den Gruppen mit verschiedenen Bildungsabschlüssen als zwischen den Gruppen „Führungskräfte" und „Sachbearbeiter" verdeutlicht, dass es im Berufsleben mehr auf die Funktion als auf die Schulbildung ankommt. Somit lässt sich zusammenfassen, dass Mitarbeiterinnen und Mitarbeiter, die ein höheres Leistungsmotiv haben, auch eher Führungspositionen erreichen, wo ihr Leistungsmotiv auch wieder stärker angeregt und ausgeweitet werden kann.

Fazit:

Hypothese 6 „*Hierarchische Position und das AC/FC sowie die Leistungsmotivation der Beschäftigten korrelieren in allen Organisationen positiv.*" wird nur teilweise bestätigt. Unabhängig von der Zugehörigkeit zum öffentlichen Dienst oder zur Privatwirtschaft korrelieren die hierarchische Position und das AC bei allen Beschäftigten positiv, das FC wird dagegen von der hierarchischen Position nicht beeinflusst.

Hypothese 7 „*Führungskräfte haben unabhängig vom Organisationstyp eine höhere Leistungsmotivation als Sachbearbeiter, besitzen ein höheres AC und eine stärkere internale Kontrollüberzeugung, erleben ihren Tätigkeitsspielraum sowie die Arbeitsintensität höher, bewerten das Image ihrer Organisation sowie das Führungsverhalten ihrer Führungskräfte besser.*" hat sich als vollkommen zutreffend erwiesen. Die Schulbildung beeinflusst die Ausprägungen der Variablen mit Ausnahme der LMI-Dimension *Furchtlosigkeit* nicht.

7.3.3 Der Einfluss des erlebten Tätigkeitsspielraums

Zur Überprüfung, welche Auswirkungen ein geringer subjektiver Tätigkeitsspielraum hat, werden die Mittelwerte der Studienteilnehmer ermittelt, die einen unterdurchschnittlichen Tätigkeitsspielraum wahrnehmen. Der Durchschnitt des Tätigkeitsspielraums beträgt 37,08 bei der Gesamtstichprobe. 86 Befragte weisen einen unter 37 Punkten liegenden Tätigkeitsspielraum auf. Bei Mitarbeitern mit unterdurchschnittlichem Tätigkeitsspielraum fallen alle Variablen niedriger aus. Liegt der Tätigkeitsspielraum sogar 20 % unter dem Durchschnitt (N = 28), sinken die Werte weiter (Tabelle 28). Der geringe Tätigkeitsspielraum führt dazu, dass sich das affektive Commitment nur unterdurchschnittlich entwickelt, weil eine Organisation, die einem wenig Freiheitsgrade gewährt, kein Identifikationsobjekt darstellt. Darunter leiden auch die Bewertung der Führungskraft, die keine Freiräume gewährt bzw. einräumen kann, und die Bewertung des Organisationsimages.

Tabelle 28: Niedriger Tätigkeitsspielraum

Variablen	Mittelwert Gesamtstichprobe	Mittelwert wenn TS < 37 N = 86	Mittelwert wenn TS < 30 N = 28
AC	36,53	34,30	31,89
LM	804,56	762,59	738,25
FV	38,50	34,71	30,00
IN	50,05	47,87	45,32
IM	12,30	11,38	9,86

Die interne Kontrollüberzeugung kann aufgrund der geringen Freiheitsgrade auch nicht erhöht werden, weil die Überzeugung, Ereignisse in seinem Leben beeinflussen zu können, nur durch einen subjektiven Tätigkeitsspielraum gestärkt werden könnte. Ebenso bleibt die Leistungsmotivation unterdurchschnittlich, weil sie aufgrund der geringeren Freiheitsgrade nicht angeregt werden kann. Es lässt sich also festhalten, dass Mitarbeiter mit einem niedrig erlebten Tätigkeitsspielraum auch bei den für die Organisation und für die Persönlichkeit wichtigen Merkmalen, nämlich beim AC, bei der Leistungsmotivation und der internalen Kontrollüberzeugung, eine deutlich geringere Ausprägung besitzen.

Zur Überprüfung der Hypothese, dass Personen, die einen überdurchschnittlichen Tätigkeitsspielraum erleben, aber eine unterdurchschnittliche Leistungsmotivation besitzen, ein niedrigeres AC zu ihrer Organisation haben und ihre Führungskräfte schlechter bewerten, wird die Gruppe mit niedrigerer und höherer Leistungsmotivation untersucht. Die Hypothese wurde aufgestellt in der Annahme, dass niedrig Leistungsmotivierte wegen eines höheren Misserfolgsmotivs einen hohen Tätigkeitsspielraum meiden oder überfordert sind und Angst davor haben. Im Durchschnitt beträgt die Leistungsmotivation der Teilnehmenden $\bar{x}$ = 804 und der Tätigkeitsspielraum $\bar{x}$ = 37. Die AC- und FV-Mittelwerte der Befragten mit unterdurchschnittlicher Leistungsmotivation (LM < 804), aber überdurchschnittlichem Tätigkeitsspielraum (TS > 37) listet Tabelle 29 auf.

Tabelle 29: Überdurchschnittlicher Tätigkeitsspielraum und unterdurchschnittliche LM

	Mittelwert Gesamtstichprobe	Mittelwert wenn TS > 37 & LM < 804 N = 42	Mittelwert wenn TS > 37 & LM > 804 N = 68
AC	36,53	38,02	38,82
FV	38,50	40,55	42,01

42 Personen haben eine niedrigere Leistungsmotivation als 804 Punkte und einen höheren Tätigkeitsspielraum als 37 Punkte. Sie besitzen dennoch im Mittel ein höheres AC und bewerten ihre Führungskräfte besser als der Durchschnitt der Gesamtstichprobe. Ein höherer Tätigkeitsspielraum wirkt sich also in jedem Fall positiv auf die emotionale Bindung zur Organisation und auf die Beurteilung des Führungsverhaltens aus. Zum Vergleich wurden noch die Werte der Befragten (N = 68) erfasst, die sowohl einen überdurchschnittlichen Tätigkeitsspielraum erleben als auch eine überdurchschnittliche Leistungsmotivation besitzen. Sie beurteilen insbesondere ihre Führungskräfte noch besser, ihr AC ist nur leicht höher.

Die Hypothese 8 „*Personen, die einen **niedrigen Tätigkeitsspielraum** erleben, besitzen ein niedrigeres AC, zeigen weniger Leistungsmotivation, haben eine geringere internale Kontrollüberzeugung und bewerten ihre Führungskräfte sowie das Image ihrer Organisation schlechter*" trifft vollständig zu.

Hypothese 9 „*Personen, die einen **überdurchschnittlichen Tätigkeitsspielraum** erleben, aber eine unterdurchschnittliche Leistungsmotivation besitzen, haben ein niedrigeres AC zu ihrer Organisation und bewerten ihre Führungskräfte schlechter*" bestätigt sich dagegen nicht. Vielmehr ergibt sich, dass ein überdurchschnittlicher Tätigkeitsspielraum auch bei niedriger Leistungsmotivierten positive Auswirkungen hat.

7.3.4 Die Bedeutung der internalen Kontrollüberzeugung

Aus dem Konzept der internalen Kontrollüberzeugung ergibt sich, dass Personen mit hohen Werten weniger ängstlich sind, sich als flexibler erweisen, also leichter mit Wandel umgehen können, und ihre Führungskräfte besser bewerten (s. Kapitel 6.2). Tabelle 30 belegt die positiven Zusammenhänge zwischen internaler Kontrollüberzeugung sowie Furchtlosigkeit, Flexibilität und Bewertung der eigenen Führungskräfte.

Tabelle 30: Internale Kontrollüberzeugung

	FX	FU	FV
IN	.34**	.38**	.30**

** Die Korrelation ist auf dem Niveau von p ≤ 0.01 hochsignifikant.

Hypothese 10: „Internal Kontrollüberzeugte sind furchtloser sowie flexibler und bewerten ihre Führungskräfte besser. " erweist sich somit als vollkommen zutreffend.

7.4 Grenzen der Untersuchung und Erkenntniswert

7.4.1 Grenzen der Untersuchung

Als Limitation dieser Studie ist anzuführen, dass die demographischen Daten selbst angegeben und nicht aufgrund objektiver Daten ermittelt wurden. Dies betrifft insbesondere die Kategorie „Organisationsgröße" sowie die Angabe der Position und Hierarchieebene. Es geht aber bei diesem Fragebogen um das Erleben von Positionen und welcher Ebene sich jemand zugehörig fühlt, unabhängig von der Einschätzung Dritter. Insbesondere das Ergebnis, dass der subjektive Tätigkeitsspielraum am höchsten von allen Variablen mit den anderen Hauptvariablen dieser Studie korreliert, zeigt die Relevanz der Erfassung von Erleben der Beschäftigten. Kognition und Emotion spielen im Berufsleben eine bedeutende Rolle. Nicht zuletzt geht es auch bei der internalen Kontrollüberzeugung um eine Überzeugung, Ereignisse in seiner Umwelt beeinflussen zu können. Dies hat, wie bereits dargelegt, u.a. zur Folge, dass man mit Stress besser umgehen kann, unabhängig von tatsächlich vorhandenen Kontrollmöglichkeiten.

Ein weiteres Problem von Fragebogenverfahren, Interviews, aber auch projektiven Verfahren, ist das Risiko, dass nur eine Momentaufnahme erfasst wird, die sich abhängig vom gegenwärtigen psychischen Zustand darstellt (Krampen, 1982, S. 123). Es werden jedoch in dem Fragebogen dieser Studie so viele Bereiche der Persönlichkeit angesprochen, dass der momentane Zustand nicht das gesamte Antwortverhalten beeinflussen kann.

Probleme bereitet bei allen Fragebogen, deren Fragen Verantwortungsbereitschaft, Durchsetzungsfähigkeit und Leistungsorientierung implizieren, dass in Wettbewerbsgesellschaften solche Eigenschaften als sozial erwünscht gelten (Jakoby & Jacob, 1999, S. 63). Daher muss dieser Aspekt bei der Auswahl der Skalen berücksichtigt werden. Für die affektive Commitment-Skala von Allen und Meyer (1990) fanden Blau et al. (1993, S. 306) lediglich eine Korrelation von r = .09 zwischen affektivem OC und "sozialer Erwünschtheit" (gemessen über die 12-Item-Skala von Robinson & Shaver, 1973). Auch nach Luthans et al. (1987, S. 229) korrelierte soziale Erwünschtheit mit OC (allerdings operationalisiert über den OCQ) nur schwach: r = .16. Bei der Validierung des LMI zur Messung der Leistungsmotivation wurden Items, die zu einem hohen sozial erwünschten Antwortverhalten führten, eliminiert (Schuler & Frintrup, 2002, S. 753). Einige Dimensionen des LMI korrelieren sogar negativ mit sozialer Erwünschtheit (vgl. dazu Kapitel 3.6.5). Grundsätzlich ist auch zu berücksichtigen, dass - trotz der Tendenz "sozial erwünscht" zu antworten - die individuellen Konturen bei den Befragungen nicht verschwinden. Im Vergleich zu Studien, in denen die Befragten aufgefordert wurden, sich bei der Beantwortung der Fragebogen so positiv wie möglich darzustellen, verhalten sich die Teilnehmenden in normalen Fragebogensituationen bei weitem nicht so sozial erwünscht als mit Beschönigungsanweisung (Schuler & Höft, 2001, S. 125).

Außerdem wird soziale Erwünschtheit "nicht mehr nur als Störvariable", sondern auch "als eigenständige Facette sozialer Fertigkeiten interpretiert" (Moser & Galais, 2003, S. 42). Sozial erwünschte Selbstdarstellung wird als Fähigkeit interpretiert, zu überzeugen und zu erkennen, welche Kompetenzen Befragende, z.B. Personalleiter, erwarten. Das sozial erwünschte (Antwort-)Verhalten steht im Zusammenhang mit dem Self-Monitoring von Individuen. Personen mit hoher Self-Monitoring-Ausprägung gelten als ganz besonders sensibel dafür, "was das eigene Verhalten situativ angemessen macht" (Moser, Diemand & Schuler, 1996, S. 269). Erstaunlicherweise wird dieses Verhalten unabhängig von Grundüberzeugungen, Einstellungen und Emotionen der Person gezeigt. Bei einer Untersuchung an Versicherungsvertretern wird belegt, dass Self-Monitoring in den ersten Jahren nach Eintritt in die Organisation mit beruflichem Erfolg korreliert (Moser & Galais, 2003, S. 43). Gerade im Zusammenhang mit der Leistungsmotivation scheint daher die Tendenz zum Self-Monitoring selbst ein Kriterium für Leistungsmotivation zu sein. Eine Metaanalyse von Ones und Viswesvaran (1998) ergab, dass Skalen zur sozialen Erwünschtheit mit Emotionaler Stabilität ($r = .37$), Gewissenhaftigkeit ($r = .20$) und Verträglichkeit ($r = .14$) korrelieren. Selbst bei Fremdbeurteilung ergaben sich positive Korrelationen, wenn auch in geringerer Form. Dies deutet darauf hin, dass die Neigung zur sozialen Erwünschtheit nicht (ausschließlich) zur Verfälschung anderer Persönlichkeitsmerkmale führt, sondern teilweise zur Substanz dieser Personeneigenschaften gehört (Schuler & Frintrup, 2002, S. 753). Indem man sich an den Erwartungen zu orientieren weiß, zeigt man soziale Anpassungsfähigkeit und die Fähigkeit zur Selbstrepräsentation (Schuler & Höft, 2001, S. 125). Die schädigende Wirkung des sozial unerwünschten Antwortverhaltens in personaldiagnostischen Situationen wird eher überschätzt. Bei einem Fragebogen müsste der Beschäftigte nämlich bei den einzelnen Fragen erkennen, welches Item zu welcher Dimension gehört und zusätzlich auch noch konsistent antworten (Kanning, 2002, S. 88).

Das Problem der sozialen Erwünschtheit ist zwar mit der Bewertung als positives Persönlichkeitsmerkmal nicht ganz gelöst. Da aber ein Vergleich zwischen verschiedenen Organisationen angestrebt wird und keine Untersuchung bekannt ist, die besagt, dass die im öffentlichen Dienst Beschäftigten eine andere Tendenz zur sozialen Erwünschtheit als diejenigen in der Privatwirtschaft zeigen, müssten sich diese Tendenzen im Gruppenvergleich wieder kompensieren. Gleichwohl wäre es natürlich auch interessant, in einer weiteren Forschungsarbeit zu prüfen, ob sich Beschäftigte in ihrem sozial erwünschten Verhalten und in ihrem Self-Monitoring in Abhängigkeit von der Schulbildung und vom Organisationstyp, in dem sie arbeiten, unterscheiden.
Zur Beantwortung mancher Fragestellung wäre die zusätzliche Erfassung des vermeintlich objektiven Tätigkeitsspielraums durch Beobachtung noch interessant. Es könnte beispielsweise untersucht werden, ob Mitarbeiter mit geringer internaler Kontrollüberzeugung einen objektiv großen Tätigkeitsspielraum subjektiv als gering wahrnehmen. Weiter wäre der Aspekt zu prüfen, ob die Leis-

tungsmotivation den Zusammenhang zwischen subjektivem und objektivem Tätigkeitsspielraum moderiert.

Eine weitere Limitation dieser Studie ist, dass eine Aussage über abhängige und unabhängige Variablen nur sehr bedingt getroffen werden kann. Das Ergebnis sagt zum Beispiel nichts darüber aus, ob die Kontrollüberzeugung die Ursache für den Zusammenhang mit den einzelnen OC-Dimensionen sowie mit der Bewertung des Führungsverhaltens ist oder umgekehrt. Auch wenn Kontrollüberzeugung überwiegend als Antezedentie von OC genannt wird (z.B. Coleman, 1999, S. 999), so ist dieser Zusammenhang keineswegs bewiesen. Genauso gut könnte man z.B. annehmen, dass eine höhere affektive Bindung auch die interne Kontrollüberzeugung steigen lässt, weil man mehr Einflussmöglichkeiten vermutet, wenn das eigene Ziel- und Wertesystem mit dem der Organisation übereinstimmt. Ebenso ließe sich postulieren, internal Kontrollüberzeugte bewerten das Führungsverhalten ihrer Vorgesetzten besser, weil sie sich auch Einfluss auf das Verhalten ihrer Vorgesetzten zuschreiben. Es könnte aber auch vermutet werden, dass ein besseres Führungsverhalten die Internalität erhöht. Weiter ist z.B. unklar, ob dominante Persönlichkeiten zwangsläufig einen erweiterten Tätigkeitsspielraum bekommen oder ob sie erst durch einen größeren Spielraum dominanter werden oder eine Wechselwirkung der beiden Möglichkeiten besteht. Als letztes Beispiel für die nicht durch Korrelationsberechnungen zu klärenden Ursachenverhältnisse sei erwähnt, dass auch der signifikante Zusammenhang zwischen affektivem Commitment und Imagebewertung nicht eindeutig auf eine Antezedentie schließen lässt. Es kann sein, dass mit der Organisation sich verbunden fühlende Mitarbeiter das Image besser bewerten oder dass ein höheres Image zu einer affektiveren Bindung führt. Zu all den Ursachenzusammenhängen bedürfte es folglich weiterer Forschungen. Auch Longitudinal-Studien wären angebracht, da z.B. Beschäftigte möglicherweise erst eine externale Kontrollüberzeugung entwickeln, wenn sie in ihren Organisationen trotz großem Engagement nicht so weiter kommen, wie gewünscht.

Alle gefundenen Korrelationen geben auch keine Auskunft darüber, ob die berufliche Tätigkeit die Individuen sozialisiert hat. Die Unterschiede könnten auch auf Selbst- und Fremdselektionsprozesse zurückgeführt werden, z.B. dass die Organisationen für bestimmte Aufgaben die einen, aber nicht die anderen auswählen oder sich bestimmte Personen um ganz spezifische Positionen bemühen (Rosenstiel, L.v., 2001, S. 23).

Überwiegend muss davon ausgegangen werden, dass sehr engagierte und allgemein interessierte Beschäftigte den Fragebogen ausgefüllt haben, denn die Beantwortung erfordert einen ca. 60-minütigen Zeitaufwand. So müssen die errechneten Mittelwerte nicht zwangsläufig auf den Durchschnitt der Berufstätigen in Deutschland zutreffen. Die Durchführungssituation der vorliegenden Studie, in der die Studienteilnehmer zu Hause die Fragebogen ausfüllten, hatte allerdings keine Auswirkungen auf die Konsistenz der verwendeten Skalen, da die ermittelten Konsistenzkoeffizienten (Cronbachs Alpha α) denen anderer Studien entsprechen. Die Männerstichprobe dieser Studie ist hinsichtlich deren Leistungsmotivation und den 17 Dimensionen vergleichbar mit der Berufstätigen-Männerstichprobe anderer Studien. Die Frauen-Stichprobe weist gegenüber einer Vergleichsstudie eine höhere Leistungsmotivation auf, vermutlich weil der Führungskräfte-Anteil in dieser Studie höher liegt. *Vollzeitbeschäftigte* Frauen und Männer zeigen in der vorliegenden Studie bei der Gesamt-Leistungsmotivation keinen signifikanten Unterschied. Vollzeit arbeitende Männer weisen jedoch bei drei LMI-Dimensionen signifikante Abweichungen auf. Sie sind dominanter, etwas furchtloser und minimal flexibler als weibliche Vollzeitkräfte.

Auch die Korrelationen können durchaus vom Gesamtschnitt der deutschen Beschäftigten differieren. Der Schwerpunkt dieser Studie liegt jedoch zum einen auf den Vergleichsgruppen, z.B. Unterschiede zwischen Teilnehmenden mit niedrigem und mit hohem Tätigkeitsspielraum oder Vergleiche zwischen Beschäftigten von Organisationen aus dem öffentlichen Dienst und der Privatwirtschaft. Zum anderen wird die Fragestellung fokussiert, welche Merkmale die Korrelationen beeinflussen. So ist ein sicheres Ergebnis dieser Untersuchung, dass die Zusammenhänge der Hauptvariablen moderiert werden und zwar jeweils von einem Konglomerat an Faktoren, wie z.B. Alter, Führungsverhalten der Vorgesetzten, Image der Organisation und erlebtem Tätigkeitsspielraum, und meist nicht nur von einer einzigen moderierenden Variablen. Trotz der nicht zufällig gezogenen Stichprobe lässt sich auch belegen, dass hinsichtlich Leistungsmotivation und Kontrollüberzeugung im Durchschnitt kein Unterschied zwischen Beschäftigten in Kommunalverwaltungen und in privaten Organisationen vorliegt. Die Mittelwerte der Beschäftigten in staatlichen und sonstigen nichtkommunalen Behörden weichen allerdings davon ab. Die Führungskräfte weisen dagegen völlig unabhängig von der Zugehörigkeit ihrer Organisation zum öffentlichen Dienst oder zur Privatwirtschaft im Mittel deutlich höhere Leistungsmotivationswerte als Sachbearbeiterinnen und Sachbearbeiter auf.

Der Vorteil dieser Studie liegt im Vergleich zu den in dieser Arbeit zitierten empirischen Studien darin, dass die Befragten aus verschiedenen Berufen und Beschäftigungsgruppen und vor allem aus unterschiedlichen öffentlichen und privaten Organisationen stammen und sich die untersuchte Stichprobe nicht auf eine Organisation beschränkt. Auch in der Vielzahl der untersuchten Variablen, die die Persönlichkeitsmerkmale und das Erleben von Beschäftigten betreffen, und in der Fokussierung ihrer Zusammenhänge untereinander, weist diese Studie Vorteile gegenüber anderen Untersuchungen auf. Es lässt sich also insgesamt feststellen, dass die vorliegende Studie valide differenzierte Ergebnisse hinsichtlich der Beziehung der Variablen zueinander erbracht hat, die überwiegend bisher nicht erforscht waren.

7.4.2 Erkenntniswert der Untersuchung

Diese Studie beantwortet zwei Fragenkomplexe:
1) Hängt das affektive Commitment von Beschäftigten zu ihrer Organisation mit deren Leistungsmotivation, ihrer internalen Kontrollüberzeugung oder mit dem Tätigkeitsspielraum, den sie erleben, zusammen? Interagieren diese Variablen?

2) Welche Rolle spielt die Zugehörigkeit zum öffentlichen Dienst oder zur Privatwirtschaft für die Leistungsmotivation, das Commitment und die internale Kontrollüberzeugung? Wie wird der Tätigkeitsspielraum erlebt und wirkt er sich in verschiedenen Organisationen unterschiedlich aus?

Fragenkomplex 1
Die vier Variablen affektives Commitment, Leistungsmotivation, internale Kontrollüberzeugung und erlebter Tätigkeitsspielraum korrelieren positiv miteinander. Eine höhere internale Kontrollüberzeugung (kognitive Komponente) führt zur Überzeugung, dass das leistungsmotivierte Ausnutzen vorhandener Spielräume die gewollten Handlungsfolgen erbringt. Die internale Kontrollüberzeugung korreliert positiv mit Furchtlosigkeit und Flexibilität. Internal Kontrollüberzeugte bewerten auch ihre Führungskräfte besser, weil sie sich weniger fremdbestimmt und abhängig von mächtigen Personen oder Zufällen fühlen. Sie reagieren daher weniger ängstlich auf Neuerungen in der Arbeitswelt und können mit dem ständigen Wandel flexibler umgehen. Widrige Umstände bei ihrer Tätigkeit in der Organisation schreiben sie weniger dem (Fehl)Verhalten ihrer Führungskraft zu, sondern führen es auf ihr eigenes Verhalten zurück. Sie sind überzeugt, sie selbst könnten die Probleme bewältigen und Neuerungen steuern.

Der höchste Zusammenhang bei den Korrelationen dieser vier Variablen besteht allerdings zwischen der Leistungsmotivation und dem erlebten Tätigkeitsspielraum. Dies stimmt mit den theoretischen Ansätzen überein, wonach der Tätigkeitsspielraum am Arbeitsplatz eine Voraussetzung für eine Leistungsmotiventwicklung und Motivanregung darstellt. Der erlebte Tätigkeitsspielraum korreliert als einzige der vier Variablen mit nahezu allen LMI-Dimensionen positiv (außer mit kompensatorischer Anstrengung und Wettbewerbsorientierung). Die besondere Bedeutung des Tätigkeitsspielraums kann weiter damit belegt werden, dass die Personen dieser Studie, die einen unterdurchschnittlichen Tätigkeitsspielraum erleben, auch ein niedrigeres AC besitzen, weniger Leistungsmotivation zeigen, eine geringere internale Kontrollüberzeugung haben und ihre Führungskräfte sowie das Image ihrer Organisation schlechter bewerten. Selbst bei Mitarbeitern mit unterdurchschnittlicher Leistungsmotivation, meist misserfolgsängstliche Personen, die eigentlich leistungsthematische Situationen und damit höhere Tätigkeitsspielräume meiden, führt ein überdurchschnittlicher Tätigkeitsspielraum dazu, dass sie ein höheres AC als das Mittel der Gesamtstichprobe empfinden und das Verhalten ihrer Führungskräfte besser bewerten als der Durchschnitt.

Vollständige Tätigkeiten und Herausforderungen stehen in permanenter Wechselwirkung mit der Leistungsmotivation. Die emotionale Komponente, das affektive Commitment, deren integraler Bestandteil die Anstrengungsbereitschaft darstellt, bewirkt eine erhöhte Identifikation mit der Organisation und die Appetenz hin zum Arbeitsplatz, an dem man gerne Leistungen vollbringt. Dieses Ergebnis entspricht der Einschätzung vieler Wissenschaftler, die die Arbeitsaufgabe als den psychologisch relevantesten Ausschnitt aller Arbeitsbedingungen sehen (Ulich, 1998; Hacker, 1998). Die aufgabenbezogenen Merkmale führen zu starken positiven affektiven Assoziationen, sofern Anforderungsvielfalt, Bedeutsamkeit der Aufgabe und Autonomie enthalten sind (Schmidt et al., 1998, S. 101). Mit der Anforderungsvielfalt und den Freiheitsgraden wiederum wird das Leistungsmotiv angeregt und verstärkt. Diese positiven Zusammenhänge mit der Leistungsmotivation basieren zum einen auf der Definition von AC, wonach ein AC-Bestandteil die Anstrengungsbereitschaft ist, die sich in den LMI-Dimensionen *Engagement, kompensatorische Anstrengung* und *Zielsetzung* wiederspiegelt. Die affektive Bindung hängt zum anderen als intrinsischer Faktor auch mit anderen intrinsischen Merkmalen, z.B. mit dem *Flow-Erleben* und dem *Leistungsstolz*, zusammen. Genau diese fünf genannten LMI-Dimensionen korrelieren positiv mit AC. Dies wiederum bestätigt die Erkenntnisse der Wissenschaftler, die im AC einen positiven Wirkfaktor für die intrinsische Arbeitsmotivation sehen (Mathieu und Zajac, 1990, S. 182).

Bei der Gesamtstichprobe korreliert die hierarchische Position positiv mit dem AC sowie mit der Leistungsmotivation. Dies erklärt sich mit dem höheren Tätigkeitsspielraum, der in Führungspositionen erlebt wird. Da die Bedeutung des Tätigkeitsspielraums für die Aufgabenerfüllung und für die Persönlichkeitsentwicklung der Individuen ausführlich theoretisch begründet werden konnte, bestätigt sich auch empirisch, dass Führungskräfte einen höheren Tätigkeitsspielraum als die anderen Studienteilnehmer erleben und somit auch ihre Leistungsmotivation, internale Kontrollüberzeugung und ihr AC höher als die der übrigen Befragten liegen. Sie bewerten auch das Image ihrer Organisation sowie das Führungsverhalten ihrer Chefs besser. Sachbearbeiter haben also in allen Job-Variablen, selbst in jeder der 17 Leistungsmotivationsdimensionen, niedrigere Werte als Führungskräfte.

Eine Faktorenanalyse zeigt, dass das affektive Commitment, die Leistungsmotivation, die internale Kontrollüberzeugung sowie der subjektive Tätigkeitsspielraum eine gemeinsame Erklärungsvariable haben, nämlich die „eigene Bedeutsamkeit", die etwa die Hälfte (49 %) der Varianz erklärt. Ob sich also jemand bedeutsam fühlt für sich, andere und die Arbeitsumwelt, erklärt zu einem großen Teil die Höhe der untersuchten Kernvariablen. Im Gegensatz zu anderen Konzepten, die zu den personale Ressourcen bei der Bewältigung von Aufgaben und des Lebens zählen, enthält die „eigene Bedeutsamkeit" neben der individuellen zusätzlich eine soziale Komponente. Personen mit hohen Werten setzen sich auch gegen Widerstände durch, sie sind überzeugt davon, es beruflich weit zu bringen und wollen dies auch unbedingt. Darüber hinaus möchten sie gerne eine verantwortungsvolle Position übernehmen. Die Organisation hat eine hohe Bedeutung für sie und reziprok dazu fühlen sie sich ebenso bedeutsam für die Organisation und die Beschäftigten in dieser Organisation. Sie erarbeiten oft neue Lösungen an ihren Arbeitsplätzen und treffen viele selbständige Entscheidungen. Sie fühlen eine generalisierte Bedeutung bei der Bewältigung von Aufgaben und sind deshalb davon überzeugt, die Anerkennung anderer für ihre Leistungen zugunsten der Organisation zu erhalten.

Fragenkomplex 2
Führungskräfte des öffentlichen Dienstes (N = 28), egal aus welchen Bereichen des öffentlichen Dienstes sie stammen, und der Privatwirtschaft (N = 28) haben einen nahezu identischen LMI- und AC-Wert. Auch in den Ausprägungen der anderen Variablen differieren sie nicht. Betrachtet man die Leistungsmotivation und das affektive Commitment aller in Kommunalverwaltungen Beschäftigten (N = 62), unterscheidet sich auch diese nicht signifikant von der der Angestellten in privatwirtschaftlichen Betrieben. Die Beschäftigten des öffentlichen Dienstes, die nicht in Kommunen arbeiten (N = 43), weisen dagegen eine signifikant niedrigere Leistungsmotivation und ein geringeres affektives Commitment auf. Dies gilt auch, wenn man die 20 Befragten, die aus Verwaltungsbehörden des Landes oder Bundes kommen, gesondert betrachtet. Die übrigen 23 Studienteilnehmer des sonstigen öffentlichen Dienstes stammen aus den unterschiedlichsten Bereichen, wie Kliniken, Schulen etc. Ob sich bei Landes-/Bundesbehörden die ermittelten Differenzen weiter bestätigen lassen, muss anhand einer größeren Stichprobe aus diesen Bereichen erneut überprüft werden.

Die Unterschiede in den verschiedenen Bereichen des öffentlichen Dienstes lassen sich folgendermaßen erklären. Zunächst wohnen die Beschäftigten von Kommunen oft selbst in der Gemeinde, in der sie arbeiten. Sie wollen sich damit nicht nur für ihren Arbeitgeber, sondern auch für ihren Wohnort engagieren und für dessen Wohl sorgen. Zweitens stehen sie stärker im Blickpunkt der Öffentlichkeit, weil gerade die Städte, aus denen fast alle kommunalen Beschäftigten dieser Studie stammen, für nahezu alle Bereiche des Lebens ihrer Bürger zuständig sind. Dies beginnt bei der Wasserversorgung über die Müllabfuhr, Schulen, Kindergärten, Erteilung von Führerscheinen sowie Baugenehmigungen und endet bei den Grabstätten. Die Bürger identifizieren sich daher mehr mit ihrem Rathaus und verlangen auch eine umfassende Betreuung. Drittens sind die Stadträte und der (Ober)Bürgermeister vom Volk gewählt und werden auf der Straße von ihren Wählern auf Missstände und unfreundliche oder umständliche Verhaltensweisen der Mitarbeiter angesprochen. Viertens zeigt eine genaue Analyse des LMI-Wertes, dass sich die Abweichungen konzentrieren auf die Dimensionen *Beharrlichkeit*, *Flow-Erleben*, *Selbständigkeit* und *Statusorientierung*. Bei staatlichen Behörden gibt es oft zentrale Vorgaben von Stellen, die sich nicht in räumlicher Nähe der Behörden befinden. Diese allgemeinen Dienstanweisungen schränken die Selbständigkeit, die Möglichkeit zur beharrlichen Aufgabenbearbeitung und ggf. auch das Flow-Erleben ein. Beförderungsstellen können erst nach einer Vielzahl von Dienstjahren erreicht werden, so dass der Status mehr vom Alter als von der Leistungsmotivation abhängig ist. Zwar erleben die Beschäftigten des sonstigen öffentlichen Dienstes keinen geringeren Tätigkeitsspielraum als die übrigen Studienteilnehmer, egal ob diese in privaten Betrieben oder Kommunen arbeiten, aber ihr affektives Commitment liegt signifikant niedriger. Dies könnte mit dem relativ starren Beförderungssystem und zentralen Richtlinien ohne (räumlichen) Bezug zur Basis zusammenhängen.

Die landläufige Meinung von den unterschiedlichen Individuen, die sich je nach Persönlichkeit generell für den öffentlichen Dienst oder die Privatwirtschaft entscheiden, kann aufgrund dieser Studie also nicht bestätigt werden. Dies gilt besonders für Führungskräfte, die in allen Organisationen übereinstimmende Werte aufweisen und für die kommunal Beschäftigten. Ebenso wenig kann nachgewiesen werden, dass der öffentliche Dienst allgemein durch seine Organisationsstruktur und Steuerungsmechanismen wichtige Job-Variablen beeinflusst.

In Organisationen, in denen man die Möglichkeit hat, die (oben erläuterte) „eigene Bedeutsamkeit" zu erkennen und auszuleben, besitzen die Beschäftigten eine höhere Leistungsmotivation und fühlen ein höheres affektives Commitment. Mitarbeiterinnen und Mitarbeiter müssen erkennen, welche Bedeutung ihr Produkt, ihre Dienstleistung bzw. ihre Tätigkeit im Gesamtgefüge der Organisation besitzt. Verhindern zentrale Vorgaben räumlicher entfernter Konzern-/Behördenzentralen durch starre Strukturen und einen hohen Hierarchisierungsgrad das Erfahren der „eigenen Bedeutsamkeit", auch weil eine Vielzahl gleichartiger Sachbearbeiter-Stellen besteht, für die auch noch allgemeine Vorgaben und keine individuellen Zielvereinbarungen vorherrschen, so schlägt sich das signifikant in der geringeren Leistungsmotivation und im sinkenden affektiven Commitment nieder. Dies gilt unabhängig vom Organisationstyp, Profit- oder Non-Profit-Organisation. Folglich müssten sich dieselben Ergebnisse, die sich im sonstigen öffentlichen Dienst zeigen, auch bei derartigen Großkonzernen mit gleichartigen Strukturen ergeben.

8.   Zusammenfassung

Zunächst wurde dargelegt, wie wichtig die vier Hauptvariablen dieser Studie, nämlich das organisationale Commitment, die internale Kontrollüberzeugung, die Leistungsmotivation und der subjektiv erlebte Tätigkeitsspielraum, für die Organisation, den Organisationserfolg und für die Persönlichkeitsentwicklung von Mitarbeiterinnen und Mitarbeitern sind.

Das organisationale Commitment hat sowohl aus Sicht der Beschäftigten als auch aus Sicht der Organisation positive Wirkungen. Mitarbeiter mit affektivem Commitment erleben einen höheren Tätigkeitsspielraum, sind leistungsmotivierter und bewerten das Führungsverhalten und das Image ihrer Organisation höher. Es wurde begründet, warum die Leistungsmotivation sehr weit gefasst operationalisiert werden muss. Leistungsmotivation ist eine Hauptquelle des Leistungsverhaltens von Personen in Organisationen, die die Varianz beruflicher Leistung bei den Beschäftigten erklärt. Die Motivation wird innerhalb der Führungslehren als wesentliche Leistungsdeterminante betrachtet. Auch der unmittelbare Vorgesetzte kann in die immer vielschichtiger werdenden Arbeitsaufträge keinen umfassenden Einblick mehr haben, so dass die Leistungsmotivation insbesondere auf unstrukturierten Arbeitsplätzen von entscheidender Bedeutung ist.

Weiter wurde die Eigenständigkeit des Konzepts der internalen Kontrollüberzeugung herausgearbeitet. Internal Kontrollüberzeugte erleben einen höheren Tätigkeitsspielraum, fühlen sich affektiver zu ihrer Organisation verbunden, bewerten das Führungsverhalten ihrer Vorgesetzten besser und sind weniger ängstlich, erfolgszuversichtlicher und insgesamt leistungsmotivierter. Sie können auf Neuerungen viel furchtloser reagieren und flexibel mit dem ständigen Wandel umgehen.

Der *erlebte Tätigkeitsspielraum* hat sich als herausragendes Merkmal erwiesen. Eine Organisation, die dem Mitarbeiter keine Wertschätzung entgegenbringt, indem keine Spielräume gewährt werden, wird auch keine affektiv mit ihr verbundenen Beschäftigten bekommen, weil sich diese nicht bedeutsam und verantwortungsvoll fühlen können. Der Tätigkeitsspielraum korreliert höher mit allen zentralen Variablen und zeigt auch zu den einzelnen LMI-Dimensionen mehr positive Zusammenhänge als die anderen Konstrukte. Der stärkste Zusammenhang ist zwischen erlebtem Tätigkeitsspielraum und Dominanz sowie Lernbereitschaft gegeben. Affektives Commitment und internale Kontrollüberzeugung korrelieren dagegen jeweils mit weniger LMI-Dimensionen positiv und weisen schwächere Zusammenhänge auf. Personen mit unterdurchschnittlichem Tätigkeitsspielraum fühlen sich weniger an ihre Organisationen gebunden, sie besitzen eine deutlich niedrigere Leistungsmotivation und internale Kontrollüberzeugung als Beschäftigte, die einen über dem Durchschnitt liegenden Tätigkeitsspielraum erleben. Ein niedriger Tätigkeitsspielraum wirkt sich auch negativ auf die Bewertung der Führungskräfte aus. Selbst bei unterdurchschnittlicher Leistungsmotivation bewirkt jedoch ein überdurchschnittlicher Tätigkeitsspielraum ein höheres affektives Commitment zur Organisation. Dem subjektiv erlebten Tätigkeitsspielraum der Beschäftigten sollten die Verantwortlichen in der Organisation ein besonderes Augenmerk widmen. Voraussetzung dafür ist, dass die Vorgesetzten herausfordernde Aufgaben delegieren, deren Erfüllung ihren Mitarbeitern die Chance gibt, eine eigene Leistung vorzuweisen.

Führungskräfte im öffentlichen Dienst und in privatwirtschaftlichen Betrieben weisen keine signifikanten Unterschiede hinsichtlich der geprüften Variablen auf. Die Leistungsmotivation, das AC, die internale Kontrollüberzeugung und der erlebte Tätigkeitsspielraum der Angestellten in Kommunen und in der Privatwirtschaft unterscheiden sich nicht voneinander. Die Leistungsmotivation und das affektive Commitment sind bei den Befragten, die im nichtkommunalen öffentlichen Dienst beschäftigt sind, allerdings deutlich geringer. Es sollte jedoch in einer weiteren Studie mit einer größeren Teilnehmerzahl aus Landes-, Bundesbehörden und sonstigen nichtkommunalen Behörden untersucht werden, ob sich diese Ergebnisse bestätigen lassen. Die größten Differenzen ergeben sich zwischen Führungskräften und Sachbearbeitern. Führungskräfte weisen bei der Leistungsmotivation, beim affektiven Commitment und erlebten Tätigkeitsspielraum sowie auch bei allen LMI-Dimensionen deutlich höhere Mittelwerte auf. Die höchsten Differenzen zeigen sich bei der Dominanz, beim Engagement und bei der Statusorientierung. Führungskräfte sind außerdem deutlich lernbereiter, furchtloser und wettbewerbsorientierter. Dieses Ergebnis ist unabhängig von den Bildungsabschlüssen der Beschäftigten und vom Organisationstyp. Von den Führungskräften werden auch das Führungsverhalten ihrer eigenen Vorgesetzten sowie das Image ihrer Organisation besser beurteilt.

Vorliegende Untersuchung zeigt also, dass die Zugehörigkeit der Führungskräfte zu Organisationen des öffentlichen Dienstes oder zur Privatwirtschaft keinen Einfluss auf die Leistungsmotivation, das affektive Commitment, die internale Kontrollüberzeugung oder den erlebten Tätigkeitsspielraum hat. Hinsichtlich dieser Variablen besteht auch kein Unterschied zwischen Beschäftigten in Kommunen und in der Privatwirtschaft. Die öffentliche Meinung von den unterschiedlichen Individuen im öffentlichen Dienst und in der Privatwirtschaft oder vom Einfluss öffentlicher oder privater Organisationsmerkmale lässt sich also nicht bestätigen.

Vielmehr ist das Augenmerk auf die Zentralisierung und Hierarchisierung von Organisationen zu richten. Kundenfreundlichkeit, Serviceverhalten und Innovationsbereitschaft von Beschäftigten ist abhängig von deren erlebter eigener Bedeutsamkeit. Sowohl die theoretischen Hintergründe als auch die empirischen Ergebnisse belegen die Notwendigkeit, dass die vier sich gegenseitig beeinflussenden Hauptvariablen zusammen erfasst werden müssen, d.h. eine isolierte Betrachtung dieser Variablen zu vermeiden ist. Sie besitzen als gemeinsame Erklärungsvariable die „eigene Bedeutsamkeit". Je stärker sich Beschäftigte nämlich selbst für ihr Leben, ihre Organisation, ihre Kollegen und ihre Mitarbeiterinnen und Mitarbeiter bedeutsam fühlen, desto höher ist ihre Leistungsmotivation, ihre internale Kontrollüberzeugung und ihr affektives Commitment und desto größer erleben sie ihren Tätigkeitsspielraum. Sie wollen verantwortungsvolle Positionen übernehmen, in denen sie es beruflich weit bringen und an neuen Lösungen mitarbeiten können, die den Organisationserfolg erhöhen und wichtig für alle sind. Dabei sind sie durchsetzungsfähig und treffen auch selbständige Entscheidungen. Weil sie ihre Tätigkeit als bedeutsam für andere ansehen, sind sie außerdem überzeugt, allgemeine Anerkennung für ihre Leistungen zu erhalten. Nur eine Organisation, die es schafft, jede Mitarbeiterin und jeden Mitarbeiter seine Einzigartigkeit für das Gelingen des Organisationserfolgs erfahren zu lassen, kann die „eigene Bedeutsamkeit" zur Entfaltung bringen. Im Gegensatz zu anderen Konzepten, z.B. Kohärenzsinn (Antonovsky, 1987), Widerstandsfähigkeit (Kobasa, 1979) oder Selbstwirksamkeit (Bandura, 1997), geht es beim durch diese Studie erschlossenen Konzept der „eigenen Bedeutsamkeit" zusätzlich um eine soziale Komponente. Es kommt Personen mit hohen Werten also nicht nur auf die generelle Sinnhaftigkeit ihrer Tätigkeiten an und es geht auch nicht nur um den Glauben, genügend Ressourcen zur Bewältigung dieser herausfordernden Aufgaben zu besitzen. Vielmehr ist man überzeugt davon, im positiven Sinn wichtig für die Organisation und ihre Mitglieder zu sein und glaubt auch, dass die anderen dies genauso einschätzen. So ist der zentrale Erkenntnisgewinn dieser Arbeit, dass die Differenzierung öffentlicher Dienst und Privatwirtschaft nicht ausschlaggebend für den Organisationserfolg ist, sondern ob die Mitarbeiterinnen und Mitarbeiter ihre „eigene Bedeutsamkeit" für sich und andere erleben können.

Literaturverzeichnis

Abele, A.E., Stief, M. & Andrä, M.S. (1999). Zur ökonomischen Erfassung beruflicher Selbstwirksamkeitserwartungen – Neukonstruktion einer BSW-Skala. *Zeitschrift für Arbeits- und Organisationspsychologie, 43*, 145-151.

Allen, N. & Meyer J. (1990). „The Measurement and Antecedents of Affirmative, Continuance and Normative Commitment to the Organization". *Journal of Occupational Psychology, 63*, 1-18.

Allport, G.W. (1953). The trend in motivation theory. *American Journal of Orthopsychiatry, 23,* 107-119.

Ammon, S. (2002). *Die Bedeutung von Commitment in Organisationen und dessen Zusammenhang mit der Kontrollüberzeugung von Mitarbeitern.* Unveröffentlichte Magisterarbeit. Hagen: FernUniversität Hagen.

Anderson, C.R. (1977). Locus of control, coping behaviors, and performance in a stress setting: A longitudinal study. *Journal of Applied Psychology, 61,* 446-451.

Antonovsky, A. (1987). *Unraveling the Mystery of Health - How People Manage Stress and Stay Well.* San Francisco: Jossey-Bass.

Atkinson, J.W. (1953). The achievement motive and recall of interrupted and completed tasks. *Journal of Experimental Psychology, 46,* 381-390.

Atkinson, J.W. (1957). Motivational determinants of risk taking behavior. *Psychological Review, 64,* 359-372.

Atkinson, J.W. (1958). Towards experimental analysis of human motivation in terms of motives, expectancies, and incentives. In: Atkinson, J. W. (Hrsg.), Motives *in fantasy, action, and society* (S. 288-305). Princeton, N.J.: Van Nostrand.

Atkinson, J.W. (1964). *An introduction to motivation.* Princeton: Van Nostrand.

Atkinson, J.W. & Litwin, G.H. (1960). Achievement motive and test anxiety conceived as motive to approach success and motive to avoid failure. *Journal of Abnormal and Social Psychology, 60,* 52-63.

Bandura, A. (1997). Exercise of personal and collective efficacy in changing societies. In ders.: *Self-efficacy in changing societies* (S. 1-45). Reprinted, 1. Paperback ed. Cambridge: Cambridge Univ. Press.

Bayerisches Landesamt für Statistik und Datenverarbeitung (2004). Der Personalstand im öffentlichen Dienst in Bayern am 30. Juni 2002. *Statistische Berichte*. Oktober 2004.

Becker, T.E. & Billings, R.S. (1993). Profiles of commitment: An empirical test. *Journal of Organizational Behavior, 14*, 177-190.

Bell, P.A., Greene, T.D., Fisher, J.D. & Baum, A. (1996). *Environmental Psychology* (4. Aufl.). Forth Worth: Harcourt Brace.

Benkhoff, B. (1997). Disentangling Organizational Commitment: The Dangers of the OCQ for Research and Policy. *Personnel Review, 26* (1 & 2), 114-131.

Bents, R. & Blank, R. (1995). *Myers-Briggs Typenindikator*. Göttingen: Beltz.

Bergler, R. (1993). *Unternehmenskultur als Führungsaufgabe*. Münster: Regensberg.

Betschart, H. & Ulich, E. (1986). *Psychosoziale Auswirkungen der Arbeit im Zweischichtsystem*. Unveröff. Forschungsbericht, Kurzfassung. Zürich: Institut für Arbeitspsychologie der ETH.

Blau, G. (1987). Locus of Control as a Potential Moderator of the Turnover Process. *Journal of Occupational Psychology, 60*, 21-29.

Blau, G. (1993). Testing the relationship of locus of control to different performance dimensions. *Journal of Occupational and Organizational Psychology, 66*, 125-138.

Blau, G. & Boal, K. (1989). Using Job Involvement and Organizational Commitment Interactively to Predict Turnover. *Journal of Management, 15*, 115-127.

Blau, G., Paul, A. & St. John, N. (1993). On Developing a General Index of Work Commitment. *Journal of Vocational Behavior, 42*, 298-314.

Borg, I. (2000). Früh- versus Spätantworter. *ZUMA-Nachrichten 47, 24*, 7-19.

Borkenau, P. & Ostendorf, F. (1993). *NEO-Fünf-Faktoren-Inventar (NEO-FFI) nach Costa & McCrae*. Göttingen: Hogrefe.

Bridges, W. (1998). *Der Charakter von Organisationen*. Göttingen: Hogrefe.

Brunstein, J.C. (1995). *Motivation nach Mißerfolg: die Bedeutung von Commitment und Substitution*. Göttingen: Hogrefe.

Bühner, M. (2002).Tests und Tools: Leistungsmotivationsinventar (LMI). *Zeitschrift für Personalpsychologie, 1 (4)*, 206-211.

Burger, J.M. (1993). *Personality: theory and research*. Pacific Grove, Calif.: Brooks/Cole.

Burger, J.M. (1992). *Desire for control: personality, social, and clinical perspectives*. New York [u.a.]: Plenum Pr.

Büssing, A. & Broome, P. (1999). Vertrauen und Telearbeit. *Zeitschrift für Arbeits- und Organisationspsychologie, 3*, 122-133.

Büssing, A. & Glaser, J. (1991). Zusammenhänge zwischen Tätigkeitsspielraum und Persönlichkeitsförderung in der Arbeitstätigkeit. *Zeitschrift für Arbeits- und Organisationspsychologie, 35*, 122-136.

Butzkamm, J. (1972). *Informationseinholung über den eigenen Leistungsstand in Abhängigkeit vom Leistungsmotiv und von der Aufgabenschwierigkeit*. Diplomarbeit, Psychologisches Institut der Ruhr-Universität Bochum.

Cheng, Y.C. (1990). *The relationships of job attitudes and organizational commitment to different aspects of organizational environment*. Paper presentend at the Annual Meeting of the American Educational Research Association. Boston, MA: American Educational Research Association. (ERIC Document Service Reproduction ED 318 779 - Die Seitenangaben beziehen sich auf die Mikrofiche-Verfilmung).

Coleman, D.F., Irving, G.P. & Cooper, C.L. (1999). Another look at the locus of control-organizational commitment relationship: it depends on the form of commitment. *Journal of Organizational Behavior, 20*, 995-1001.

DeCharms, R. M. & Muir, S. (1978). Motivation: Social Approaches. *Annual Review of Psychology, 29*, 91-113.

DeCotiis, T.A. & Summers, T.P. (1987). A Path Analysis of a Model of the Antecedents and Consequences of Organizational Commitment. *Human Relations, 40*, 445-470.

Desjardins, Ch. (2001). *Handlungsorientierte Prozeßgestaltung: Ein arbeitspsychologischer Ansatz zur Optimierung von Serviceprozessen.* Fachbereich Psychologie der Johann-Wolfgang-Goethe-Universität in Frankfurt (Main): Dissertation.

Dietz, J. & Petersen, L.-E. (2000). *When „Good soldiers" discriminate: The interaction of organizational commitment and recommendations to consider organizational homogeneity.* Workplace Discrimination Conference, Houston.

Druckman, D., Singer, J.E. & Van Cott, H. (Hrsg.) (1997). *Enhancing Organizational Performance.* Washington D.C.: National Academy Press.

Eberwein, M. (1995). *Persönlichkeitstests: mehrdimensionale Persönlichkeitstests, Persönlichkeitstests zum Sozialverhalten, zur Angst, zur Aggression und zum ‚Locus of control'; eine Spezialbibliographie psychologischer Testverfahren* / Stand: PSYTKOM-update 12/94 Trier: ZPID, Univ. Trier.

Etymologisches Wörterbuch des Deutschen (2000). (5. Auflage). München: dtv.

Feather, N.T. (1961). The relation of persistence at a task to expectation of success and achievement-related motives. *Journal of Abnormal and Social Psychology, 63,* 552-561.

Feather, N.T. (1967). Valence of outcome and expectation of success in relation to task difficulty and perceived locus of control. *Journal of Personality and Social Psychology, 7,* 372-386.

Fischer, M. (1996). Kontrolle und Kontrollverlust. In Kruse, L., Graumann, C.F. & Lantermann, E.D. (Hrsg.), *Ökologische Psychologie. Ein Handbuch in Schlüsselbegriffen* (S. 166-175). (Studienausgabe 1996, Weinheim: PVU).

Flammer, A. (1997). Developmental analysis of control beliefs. In Bandura, A. (Eds.), *Self-efficacy in changing societies* (S. 69-113). Reprinted, 1. Paperback ed. Cambridge: Cambridge Univ.

Frank, J.F. (1935). Individual differences in certain aspects of the level of aspiration. *American Journal of Psychology, 47,* 119-128.

Franke-Diel, I. (2001). *Umweltgerechtes Verhalten in Organisationen.* FB Erziehungs-, Sozial- und Geisteswissenschaften der FernUniversität Hagen: Dissertation (In Wiendieck, G. (Hrsg.), Band 3 der Hagener Arbeiten zur Organisationspsychologie).

Frese, M. (1995). Kontrolle und Tätigkeitsspielraum. In Greif, S., Holling, H. & Nicholson, N. (Hrsg.), *Arbeits- und Organisationspsychologie. Internationales Handbuch in Schlüsselbegriffen* (S. 275-279). (2. Auflage 1995, Weinheim: PVU).

Frese, M. & Semmer, N. (1991). Stressfolgen in Abhängigkeit von Moderatorvariablen: Der Einfluss von Kontrolle und sozialer Unterstützung. In Greif, S., Bamberg, E. & Semmer, N. (Hrsg.), *Psychischer Stress am Arbeitsplatz* (S. 135-153). Göttingen: Hogrefe.

Fröhlich, W. (1997). *Wörterbuch Psychologie* (21. Auflage). München: dtv.

Furnham, A., Brewin, C.R. & O'Kelley, H. (1994). Cognitive style and attitudes to work. *Human Relations, 47*, 1509-1521.

Gauger, J. (2000). *Commitment-Management in Unternehmen. Am Beispiel des mittleren Managements*. Wiesbaden: Dt. Univ.-Verlag.

Geppert, U. (1979). *Sprachmilieu und Leistungsmotivgenese unter besonderer Berücksichtigung der Rolle der Emotion in Sprache und Motivation.* Unveröffentlichte Dissertation. Psychologisches Institut der Ruhr-Universität Bochum.

Gjesme, T. (1974). Goal distance in time and its effects on the relations between achievement motives and performance. *Journal of Research Personality, 8,* 161-171.

Gjesme, T. & Nygard, R. (1970). *Achievement-related motives: Theoretical considerations and construction of a measuring instrument.* Unpublished manuscript. University of Oslo.

Göttert, R. & Kuhl, J. (1980). *LM-Fragebogen: Deutsche Übersetzung der AMS-Scale von Gjesme & Nygard.* Unveröffentlichtes Manuskript, Psychologisches Institut der Ruhr-Universität Bochum.

Graubner, M. (1988). *Das große Buch der Zitate.* Wiesbaden: Englisch Verlag.

Haase, D. (1997). *Organisationsstruktur und Mitarbeiterbindung: eine empirische Analyse in Kreditinstituten* (Schriftenreihe zur angewandten Sozialpsychologie). Köln: Deutscher Instituts-Verlag.

Hacker, W. (1986). *Arbeitspsychologie. Psychische Regulation von Arbeits-*

tätigkeiten. Bern: Huber.

Hacker, W. (1998). *Allgemeine Arbeitspsychologie.* Bern: Huber.

Hackman, J.R. & Oldham, G.R. (1975). Development of the Job Diagnostic Survey. *Journal of Applied Psychology, 60,* 159-170.

Hackman, J.R. & Oldham, G.R. (1976). Motivation through the design of work: test of a theory. *Organizational Behavior and Human Performance, 16,* 250-279.

Halisch, F. & Heckhausen, H. (1977). Search on feedback information and effort regulation during task performance. *Journal of Personality and Social Psychology, 35,* 724-733.

Hardiness For Hard Times (2002). http://www.hardiness.com/hardiness.html. Download vom 04.04.2002.

Harris, R.M. & Hollingsworth, D. (1980). Locus of control and work limitations of handicapped women. *Journal of Applied Rehabilitation Counseling, 1/80,* 40-43.

Heckhausen, H. (1965). Leistungsmotivation. In H. Thomae (Hrsg.), *Handbuch der Psychologie* (Band II, S. 602-702). Göttingen: Hogrefe.

Heckhausen, H. (1989). *Motivation und Handeln.* Berlin: Springer.

Heider, F. (1958). *The psychology of interpersonal relations.* New York: Wiley.

Hemmann, E., Merboth, H., Hänsgen, C. & Richter, P. (1997). *Gestaltung von Arbeitsanforderungen im Hinblick auf psychische Gesundheit und sicheres Verhalten.* Forschungsbericht Fb 764, Schriftenreihe der Bundesanstalt für Arbeitsschutz und Arbeitsmedizin.

Hermans, H. (1970). A questionnaire measure of achievement motivation. *Journal of Applied Psychology, 54,* 353-363.

Hermans, H., Petermann, F. & Zielinski, W. (1978). *LMT. Leistungs Motivations Test.* Amsterdam: Swets & Zeitlinger.

Hirschfeld, R.R. & Feild, H.S. (2000). Work centrality and work alienation: Distinct aspects of a general commitment to work. *Journal of Organizational Behavior, 21,* 789-800.

Hoppe, F. (1930). *Erfolg und Mißerfolg.* Psychologische Forschung 14, 1-62.

Horner, M.S. (1968). *Sex differences in achievement motivation and performance in competitive and non-competitive situations.* University of Michigan. Unveröffentlichte Dissertation.

Jakoby, N. & Jacob, R. (1999). Messung von internen und externen Kontrollüberzeugungen in allgemeinen Bevölkerungsumfragen. *ZUMA-Nachrichten 45, 23,* 61-71.

Kanning, U.P. (2002). Grundlagen psychologischer Diagnostik. In Kanning, U.P. & Holling, H. (Hrsg.), *Handbuch personaldiagnostischer Instrumente* (S. 47-92). Göttingen: Hogrefe.

Karabenick, S.A. & Youssef, Z.I. (1968). Performance as a function of achievement level and perceived difficulty. *Journal of Personality and Social Psychology, 10,* 414-419.

Karst, K., Segler, T. & Gruber, K.F. (2000). *Unternehmensstrategien erfolgreich umsetzen durch Commitment Management.* Berlin: Springer.

Kets de Vries, M. & Balazs, K. (1999). Transforming the mind-set of the Organization: A clinical perspective. *Administration & Society, 30,* 6, 640-675 (in der Internet-Version vom 11.03.01: www.utm.edu/~mikem/Ketsdevries.htm. S. 1-23).

Kil, M., Leffelslend, S. & Metz-Göckel, H. (2000). Zum Einsatz einer revidierten und erweiterten Fassung des Job Diagnostic Survey im Dienstleistungs- und Verwaltungssektor. *Zeitschrift für Arbeits- und Organisationspsychologie, 3,* 115-128.

Kinicki, A. & Vecchio, R. (1994). Influences on the Quality of Supervisor-Subordinate Relations: The Role of Time Pressure, Organizational Commitment, and Locus of Control. *Journal of Organizational Behavior, 15,* 75-82.

Kleinbeck, U. (1996). *Arbeitsmotivation. Entstehung, Wirkung und Förderung.* Weinheim, München: Juventa.

Kleinbeck, U. & Schmidt, K.-H. (1976). Die Analyse leistungsbezogener Verhaltenssequenzen: Der Instrumentalitätsaspekt. In: Schmalt, H.-D. & Meyer, W.-U. (Hrsg.), *Leistungsmotivation und Verhalten* (S. 61-79). Stuttgart: Klett.

Kleinbeck, U., Schmidt, K.-H., Ernst, G. & Rutenfranz, J. (1980). Motivationale Aspekte der Arbeitszufriedenheit. *Zeitschrift für Arbeitswissenschaft, 34*, 200-206.

Kobasa, S.C. (1979). Stressful life events, personality, and health: An inquiry into Hardiness. *Journal of Personality and Social Psychology, 37*, 1, 1-11.

Kobasa, S.C., Maddi, S.R. & Kahn, S. (1982). Hardiness and health. A prospective study. *Journal of Personality and Social Psychology, 42*, 168-177.

Krampen, G. (1981). *IPC-Fragebogen zu Kontrollüberzeugungen.* Göttingen: Hogrefe.

Krampen, G. (1982). *Differentialpsychologie der Kontrollüberzeugungen (Locus of Control).* Göttingen: Hogrefe.

Krampen, G. (1986). *Fragebogen zur Erhebung bereichsspezifischer Kontrollüberzeugungen bei Erwachsenen.* Göttingen: Hogrefe.

Krug, S. (1976). Förderung und Änderung des Leistungsmotivs: Theoretische Grundlagen und deren Anwendung. In: Schmalt, H.-D. & Meyer, W.-U. (Hrsg.), *Leistungsmotivation und Verhalten* (S. 221-247). Stuttgart: Klett.

Kuhl, J. (1983). Leistungsmotivation: Neue Entwicklungen aus modelltheoretischer Sicht. In Thomae, H. (Hrsg.), *Enzyklopädie der Psychologie, C/IV/2* (S. 505-624). Göttingen: Hogrefe.

Kunze, R. (1996). *Über den Zusammenhang der Persönlichkeitsmerkmale Leistungsmotivation und Kausalattribution.* Hausarbeit zur ersten Staatsprüfung für Lehramt an Gymnasien: Universität Bayreuth.

Lang, B.-M. (2001). *„TYP-A-Verhalten", "Locus of control" und subjektive Krankheitstheorie bei Patienten mit Hirninfarkt: Gemeinsamkeiten und Unterschiede zum psychosozialen Risikofaktorenmodell der koronaren Herzerkrankung.* Medizinische Fakultät der Friedrich-Alexander-Universität Erlangen-Nürnberg: Inaugural-Dissertation.

Langenscheidt (1997). *Langenscheidt's Power Dictionary - Englisch.* Berlin und München: Langenscheidt KG.

Lau, C. & Woodman, R.W. (1995). Understanding organizational change: A schematic perspectiv. *Academy of Management Journal, 38*, 2, 537-

551 (S. 1-14) (in der Internet-Version unter
http://archives.marshall.edu/~williams/CMM319-9902-LIST/0003.html.

Lee, K., Carswell, J.J. & Allen, N.J. (2000). A meta-analytic review of occupational commitment: Relations with person- and work-related variables. *Journal of Applied Psychology, 85*, 799-811.

Lefcourt, H.M. (1976). *Locus of control: current trends in theory and research.* Hillsdale, NJ: Erlbaum.

Leontjew, A.N. (1982). *Tätigkeit, Bewußtsein, Persönlichkeit.* Köln: Pahl-Rugenstein.

Levenson, H. (1972). Distinctions within the concept of internal-external control: Development of a new scale. *Proceedings of the 80th Annual Convention of the American Psychological Association, 7*, 261-262.

Levenson, H. (1974). Activism and powerful others: Distinctions within the concept of internal-external control. *Journal of Personality Assessment, 38*, 377-383.

Lewin, K. (1951). *Field theory in social sciences.* New York: Harper.

Lienert, G.A. & Raatz, U. (1994). *Testaufbau und Testanalyse.* Weinheim: Beltz.

Lincoln, J.R. & Kalleberg A.L. (1992). *Culture, control, and commitment: a study of work organization and work attitudes in the United States and Japan.* 1. Paperback ed. Cambridge: Cambridge Univ. Pr.

Locke, E.A. & Latham, G.P. (1990). *A theory of goal setting and task performance.* Englewood Cliffs, N.J.: Prentice Hall.

Lück, H. (1996). *Die Feldtheorie und Kurt Lewin. Eine Einführung.* Weinheim: PVU.

Luthans, F., Baack, D. & Taylor, L. (1987). Organizational Commitment: Analysis of Antecedents. *Human Relations, 40* (4), 219-236.

Maddi, S.R. (1997). Personal Views Inventory II: A measure of dispositional hardiness. In Zalaquett, C.P. & Wood, R.J. (et al. Hrsg.), *Evaluating stress: A book of resources* (S. 293-309). Lanham, M.D.: Scarecrow Press.

Mandler, G. & Sarason, S.B. (1952). A study of anxiety and learning. *Jour-*

nal of Abnormal and Social Psychology, 47, 166-173.

Mann, L. (1997). Sozialpsychologie. Weinheim: Beltz.

Marsden, P.V., Kalleberg, A.L. & Cook, C.R. (1996). Gender Differences and Organizational Commitment. In Kalleberg, A.L., Knoke, D., Marsden, P.V. & Spaeth, J.L. (eds.). Organizations in America. Thousand Oaks, London, New Delhi: Sage. 302-323.

Martens, J. (2003). Statistische Datenanalyse mit SPSS für Windows. München: Oldenbourg.

Martin, T.N. & Hafer, J.C. (1995). The Multiplicative Interaction Effects of Job Involvement and Organizational Commitment on the Turnover Intentions of Full- and Part-Time Employees. Journal of Vocational Behavior, 46(3), 310-331.

Maslow, A.H. (1991). Motivation und Persönlichkeit. Reinbek: Rowohlt Verlag.

Mathieu, J.E. & Zajac, D.M. (1990). A Review and Meta-Analysis of the Antecedents, Correlates, and Consequences of Organizational Commitment. Psychological Bulletin, 108 (2), 171-194.

McClelland, D.C. (1961). The achieving society. Princeton, N.J.: Van Nostrand.

McClelland, D.C. (1972). What is the effect of achievement motivation training in the schools?. Teachers College Record, 74, 129-145.

McClelland, D.C. & Boyatzis, R.E. (1982). Leadership motive pattern and long-term success in management. Journal of Applied Psychology, 67, 737-743.

McClelland, D.C., Atkinson, J.W., Clark, R.A. & Lowell, E.L. (1953). The Achievement Motive. New York: Appleton-Century-Crofts.

McClelland, D.C., Koestner, R. & Weinberger, J. (1989). How do self-attributed and implicit motives differ?. Psychological Review, 96, 690-702.

McClelland, D.C. & Liberman, A.M. (1949). The effects of need for achievement on recognition of need-related words. Journal of Personality, 18, 236-251.

McClelland, D.C. & Winter, D.G. (1969). *Motivating economic achievement.* New York: Free Press.

Mehrabian, A. (1968). Male and female scales of the tendency to achieve. *Educational and Psychological Measurement, 28,* 493-502.

Mehrabian, A. (1969). Measures of achieving tendency. *Educational and Psychological Measurement, 29,* 445-451.

Mehrabian, A. (1978). *Räume des Alltags oder wie die Umwelt unser Verhalten bestimmt.* Frankfurt/Main: Campus-Verlag.

Mehrabian, A. & Russell, J.A. (1974). *An approach to environmental psychology.* Cambridge, MA: M.I.T Press.

Meyer, J.P. & Allen, N.J. (1997). *Commitment in the workplace: Theory, research, and application.* Thousand Oaks, CA: Sage Publications.

Meyer, J.P., Allen, N.J. & Smith, C.A. (1993). Commitment to organization and occupations: Extension and test of a three-component conceptualization. *Journal of Applied Psychology, 78,* 538-551.

Meyer, J.P., Paunonen, S.V., Gellatly, I.R., Goffin, R.D. & Jackson, D.N. (1989). Organizational commitment and job performance: It's the nature of the commitment that counts. *Journal of Applied Psychology,* 74, 152-156.

Meyer, W.-U. (1976). Leistungsorientiertes Verhalten als Funktion von wahrgenommener eigener Begabung und wahrgenommener Aufgabenschwierigkeit. In: Schmalt, H.-D. & Meyer, W.-U. (Hrsg.), *Leistungsmotivation und Verhalten* (S. 101-135). Stuttgart: Klett.

Mielke, R. (1982), *Interne, externe Kontrollüberzeugung. Theoretische und empirische Arbeiten zum Locus of control-Konstrukt.* Bern: Hans Huber Verlag.

Mikula, G., Uray, H. & Schwinger, T. (1976). Die Entwicklung einer deutschen Fassung der Mehrabian Achievement Risk Preference Scale. *Diagnostica, 22,* 87-97.

Mone, M.A. (1994). Relationship between self-concepts, aspirations, emotional responses and intent to leave a downsizing organization. *Human Resource Management, 33,* 2, 281-298.

Morrow, P.C. & McElroy, J.C. (1993). Introduction: Understanding and managing loyalty in a multi-commitment world. *Journal of Business Research, 26,* 1-2.

Moser, K. (1996). *Commitment in Organisationen.* Bern: Huber.

Moser, K. (1997). Commitment in Organisationen. *Zeitschrift für Arbeits- und Organisationspsychologie, 4,* 160-170.

Moser, K. (1998). Die negative Seite von Commitment. *Gruppendynamik, 29,* 263-274.

Moser, K., Diemand, A. & Schuler, H. (1996). Inkonsistenz und soziale Fertigkeiten als zwei Komponenten von Self-Monitoring. *Diagnostica, 42,* 268-283.

Moser, K. & Galais, N. (2003). Die Kunst, sich selbst ins rechte Licht zu rücken. Selbstdarstellung und beruflicher Erfolg. *Uni.kurier.magazin der Friedrich-Alexander-Universität Erlangen-Nürnberg, 104,* 42-43.

Moser, K., Hahn, T. & Galais, N. (2000). Expertentum und eskalierendes Commitment. *Gruppendynamik und Organisationsberatung, 31,* 439-449.

Moser, K. & Schmook, R. (2001). Berufliche und organisationale Sozialisation. In Schuler, H. (Hrsg.), *Lehrbuch der Personalpsychologie* (S. 215-239). Göttingen: Hogrefe.

Moser, K. & Zempel, J. (2001). Personalmarketing. In Schuler, H. (Hrsg.), *Lehrbuch der Personalpsychologie* (S. 63-87). Göttingen: Hogrefe.

Moulton, R.W. (1965). Effects of success and failure on level of aspiration as related to achievement motives. *Journal of Personality and Social Psychology, 1965, 1,* 399-406.

Mowday, R.T., Steers, R.M. & Porter, L.W. (1979). The measurement of organizational commitment. *Journal of Vocational Behavior, 14,* 224-247.

Mowday, R.T., Porter, L.W. & Steers, R.M. (1982). *Organizational linkages: The psychology of commitment, absenteeism, and turnover.* San Diego, CA: Academic Press.

Müller, B.M. (1997). *Leistungsmotivation und Kontrollüberzeugung.* Diss., Technische Universität, München.

Murphy, K.R. (1993). *Honesty in the workplace.* Belmont: Brooks/Cole.

Murray, H. A. (1938). *Exploration in personality.* Oxford: Oxford University Press.

Nerdinger, F.W. v. (2001). Motivierung. In Schuler, H. (Hrsg.), *Lehrbuch der Personalpsychologie* (S. 349-370). Göttingen: Hogrefe.

Niemann, F. (2002). Leistungsmotivationsinventar (LMI). In Kanning, U.P. & Holling, H. (Hrsg.), *Handbuch personaldiagnostischer Instrumente* (S. 373-379). Göttingen: Hogrefe.

Niketta, R. (1982). Theoretische Ansätze kognitiver Kontrolle und das locus of control Konzept. In Mielke, R. (Hrsg.), *Interne, externe Kontrollüberzeugung. Theoretische und empirische Arbeiten zum Locus of control-Konstrukt* (S. 76-100). Bern: Hans Huber Verlag.

Nowack, K.M. (1986). Stress in the workplace: Who are the hardy employees? *Training & Development, 40,* 116-118.

Oesterreich, R. (1981). *Handlungsregulation und Kontrolle.* München u.a.: Urban & Schwarzenberg.

Ones, D.S. & Viswesvaran, C. (1998). The effects of social desirability and faking on personality and integrity assessment for personnel selection. *Human Performance, 11,* 245-269.

Osterloh, M. (1983). *Handlungsspielräume und Informationsverarbeitung.* Bern: Huber.

Ott, Ph. (1995). *Leistungsmotivation.* Diss., Universität Zürich.

Otten, M. W. (1977). Inventory and expressive measure of locus of control and academic performance: A 5-year outcome study. *Journal of Personality Assessment, 41,* 644-649.

Pfister, D. & Schoppig, L. (1994). *Identifikation als Erfolgsfaktor im modernen Qualitätsmanagement.* Basel: Jäggi AG.

Phares, E.J. (1976). *Locus of control in personality.* Morristown, N.J.: General learning Press.

Plaum, E. (1986). *Leistungsmotivationsdiagnostik auf handlungstheoretischer Basis: Entwicklung eines neuen Untersuchungsverfahrens und erste Ergebnisse zur Validität.* Weinheim: Beltz.

Prochaska, M. (1998). *Leistungsmotivation: Methoden, soziale Erwünschtheit und das Konstrukt.* Frankfurt am Main: Lang.

Prochaska, M., Schuler, H. & Radziwinski, M. (1993). *VILM-Videotest zur Erfassung von Leistungsmotivation.* Unveröffentlicht, Universität Hohenheim.

Puca, R.M. & Schmalt, H.-D. (1996). Flow-Erleben als Vermittler zwischen Leistungsmotiv und Leistung. In Schorr, A. (Hrsg.), *Experimentelle Psychologie: Beiträge zur 38. Tagung experimentell arbeitender Psychologen* (S. 249-250). Lengerich: Pabst.

Randall, D.M. (1987). Commitment and the organization: The organization man revisited. *Academy of Management Review, 2,* 460-471.

Randall, D.M. (1990). The consequences of organizational commitment: Methodological investigation. *Journal of Organizational Behavior, 11,* 361-378.

Raynor, J.O. (1969). Future orientation and motivation of immediate activity: An elaboration of the theory of achievement motivation. *Psychological Review, 76,* 606-610.

Reichers, A.E. (1986). Conflict and organizational Commitments. *Journal of Applied Psychology*, *71*, 508-514.

Rheinberg, F. (1980). *Schulleistungsbewertung und Lernmotivation.* Göttingen: Hogrefe.

Rheinberg, F. (2002). *Motivation.* Stuttgart: Kohlhammer.

Richter, P., Hemmann, E., Merboth, H., Fritz, S., Hänsgen, C. & Rudolf, M. (2000). Erleben von Arbeitsintensität und Tätigkeitsspielraum - Entwicklung und Validierung eines Fragebogens zur orientierenden Analyse (FIT). *Zeitschrift für Arbeits- und Organisationspsychologie, 44, 3,* 129-139.

Robinson, J. & Shaver, P. (1973). *Measures of social psychological attitudes.* Ann Arbor, MI: Institut for Social Research.

Rosenstiel, L. v. (1992). *Grundlagen der Organisationspsychologie.* 3. Auflage. Stuttgart: Schäffer-Poeschel.

Rosenstiel, L. v. (1996). *Motivation im Betrieb.* Leonberg: Rosenberger Fachverlag.

Rosenstiel, L. v. (2001). Die Bedeutung von Arbeit. In Schuler, H. (Hrsg.), *Lehrbuch der Personalpsychologie* (S. 15-41). Göttingen: Hogrefe.

Rotter, J.B. (1966). Generalized expectancies for internal vs. external control of reinforcement. *Psychological Monographs, 80* (1, Whole No. 609).

Rotter, J.B. (1975). Some problems and misconceptions related to the construct of internal vs. external control of reinforcement. *Journal of Consulting and Clinical Psychology, 43*, 56-67.

Rotter, J.B. & Hochreich, D.J. (1979). *Persönlichkeit: Theorien, Messung, Forschung*. Berlin: Springer (Heidelberger Taschenbücher).

Rotter, J.B. (1979). Comments on section IV: Individual differences and perceived control. In Perlmuter, L.C. & Monty, R.A. (Hrsg.), *Choice and perceived control* (S. 263-269). New York u.a.: John Wiley & Sons.

Rubinstein, S.L. (1961). *Sein und Bewußtsein*. Berlin: Akademie-Verlag.

Sader, M. (1996). *Psychologie der Gruppe*. Weinheim u.a.: Juventa.

Scandura, T.A. & Graen, G.B. (1984). Moderating effects of initial leader-member exchange status on the effects of a leadership invention. *Journal of Applied Psychology, 69*, 428-436.

Schein, E.H. (1980). *Organisationspsychologie*. Wiesbaden: Gabler.

Schenk, A.G. (1992). *Erfassung der Leistungsmotivation aus dynamisch-integraler Sicht*. Philosophisch-Pädagogische Fakultät der Universität Eichstätt: Inaugural-Dissertation (Fassung auf mikrofiche).

Scherm, E. & Ritter, H. (2003). Freelancer binden und motivieren. *Personalmagazin, 10,* 30-32.

Schmalt, H.D. (1973). Die Gittertechnik - ein objektives Verfahren zur Messung des Leistungsmotivs bei Kindern. *Zeitschrift für Entwicklungspsychologie und Pädagogische Psychologie, 5 (4)*, 231-252.

Schmalt, H.-D. (1976). Methoden der Leistungsmotivmessung. In Schmalt, H.-D. & Meyer, W.-U. (Hrsg.), *Leistungsmotivation und Verhalten* (S. 165-191). Stuttgart: Klett.

Schmidt, K.H., Hollmann, S. & Sodenkamp, D. (1998). Psychometrische Eigenschaften und Validität einer deutschen Fassung des "Commitment"-

Fragebogens von Allen und Meyer (1990). *Zeitschrift für Differentielle und Diagnostische Psychologie, 19*, 93-106.

Schmidt-Atzert, L. (2001). Rezension des „Leistungsmotivationsinventar (LMI)" von H. Schuler und M. Prochaska. *Zeitschrift für Arbeits- und Organisationspsychologie, 45 (3)*, 142-145.

Schmitt, M. (1993). *Abriß der Gerechtigkeitspsychologie* (Berichte aus der Arbeitsgruppe "Verantwortung, Gerechtigkeit, Moral" Nr. 70). Trier: Universität Trier, Fachbereich I - Psychologie.

Schneider, K. (1976). Leistungsmotiviertes Verhalten als Funktion von Motiv, Anreiz und Erwartung. In: Schmalt, H.-D. & Meyer, W.-U. (Hrsg.), *Leistungsmotivation und Verhalten* (S. 33-59). Stuttgart: Klett.

Schneider, K. & Meise, C. (1973). Leistungs- und anschlußmotiviertes Risikoverhalten bei der Aufgabenwahl. In: Schneider, K. (Hrsg.), *Motivation unter Erfolgsrisiko* (S. 212-238). Göttingen: Hogrefe.

Schöck, H. (1978). *Ist Leistung unanständig?*. Zürich: Edition Interfrom AG.

Schuler, H. (2001). *Lehrbuch der Personalpsychologie*. Göttingen: Hogrefe.

Schuler, H. & Frintrup, A. (2002). Der Wille zählt: Leistungsmotivation. *Personal, 54*, 1, 750–753.

Schuler, H. & Höft, S. (2001). Konstruktorientierte Verfahren der Personalauswahl. In Schuler, H. (Hrsg.), *Lehrbuch der Personalpsychologie* (S. 349-370). Göttingen: Hogrefe.

Schuler, H. & Prochaska, M. (2000). Entwicklung und Konstruktvalidierung eines berufsbezogenen Leistungsmotivationstests. *Diagnostica, 46*, 61-72.

Schuler, H. & Prochaska, M. (2001a). *Leistungsmotivationsinventar – Dimensionen berufsbezogener Leistungsorientierung*. Göttingen: Hogrefe.

Schuler, H. & Prochaska, M. (2001b). LMI - Leistungsmotivationsinventar. In Sarges, W. & Wottowa, H. (Hrsg.), *Handbuch wirtschaftspsychologischer Testverfahren* (S. 339-343). Lengerich: Pabst.

Schulz, P. (1980). *Leistungsangst und ihre Bewältigung im Langzeitversuch. Vorpublikationsabzug*. Freie Universität Berlin: Institut für Psychologie.

Semmer, N. K. (1990). Stress und Kontrollverlust. In Frei, F. & Udris, I. (Hrsg.), *Das Bild der Arbeit* (S. 190-207). Bern: Huber.

Semmer, N. K., Zapf, D. & Dunckel, H. (1999). Instrument zur streßbezogenen Tätigkeitsanalyse ISTA. In H. Dunckel (Hrsg.), *Handbuch psychologischer Arbeitsanalyseverfahren* (S. 179-204). Zürich: VdF Hochschulverlag.

Siu, O.L. & Cooper, C.L. (1998). A study of occupational stress, job satisfaction and quitting intention in Hong Kong firms: The role of locus of control and organizational commitment. *Stress Medicine, 14*, 55-66.

Six, B. (2002). *Commitment in Organisationen.* Institut für Psychologie der Martin-Luther-Universität Halle-Wittenberg. http://www.ao.dgps.de/commitment.html, download am 01.02.2002.

Sonntag, Kh. & Stegmaier, R. (2001). Verhaltensorientierte Verfahren der Personalentwicklung. In Schuler, H. (Hrsg.), *Lehrbuch der Personalpsychologie* (S. 265-287). Göttingen: Hogrefe.

Spangler, W.D. (1992). Validity of Questionnaire and TAT Measures of Need for Achievement. Two Meta-analyses. *Psychological Bulletin, 112,* 140-154.

Spector, P.E. (1982). Behavior in organizations as a function of employee's locus of control. *Psychological Bulletin, 91,* 482-497.

Spector, P.E. (1988). Development of the Work Locus of Control Scale. *Journal of Occupational Psychology, 61,* 335-340.

Spector, P.E. (1997). *Job satisfaction: Application, assessment, causes, and consequences.* Thousand Oaks, CA: Sage.

Spector, P.E. (2000). *Industrial and organizational psychology: research and practice.* New York: Wiley.

Stangier, P. (1998). *Das Management des mittleren Managements unter besonderer Berücksichtigung der Formen und Bedeutung eines organisationalen Commitments: mit Vorüberlegungen zu einer Eingrenzung der Begriffe "organisationales Commitment" und "mittleres Management".* Unveröffentlichte Diplomarbeit, Wirtschaftswissenschaftliche Fakultät der Universität Eichstätt.

Staw, B.M. & Ross, J. (1985). Stability in the midst of change: A dispositional approach to job attitudes. *Journal of Applied Psychology, 70,* 469-480.

stern.de (2004). *Beamte Einfach unbezahlbar.*
www.stern.de/politik/deutschland/. Download vom 16.05.2004.

Strickland, B.R. (1979). Internal-External expectancies and cardiovascular functioning. In Perlmuter, L.C. & Monty, R.A. (Hrsg.), *Choice and perceived control* (S. 221-231). New York u.a.: John Wiley & Sons.

Sundstrom, E., Sundstrom, M. Graehl, Stokols, D. & Altman, I. (1986). *Work places: the psychology of the physical environment in offices and factories.* Cambridge: Cambridge University Press.

Terhune, K.W. (1968). Motives, situation, and interpersonal conflict within Prisoner's dilemma. *Journal of Personality and social Psychology Monograph Supplement, 8,* 3, Part 2.

Terjung, B. (1998). Personzentrierte Personal- und Organisationsentwicklung. Gesprächspsychotherapie und Personzentrierte Beratung. *Nachrichten aus der GwG, 1/98,* 16-17.

Thomae, H. (1983). Spezielle Motivationssysteme. In Thomae, H. (Hrsg.), *Psychologie der Motive* (S. 1-11). Göttingen: Hogrefe.

Trope, Y. (1975). Seeking information about one's own ability as a determinant of choice among tasks. *Journal of Personality and Social Psychology, 32,* 1004-1013.

Udris, I. & Alioth, A. (1980). Fragebogen zur subjektiven Arbeitsanalyse SAA. In Martin, E., Udris, I., Ackermann, U. & Oegerli, K. (Hrsg.), *Monotonie in der Industrie* (S. 61-68, 204-207). Bern: Huber.

Ulich, E. (1998). *Arbeitspsychologie.* Stuttgart: Schäffer-Poeschel Verlag.

Utz, C. & Westphalen, K. (1997). *FELIX - Das Lateinbuch, Ausgabe B.* Bamberg: C.C. Buchners Verlag.

Van Dick, R. (2004). *Commitment und Identifikation mit Organisationen.* Praxis der Personalpsychologie. Göttingen: Hogrefe.

Volpert, W. (1974): *Handlungsstrukturanalyse als Beitrag zur Qualifikationsforschung.* Köln: Pahl-Rugenstein.

Volpert, W. (1997): Handlungsregulation. In Luczak, H., Volpert, W. und Müller, T. (Hrsg.), *Handbuch Arbeitswissenschaft* (S. 453-458). Stuttgart: Schäffer-Poeschel.

Warr, P. (1995). Psychische Gesundheit und Arbeit. In Greif, S., Holling, H. & Nicholson, N. (Hrsg.), *Arbeits- und Organisationspsychologie. Internationales Handbuch in Schlüsselbegriffen* (S. 385-389). (2. Auflage 1995, Weinheim: PVU).

Weigert, M. (2004). *Karriere im öffentlichen Dienst.* Frankfurt am Main: R. G. Fischer.

Weiner, B. (1994). *Motivationspsychologie.* Weinheim: Beltz.

Weiner, B. & Kukla, A (1970). An attributional analysis of achievement motivation. *Journal of Personality and Social Psychology, 15,* 1-20.

Weiner, B., Heckhausen, H., Meyer, W.-U. & Cook, R.E. (1972). Causal ascriptions an achievement behavior: A conceptual analysis of effort and reanalysis of locus of control. *Journal of Personality and Social Psychology, 21,* 1, 239-248.

Weiner, B. & Sierad, J. (1975). Misattribution for failure and enhancement of achievement strivings. *Journal of Personality and Social Psychology, 31,* 415-421.

Welsch, H.P. & LaVan, H. (1981). Inter-relationship between organizational commitment and job characteristics, job satisfaction, professional behavior, and organizational climate. *Human Relations, 34,* 1079 - 1089.

Wiendieck, G. (1994). *Arbeits- und Organisationspsychologie.* Berlin - München: Quintessenz.

Yerkes, R.M. & Dodson, J.D. (1908). The relation of strength of stimulus to rapidity of habitformation. *Journal of Comparative and Neurological Psychology, 18,* 459-482.

Zapf, D. (1991). Streßbezogene Arbeitsanalyse bei der Arbeit mit unterschiedlichen Bürosoftwaresystemen. *Zeitschrift für Arbeits- und Organisationspsychologie, 35,* 2-14.

Anhang: Item-Kennwerte

Nr.	Item	Mittelwert	Standardabweichung
1	Neuen Situationen stehe ich zunächst immer etwas skeptisch gegenüber.	4,50	1,590
2	Ich wäre sehr froh, mein weiteres Berufsleben in dieser Organisation verbringen zu können.	5,07	1,756
3	Wenn ich mir etwas vorgenommen habe, das mir nicht gelingt, dann setze ich alles daran, es doch noch zu schaffen.	5,47	1,450
4	Wenn ich mit einer interessanten Sache beschäftigt bin, kann ich die Welt um mich herum vergessen.	5,83	1,426
5	Probleme der Organisation beschäftigen mich häufig so, als seien sie meine eigenen.	4,68	1,567
6	Es macht mich stolz und glücklich, eine schwierige Aufgabe gut gemeistert zu haben.	6,37	,971
7	Bei neuen Aufgaben habe ich oft Angst, etwas falsch zu machen.	4,28	1,818
8	Es ärgert mich, wenn andere Besseres leisten als ich.	3,28	1,845
9	Ich mache mir keine Sorgen darüber, was passieren würde, wenn ich hier kündigte, ohne ein andere Stelle in Aussicht zu haben.	5,72	1,713
10	Meistens bin ich mit dem, was mir gelungen ist, nicht lange zufrieden, sondern versuche, beim nächsten Mal noch mehr zu erreichen.	4,39	1,632
11	Wie weit man es beruflich bringt, ist zu einem guten Teil Glückssache.	4,39	1,595
12	Mit einer schwierigen Aufgabe beschäftige ich mich gern über längere Zeit hinweg.	5,04	1,524
13	Zu vieles in meinem Leben würde sich verändern, wenn ich mich dazu entschlösse, meine Organisation momentan zu verlassen.	4,56	2,044
14	Auch vor einer schwierigen Aufgabe rechne ich immer damit, mein Ziel zu erreichen.	5,79	1,087
15	Bevor ich mir Kritik einhandle, strenge ich mich lieber doppelt so sehr an.	5,25	1,478
16	Andere sagen, dass ich viel mehr arbeite als nötig.	4,35	1,748
17	Ich unterhalte mich gerne auch mit Leuten über meine Organisation, die hier nicht arbeiten.	4,28	1,807
18	Selbst wenn ich es wollte, würde es mir sehr schwer fallen, gerade jetzt meine Organisation zu verlassen.	4,75	1,986
19	Ich entscheide gern, was andere tun sollen.	3,97	1,699
20	Ich glaube, dass ich momentan zu wenig alternative Beschäftigungsmöglichkeiten habe, um einen Organisationswechsel ernsthaft in Erwägung zu ziehen.	4,82	2,110
21	Wenn ich etwas Neues erfahre, bemühe ich mich, mir möglichst viel davon zu merken.	5,93	1,105
22	Bei einer schwierigen Aufgabe ist es mir lieber, gemeinsam mit anderen die Verantwortung zu tragen, als sie allein auf mich zu nehmen.	3,65	1,941
23	Häufig verschiebe ich Dinge auf morgen, die ich besser heute erledigen sollte.	4,93	1,834
24	Ich weiß genau, welche berufliche Position ich in fünf Jahren erreicht haben möchte.	4,10	2,106
25	Ich empfinde mich nicht als „Teil der Familie" meiner Organisation.	4,70	1,938
26	Mein Alltag ist voller Dinge, die mich interessieren.	5,34	1,357
27	Diese Organisation hat eine große persönliche Bedeutung für mich.	4,42	1,767

28	Die meisten meiner Kollegen sind ehrgeiziger als ich.	5,18	1,442
29	Der Beruf ist der wichtigste Weg, im Leben erfolgreich zu sein.	3,97	1,908
30	Es kommt oft vor, dass ich mich ganz selbstvergessen mit irgendeiner Sache beschäftige.	4,47	1,706
31	Wenn ich etwas Schwieriges zuwege gebracht habe, bin ich stolz auf mich.	6,23	,925
32	Es wäre nicht mit zu vielen Nachteilen für mich verbunden, wenn ich momentan meine Organisation verlassen würde.	4,92	1,835
33	Vor Prüfungen bin ich oft schrecklich nervös.	3,46	2,032
34	Ich fühle mich emotional nicht sonderlich mit der Organisation verbunden.	4,92	1,772
35	Meine Führungskraft hört sich auch öfter meine Meinung / meine Vorschläge an.	5,52	1,565
36	Um mich wirklich erfolgreich zu fühlen, muss ich besser sein als alle, mit denen ich mich vergleiche.	3,70	1,807
37	Ich glaube, ich könnte mich leicht mit einer anderen Organisation gleich stark verbunden fühlen wie mit meinem jetzigen.	3,49	1,766
38	Wenn ich einsichtigere Lehrer und Vorgesetzte gehabt hätte, hätte ich es schon weiter bringen können.	5,25	1,778
39	Wenn etwas gut gelaufen ist, werden wir gelobt.	4,06	1,847
40	Wenn ich die Wahl habe zwischen einer größeren Aufgabe und mehreren kleineren, so ist mir die größere Aufgabe lieber.	4,51	1,656
41	Vor neuen Aufgaben war ich immer zuversichtlich, sie zu schaffen.	5,44	1,354
42	Ich habe mir vorgenommen, es beruflich weit zu bringen.	4,57	1,652
43	Die Furcht, mich zu blamieren, führt oft dazu, dass ich mich besonders anstrenge.	4,10	1,899
44	Wenn ich nichts zu tun habe, fühle ich mich nicht wohl.	5,31	1,792
45	Es gelingt mir oft, andere von meiner Meinung zu überzeugen.	5,03	1,168
46	Ich kann eine Vielzahl von Weiterbildungen nachweisen, zu denen ich nicht verpflichtet gewesen wäre.	4,39	2,023
47	Bei gleichem Verdienst ziehe ich die Tätigkeit als Angestellter der als Selbständiger vor.	2,71	1,884
48	Ich kann mich auch dann zu konzentrierter Arbeit zwingen, wenn ich eigentlich keine Lust zu arbeiten habe.	4,90	1,564
49	Es ist zwar schön, gelegentlich Neues anzufangen, aber beim Bewährten fühle ich mich doch wohler.	3,98	1,696
50	Es fällt mir schwer, meine Anstrengung über längere Zeit aufrechtzuerhalten.	5,28	1,481
51	Ich erlebe oft, dass alles Übrige unwichtig wird, während ich mich ganz auf meine Arbeit konzentriere.	4,67	1,590
52	In meiner Arbeit ist es nötig, immer wieder Neues dazuzulernen.	6,00	1,281
53	Schon oft bin ich dadurch in Schwierigkeiten gekommen, dass ich wichtige Aufgaben bis zum letzten Moment hinausgeschoben habe.	5,52	1,608
54	Ich hätte gern eine wichtige Aufgabe, bei der andere zu mir aufblicken.	3,31	1,925
55	Um mit meiner Arbeit zufrieden zu sein, muss ich das Gefühl haben, mein Bestes gegeben zu haben.	5,55	1,365
56	Es ist schon vorgekommen, dass ich gerade in Situationen, in denen es darauf angekommen wäre, verwirrt war und deshalb nichts zuwege gebracht habe.	5,41	1,559
57	Es macht mir nichts aus, wenn andere im gleichen Alter mehr erreicht haben als ich.	3,31	2,024
58	Meine Führungskraft hält öfter Informationen zurück und informiert mich nicht über alles.	4,50	2,062
59	Meine Organisation ist denen in vergleichbaren Bereichen tätigen Organisa-	3,79	1,618

	tionen überlegen.		
60	Ich empfinde kein starkes Gefühl der Zugehörigkeit zu meiner Organisation.	4,97	1,779
61	Das meiste, was im Leben passiert, hängt mehr von anderen Leuten ab als von einem selbst.	5,38	1,390
62	Einfache Aufgaben sind mir lieber als schwierige.	5,17	1,571
63	Ich bin überzeugt davon, dass ich es beruflich zu etwas bringen werde.	4,91	1,468
64	Auf eine wichtige Aufgabe bereite ich mich lieber zu gründlich vor als zu wenig.	5,66	1,302
65	Ich habe mir schon früh vorgenommen, es im Leben zu etwas zu bringen.	4,00	1,764
66	Ich hatte noch keine Gelegenheit, als Leiter oder Sprecher einer Gruppe zu wirken.	5,45	2,118
67	Ich verfolge regelmäßig die Fachzeitschriften in meinem Arbeitsgebiet.	4,39	1,991
68	Ich bin gerne allein verantwortlich für das, was ich tue.	5,48	1,490
69	Was Ausbildung und Beruf anbelangt, wusste ich genau, was ich will.	4,16	2,009
70	Ich habe schon auf manche interessante Sache verzichtet, weil ich befürchtet habe, sie nicht zu schaffen.	5,72	1,420
71	Ich könnte mehr zuwege bringen, wenn ich nicht so schnell müde würde.	5,74	1,651
72	Ich möchte gern ein wichtiges Mitglied der Gemeinschaft sein.	4,75	1,548
73	Es kommt selten vor, dass ich so in eine Sache vertieft bin, dass ich alles übrige vergesse.	4,73	1,762
74	Einer der Hauptgründe, warum ich hier weiter arbeite, besteht darin, dass ein Stellenwechsel beträchtliche persönliche Opfer von mir verlangte, die eine andere Organisation nicht aufwiegen könnte.	3,48	2,069
75	Ich freue mich, wenn es mir gelungen ist, meine Zeit besonders gut zu nutzen.	6,17	1,039
76	In der Schule habe ich mich oft "versteckt", um nicht aufgerufen zu werden.	5,05	1,975
77	Wenn ich sehe, dass andere mehr können als ich, so ist das ein Ansporn, mich künftig mehr anzustrengen.	4,71	1,597
78	Beruflicher Erfolg stört ein glückliches Leben eher, als dass er es fördert.	5,42	1,618
79	Mir sind Aufgaben lieber, die mir leicht von der Hand gehen, als solche, bei denen ich mich sehr einsetzen muss.	4,71	1,595
80	Wenn ich mir etwas vornehme, dann gelingt es mir meist besser als anderen Leuten.	4,28	1,320
81	Die Befürchtung, bei einer wichtigen Aufgabe zu versagen, hat oft schon dazu geführt, dass ich mich sehr angestrengt habe.	4,38	1,708
82	Ich bin überzeugt, mich bisher in Ausbildung und Beruf mehr engagiert zu haben als meine Kollegen.	4,13	1,598
83	Als Mitglied eines Vereins würde ich keinen Wert darauf legen, Einfluss zu nehmen.	4,57	1,963
84	Ich lese gern wissenschaftliche Bücher und Abhandlungen.	4,02	2,051
85	Wenn ich bei meiner Arbeit sitze, gibt es kaum etwas, das mich stören könnte.	4,13	1,592
86	Das von mir verlangte Arbeitstempo ist sehr hoch.	4,76	1,605
87	Auch in kleinen Dingen fällt mir eine Entscheidung oft schwer.	5,65	1,554
88	Es gibt so viele kleine Aufgaben zu erledigen, dass ich sie manchmal einfach alle liegen lasse.	5,62	1,522
89	Meine Arbeit erfordert von mir vielfältige Fähigkeiten und Fertigkeiten.	5,95	1,255
90	In den Augen meiner Kollegen bin ich jemand, der nicht lange mit dem zufrieden ist, was er erreicht hat.	3,79	1,627
91	Eigentlich kennt unsere Führungskraft ihre Beschäftigten viel zuwenig.	4,17	2,134
92	Bei der Wahl meiner Ziele bin ich lieber etwas vorsichtiger, als zu große Risiken einzugehen.	3,60	1,665

93	Ich möchte für meine Leistungen bewundert werden.	**3,68**	1,878
94	Es gibt Zeiten, wo ich wie im "Rausch" arbeite.	**4,14**	1,933
95	Meine Arbeit erfordert große körperliche Anstrengungen.	**2,36**	1,818
96	Ich empfinde Befriedigung darüber, meine eigene Leistung zu steigern.	**5,19**	1,454
97	Die Zukunft ist zu ungewiss, als dass man langfristige Pläne machen könnte.	**3,89**	2,029
98	Überraschende Prüfungen in der Schule waren mir sehr unangenehm.	**4,00**	1,802
99	Wenn ich mich an einem Wettbewerb beteilige, dann ist Mitmachen für mich wichtiger als Gewinnen.	**3,84**	1,955
100	Für unzulängliche Leistungen ist meistens die Führungskraft verantwortlich.	**5,23**	1,540
101	Aufgaben, bei denen ich nicht ganz sicher bin, ob ich sie lösen kann, reizen mich ganz besonders.	**4,42**	1,537
102	Es ist mir sehr wichtig, eine verantwortungsvolle Position zu erreichen.	**4,56**	1,828
103	An meinem Arbeitsplatz habe ich die Möglichkeit, an der Erarbeitung neuer Lösungen teilzunehmen.	**5,29**	1,696
104	Wenn ich eine Prüfung ablege, bin ich auch davon überzeugt, dass ich sie bestehe.	**4,94**	1,413
105	Oft sind die zu lösenden Aufgaben auf meiner Stelle sehr schwierig.	**4,32**	1,656
106	Die Anspannung vor einer Prüfung hilft mir bei der Vorbereitung.	**4,40**	1,780
107	Die Repräsentation unserer Organisation in der Öffentlichkeit ist gut.	**4,34**	1,669
108	Es ist häufig sehr viel, was von mir an Arbeit geschafft werden muss.	**5,54**	1,333
109	Im Durchschnitt der letzten beiden Jahre habe ich weniger als 40 Stunden pro Woche gearbeitet.	**4,75**	2,533
110	Wenn in einer Gruppe Entscheidungen zu treffen sind, habe ich immer wesentlichen Anteil daran.	**4,85**	1,509
111	Seine Freizeit sollte man verwenden, um sich zu erholen und nicht, um noch etwas dazuzulernen.	**4,50**	1,695
112	Manchmal ist es mir lieber, anderen die Entscheidung zu überlassen.	**4,29**	1,789
113	Als Schüler habe ich meine Hausaufgaben meistens so lange wie möglich hinausgeschoben.	**4,75**	2,076
114	Ich bin allem Neuen gegenüber aufgeschlossen.	**5,60**	1,322
115	Es fällt mir schwer, mich lange zu konzentrieren, ohne müde zu werden.	**5,30**	1,611
116	Für mich ist nur eine Berufstätigkeit interessant, bei der man es zu einer angesehenen Position bringen kann.	**3,22**	1,749
117	Wenn ich mit einer Aufgabe erst einmal begonnen habe, fällt mir das Aufhören oft schwer.	**4,79**	1,451
118	Bei dieser Arbeit muss man zu viele Dinge auf einmal erledigen.	**4,46**	1,882
119	Mein Ehrgeiz ist leicht herauszufordern.	**4,90**	1,520
120	Ich habe schon auf manches verzichtet, weil ich befürchtet habe, es nicht zu schaffen.	**5,39**	1,580
121	Wenn jemand an der gleichen Sache arbeitet wie ich, versuche ich, schneller oder besser zu sein.	**4,07**	1,908
122	Es ist mir manchmal ganz angenehm, nicht für alles verantwortlich zu sein.	**3,56**	1,751
123	An Entscheidungen meiner Führungskraft kann ich mitwirken.	**4,41**	1,816
124	Mein Erfolg hängt vor allem von meinem eigenen Verhalten ab.	**5,39**	1,453
125	Ich beschäftige mich besonders gern mit Problemen, bei denen es eine harte Nuss zu knacken gibt.	**4,86**	1,425
126	Ich bin zuversichtlich, dass meine Leistung die Anerkennung anderer finden wird.	**5,03**	1,280
127	Ohne Prüfungsangst würde man bei weitem nicht so viel lernen.	**3,90**	1,954
128	Ich muss bei meiner Arbeit viele selbständige Entscheidungen treffen.	**5,55**	1,329
129	Man hat mir schon gesagt, bei mir kämen andere wichtige Seiten des Lebens zu kurz, weil ich so viel arbeite.	**3,54**	1,979

130	Ich setze mich auch gegen Widerstände durch.	5,06	1,350
131	Ich musste in meinem Leben schon so viel lernen, dass die Fortbildung im Rahmen meines Berufs ruhig ein bisschen kleiner geschrieben werden kann.	5,25	1,390
132	Bevor ich mit einer neuen Arbeit beginne, mache ich mir immer zuerst einen Arbeitsplan.	3,57	1,953
133	Im allgemeinen bin ich stark auf die Zukunft ausgerichtet.	4,52	1,549
134	In der Regel ist die Zeit zu kurz, so dass ich bei der Arbeit oft unter Zeitdruck stehe.	4,58	1,661
135	Ich suche mir gern Aufgaben, an denen ich meine Fähigkeiten prüfen kann.	4,82	1,368
136	Ich suche mir gern Aufgaben, an denen ich meine Fähigkeiten prüfen kann.	5,54	1,570
137	Ich bewundere Menschen, die es im Leben zu etwas gebracht haben.	4,93	1,721
138	Am glücklichsten bin ich mit einer Aufgabe, bei der ich alle meine Kräfte einsetzen kann.	5,24	1,258
139	Meine Organisation genießt in der Öffentlichkeit hohes Ansehen.	4,17	1,709
140	Wenn ich vor anderen etwas vorführen soll, habe ich Angst, mich zu blamieren.	4,43	1,914
141	Meine Führungskraft ist immer absolutes Vorbild für ihre Beschäftigten.	3,29	1,795
142	Wenn mir etwas nicht so gut gelungen ist, wie ich es mir vorgenommen hatte, strenge ich mich anschließend noch mehr an.	5,46	1,192
143	Der Wunsch, besser zu sein als andere, ist ein großer Ansporn für mich.	4,24	1,754
144	Schulnoten und betriebliche Leistungsbeurteilungen werden oft mehr nach Sympathie als nach tatsächlicher Leistung vergeben.	3,91	1,542
145	Unsere Führungskraft steht bei den Kunden für uns ein, auch wenn wir Fehler gemacht haben.	4,81	1,675
146	Schwierige Probleme reizen mich mehr als einfache.	5,02	1,454
147	Auch wenn ich vor schwierigen Aufgaben stehe, bin ich immer guten Mutes.	5,29	1,183
148	Durch die Anspannung vor einer wichtigen Aufgabe gebe ich mir mehr Mühe, als ich es sonst täte.	4,64	1,608
149	Ich arbeite mehr als die meisten anderen Leute, die ich kenne.	3,73	1,679
150	Wenn ich mit anderen zusammenarbeite, übernehme ich gewöhnlich die Initiative.	4,46	1,446
151	Im Fernsehen schaue ich mir besonders gern Informationssendungen an.	4,74	1,707
152	Es fällt mir leicht, Entscheidungen schnell zu treffen.	4,77	1,655
153	Leider finde ich Unterlagen oft nicht, die ich zur Arbeit bräuchte.	5,53	1,497
154	Ich erwarte, mich persönlich noch wesentlich weiter zu entwickeln.	5,15	1,498
155	Um etwas Neues auszuprobieren, gehe ich schon einmal ein Risiko ein.	4,82	1,429
156	Meine Bekannten würden es als typisch für mich ansehen, dass ich mich durch alle Schwierigkeiten durchbeiße.	5,16	1,322
157	Es ist mir wichtig, dass andere mich als tüchtig ansehen.	4,42	1,719
158	Ich empfinde Befriedigung über intensive, konzentrierte Arbeit.	5,20	1,340
159	Manchmal habe ich das Gefühl, ich müsste etwas Bleibendes schaffen.	4,19	1,895
160	Besonders auf Ergebnisse bin ich stolz, die ich durch eigene Anstrengung erreicht habe.	6,01	1,067
161	Ich bekomme die notwendigen Informationen von meiner Führungskraft immer schnell und direkt.	4,25	1,886
162	Es gab Dinge in meinem Leben, die mir sehr erstrebenswert schienen, an die ich mich aber einfach nicht herangetraut habe.	4,58	1,767
163	Um mir klar zu sein, wo ich in meiner Leistung stehe, ist es mir wichtig, mich mit anderen zu vergleichen.	4,08	1,532
164	Manchmal habe ich das Gefühl, dass man es mir schwer macht und mich entmutigt.	5,13	1,565
165	Unsere Führungskraft behandelt nicht immer alle ihre Beschäftigten gleich.	3,91	2,020

166	Ich arbeite gern an Aufgaben, die ein hohes Maß an Geschick erfordern.	5,18	1,256
167	Ich brauche mich vor keiner Situation zu fürchten, weil ich mit meinen Fähigkeiten noch überall durchgekommen bin.	5,13	1,340
168	Wenn ich fürchte, Fehler zu machen, strenge ich mich besonders an.	5,07	1,435
169	Es ist schon vorgekommen, dass man mich als arbeitssüchtig bezeichnet hat.	3,39	1,910
170	Es ist mir schon mehrfach gelungen, durch Umorganisation die Arbeit anderer zu verbessern.	4,19	1,752
171	Einen großen Teil meiner Zeit verbringe ich damit, Neues zu lernen.	3,83	1,571
172	Es ist mir wichtig, selbst zu bestimmen, wie ich meine Arbeit mache.	5,93	1,110
173	Wenn man anspruchsvolle Ziele anstrebt, kann man dafür auf manches andere im Leben verzichten.	4,29	1,711
174	Es gibt vieles, das ich gern einmal ausprobieren würde.	5,44	1,314
175	Wenn eine Aufgabe schwierig ist, lege ich sie manchmal zur Seite, um sie vielleicht zu einem späteren Zeitpunkt wieder aufzunehmen.	3,83	1,751
176	Ich ziehe Aufgaben vor, bei denen ich sicher sein kann, dass ich Erfolg habe.	3,85	1,804
177	Es bereitet mir Freude, mich ganz in eine Aufgabe zu vertiefen.	5,40	1,213
178	Ich denke gerne daran, was ich schon alles geschafft habe.	4,84	1,471
179	Es fällt mir schwer, mich zu konzentrieren, wenn ich in einer schriftlichen Prüfung merke, dass mir die Zeit nicht mehr reicht.	4,11	1,786
180	Ich hatte nur selten das Gefühl, in Konkurrenz mit anderen zu stehen.	3,92	1,629
181	Manches habe ich nur deswegen erreicht, weil ich viel Glück hatte.	4,67	1,555
182	Es ist für mich ein beruflicher Ansporn, einmal eine wichtige Stellung zu erreichen.	4,00	1,821
183	Ich hatte nie Schwierigkeiten, selbst komplizierte Zusammenhänge sofort zu verstehen.	4,62	1,509
184	Wenn ich mich auf eine wichtige Sache vorbereite, investiere ich eher zu viel Zeit als zu wenig.	5,08	1,475
185	Ich kann meine Führungskraft nicht jederzeit bei Problemen fragen, weil sie oft nicht da ist bzw. keine Zeit hat.	3,99	2,086
186	Ich glaube, dass ich mich beruflich mehr anstrenge als die meisten meiner Kollegen.	4,01	1,647
187	Wenn ich mit anderen zusammenarbeite, nehme ich die Sachen gern selbst in die Hand.	4,84	1,402
188	Ich eigne mir lieber neue Kenntnisse an, als mich mit Dingen zu beschäftigen, die ich schon beherrsche.	4,75	1,296
189	Ich kann meine Arbeit selbständig planen und einteilen.	5,69	1,444
190	Es wäre mir sehr unangenehm, häufig gesagt zu bekommen, was ich tun soll.	5,48	1,605
191	Ich bin nicht bereit, jetzt auf etwas zu verzichten, um vielleicht in Zukunft mehr zu erreichen.	4,43	1,670
192	Wenn ich merke, dass mir eine Aufgabe leicht fällt, dann schraube ich beim nächsten Mal die Ansprüche an mich selbst etwas höher.	4,75	1,477
193	Es ist mir wichtig, meine Tüchtigkeit zu steigern.	4,60	1,443
194	Die alte Regel "erst die Arbeit, dann das Vergnügen" hat auch heute noch ihre Berechtigung.	5,14	1,532
195	Ich kann mir viele Aufgabenbereiche vorstellen, in denen ich mich wohl fühlen würde.	5,30	1,413
196	Manchmal fällt es mir schwer, meine Aufmerksamkeit vollständig auf das zu richten, womit ich gerade beschäftigt bin.	4,84	1,587
197	Ich habe schon in jungen Jahren auf Unabhängigkeit Wert gelegt.	4,95	1,659
198	Die Zeit verrinnt oft unbemerkt, wenn ich ganz in meine Arbeit versunken bin.	5,63	1,349
199	Für meine Selbstachtung ist es sehr wichtig, was ich geleistet habe.	5,30	1,374

200	Wenn ich fürchte, eine Aufgabe nicht zu schaffen, suche ich mir lieber ein einfacheres Ziel.	**5,31**	1,404
201	Ich konkurriere gern gegen andere.	**3,25**	1,726
202	Wenn ich etwas erreicht habe, lag das vor allem an meinem Geschick und meinen Fähigkeiten.	**5,29**	1,128
203	Durch eine schwierige Aufgabe fühle ich mich besonders herausgefordert.	**5,36**	1,238
204	Ich habe oft festgestellt, dass ich den springenden Punkt einer Sache schneller erkenne als andere.	**4,93**	1,294
205	Wenn ein Risiko besteht, eine Aufgabe nicht zu schaffen, gebe ich mir ganz besonders Mühe.	**5,40**	1,116
206	Es fällt mir leicht, längere Zeit nichts zu tun.	**4,64**	1,913
207	Es ist mir wichtig, Herr der Lage zu sein.	**5,80**	1,132
208	Ich bin erst zufrieden, wenn ich eine Sache wirklich verstanden habe.	**6,04**	,814
209	Das, was ich in meiner beruflichen Ausbildung gelernt habe, kann ich voll in meiner Arbeit anwenden.	**4,18**	1,894